AS REGRAS BÁSICAS DE WARREN BUFFETT

AS REGRAS BÁSICAS DE WARREN BUFFETT

OS ENSINAMENTOS DO MAIOR
INVESTIDOR DO MUNDO AOS
SEUS PARCEIROS DE NEGÓCIOS

JEREMY C. MILLER

1ª edição

Rio de Janeiro • 2021

CIP-BRASIL. CATALOGAÇÃO NA FONTE
SINDICATO NACIONAL DOS EDITORES DE LIVROS, RJ

M592r
Miller, Jeremy C., 1978
As regras básicas de Warren Buffett / Jeremy C. Miller ; [tradução Eduardo Rieche]. – 1. ed. – Rio de Janeiro : Best Business, 2021.

Tradução de: Warren Buffett's ground rules
ISBN 978-85-6890-522-7

1. Warren, Buffett, 1930-. 2. Warren, Buffet, 1930 – Correspondências. 3. Investimentos. 4. Investimentos - Análise. I. Rieche, Eduardo. II. Título.

21-70459
CDD: 332.6
CDU: 330.322

Camila Donis Hartmann - Bibliotecária - CRB-7/6472

Texto revisado conforme o Acordo Ortográfico da Língua Portuguesa.

Título original em inglês:
WARREN BUFFETT'S GROUND RULES

Copyright © 2016, Jeremy C. Miller.
Copyright da tradução © 2016 Best Business/Editora Best Seller Ltda.
Publicado em acordo com Folio Literary Management, LLC e Agência Literária Riff.
Todos os direitos reservados. Proibida a reprodução, no todo ou em parte, sem autorização prévia por escrito da editora, sejam quais forem os meios empregados.

Direitos exclusivos de publicação em língua portuguesa para o Brasil adquiridos pela Best Business, um selo da Editora Best Seller Ltda.
Rua Argentina 171 - 20921-380 - Rio de Janeiro, RJ - Tel.: 2585-2000.

Impresso no Brasil

ISBN 978-85-6890-522-7

Seja um leitor preferencial Record.
Cadastre-se no site www.record.com.br
e receba informações sobre nossos
lançamentos e nossas promoções.

Atendimento ao leitor e vendas diretas:
sac@record.com.br

Dedicado à memória do meu querido amigo e colega Peter Sauer (1976-2012). Peter, você nos deixou cedo demais. Enquanto esteve por aqui, suas inúmeras realizações só foram igualadas por sua humildade.

Os trechos das cartas de Warren Buffett aos acionistas estão sendo usados com sua permissão.

O Sr. Buffett não teve qualquer outra espécie de ligação com este livro.

Em outras palavras, apesar de toda a sabedoria ser dele, os erros são todos meus.

Para preservar o fluxo narrativo dos trechos, as supressões só foram indicadas em alguns casos.[1]

Sumário

Introdução • 11

Parte 1

1. Orientações • 21
2. Composições • 41
3. Indexação de mercado: a lógica de não fazer nada • 59
4. Medindo os resultados: não fazer nada *versus* fazer algumas coisas • 75
5. A sociedade: uma estrutura elegante • 93

Parte 2

6. Ações gerais • 113
7. Arbitragens cambiais • 161
8. Participações de controle • 181
9. Mergulho na Dempster: o jogo da conversão de ativos • 215

Parte 3

10. Conservadorismo *versus* convencionalismo • 247
11. Impostos • 273

12. Tamanho *versus* desempenho • 291
13. Tudo ou nada • 305
14. Compartilhando sabedoria • 357

Epílogo: Em busca da excelência • 395

Agradecimentos • 403

Apêndice A: Os resultados das sociedades de Buffett • 405

Apêndice B: Os resultados das sociedades de Buffett *versus* principais fundos fiduciários e fundos mútuos • 409

Apêndice C: O desempenho do Fundo Sequoia • 411

Apêndice D: Dempster Mill • 413

Apêndice E: A última carta de Buffett: a mecânica das obrigações municipais isentas de impostos • 415

Notas • 439

Introdução

"Pouco importava se eu estivesse administrando US$1 milhão ou US$10 milhões; eu investia tudo o que tinha. Os maiores índices de retorno que obtive foram na década de 1950. Eu bati o índice Dow. Basta ver os números. Mas naquela época eu estava investindo uma ninharia. Não dispor de muito dinheiro é uma grande vantagem estrutural. Acho que eu seria capaz de gerar lucros de 50% ao ano com US$1 milhão. Ou melhor, tenho certeza de que seria. Posso garantir isso."[1]

— WARREN BUFFETT, *BUSINESSWEEK*, 1999

Em 1956, Warren Buffett trabalhava em Nova York com seu mentor, o criador do investimento em valor, Benjamin Graham. Quando Graham decidiu se aposentar, ele ofereceu ao seu melhor aluno uma participação em sua sociedade, a Graham-Newman, mas, em vez de aceitar o convite, o jovem Buffett, então com 25 anos de idade, optou por voltar para casa. Não muito tempo depois, atendendo a uma solicitação de quatro familiares e três amigos, apareceria uma nova sociedade de investimento — a Buffett Associates, Ltd. Porém, antes de concordar em aceitar os cheques dos acionistas, ele os convidou para um jantar no Omaha Club. Todos pagaram suas próprias contas.[2]

Naquela noite, Buffett entregou a cada um deles algumas páginas da documentação legal que continha o regulamento formal da sociedade, e sugeriu que eles não se preocupassem muito com o que estava escrito; Buffett assegurou que não haveria surpresas. O propósito do encontro era discutir algo que considerava muito mais importante: as regras básicas. Ele havia feito cópias daquela pequena lista de preceitos e, cuidadosamente, se dispôs a analisar ponto por ponto. Insistiu na autonomia plena. Ele não falaria sobre as atividades concretas da sociedade; poucos detalhes foram oferecidos sobre as ações que estavam em sua posse. "Estas regras básicas são a nossa filosofia. Se vocês concordarem comigo, então vamos em frente. Se não concordarem, eu entendo", afirmou.[3]

As regras básicas

1. Não é possível garantir, em hipótese alguma, qualquer índice de retorno aos acionistas. Aqueles que fizerem retiradas mensais de metade de 1% estarão fazendo exatamente isso — retirando. Se ganharmos mais de 6% ao ano no período de alguns anos, as retiradas serão compensadas pelos rendimentos, e o principal investido aumentará. Se não ganharmos 6%, os pagamentos mensais significarão, parcial ou integralmente, um rendimento do capital.

2. Se não conseguirmos aumentar nosso desempenho em pelo menos 6% com relação ao ano anterior, no ano se-

guinte os acionistas que recebem pagamentos mensais terão seus pagamentos reduzidos.

3. Sempre que falarmos sobre ganhos ou perdas anuais, estaremos nos referindo aos valores de mercado; isto é, em qual situação nos encontramos com ativos avaliados pelo mercado no fim de cada ano, em comparação com a situação em que nos encontrávamos nessas mesmas condições no início do ano. Em termos de efeitos tributários anuais, isso pode ter pouquíssima relação com os resultados obtidos.

4. Para avaliar se estamos fazendo um bom ou um mau trabalho, não se deve levar em conta os resultados positivos ou negativos anuais. Ao contrário, é preciso aferir o desempenho em relação à experiência global em títulos, de acordo com o índice Dow Jones, com as principais empresas de investimentos etc. Se nosso histórico for melhor do que esses critérios, o ano poderá ser considerado bom, tendo um resultado positivo ou negativo. Se estivermos abaixo desses critérios, nós merecemos os tomates.

5. Embora eu certamente prefira um período de experiência de cinco anos, considero que três anos é o período mínimo absolutamente indispensável para avaliar o desempenho. Com certeza, haverá anos em que o desempenho da sociedade será mais fraco, ficando, talvez, substancialmente aquém do índice Dow. Se qualquer período igual ou superior a três anos produzir resultados insatisfatórios, todos devemos começar a buscar outros lugares onde colocar nosso dinheiro. Uma exceção a essa última afirmação seriam três anos dentro de um contexto de explosão especulativa em um mercado em alta.

6. Não cabe a mim fazer previsões a respeito de flutuações econômicas ou do mercado geral de ações. Se você acha que sou capaz de fazer isso, ou se acredita que isso é essencial para um programa de investimentos, você não deveria participar da sociedade.

7. Não posso prometer resultados aos acionistas. O que posso prometer, e prometo, é o seguinte:

    a. Nossos investimentos serão escolhidos de acordo com o valor, e não com a popularidade;
    b. Tentaremos reduzir o risco permanente da perda de capital (e não das quedas de cotação a curto prazo) ao mínimo possível, obtendo uma ampla margem de segurança em cada compromisso assumido e em vários outros compromissos;
    c. Minha esposa, meus filhos e eu investiremos praticamente todo o nosso patrimônio líquido na sociedade.[4]

Todos os convidados para o Omaha Club naquela noite concordaram, e Buffett recolheu os cheques de cada um. À medida que novos acionistas iam se juntando, eles eram cuidadosamente apresentados às regras básicas. A partir daí, cada acionista passou a receber uma cópia atualizada anualmente.

Ao longo dos anos seguintes, Buffett prestou contas sobre seu desempenho e descreveu suas atividades por meio de uma série de cartas enviadas a esse pequeno, porém crescente, grupo de seguidores. Ele as utilizou como um instrumento pedagógico, para reforçar e expandir os conceitos que sustentavam as regras básicas, discutir suas expectativas sobre o desempenho futuro e tecer comentários sobre o ambiente do mercado. No começo, eram atualizações anuais, mas quando um número considerável de acionistas passou a se queixar de que "um ano era um tempo longo demais entre um drinque e outro", ele começou a escrever pelo menos a cada seis meses.

Essas "cartas aos acionistas" narram seus pensamentos, abordagens e reflexões no período imediatamente anterior ao seu mais conhecido exercício como presidente da Berkshire Hathaway; foi uma época em que alcançou um inédito histórico de sucesso nos investimentos, mesmo quando comparado ao seu histórico na Berkshire. Embora esperasse enfrentar anos bons e ruins, ele supunha que conseguiria obter uma vantagem de 10% em relação ao índice Dow na maioria dos intervalos de três a cinco anos, e foi isso que ele se propôs a fazer.

Mas ele conseguiu muito mais. Com consistência, superou o mercado e nunca teve um ano com resultados negativos. Durante todo esse tempo, aumentou o capital dos acionistas em um índice anual de quase 24%, após a incidência de encargos. Esse período inicial foi o responsável por muitos dos melhores anos de sua carreira em termos de desempenho.

As lições que brotam de tais comentários oferecem diretrizes atemporais para todos os tipos de investidores — de iniciantes e amadores até sofisticados profissionais. Elas nos apresentam um conjunto coerente e altamente eficaz de princípios e métodos que evitam as tentações técnicas e oriundas de modismos, abundantes no mercado atual (ou de qualquer época). Ao mesmo tempo que contêm o tipo de análise refinada capaz de atrair os profissionais experientes, as cartas também são a visão de Buffett sobre as noções elementares dos investimentos — elas fornecem uma abordagem básica e sensata, passível de ser compreendida por todos.

As cartas aos acionistas e seus sábios ensinamentos foram compilados pela primeira vez de forma abrangente e acessível neste livro, e incluem princípios fundamentais, como sua incomum estratégia de diversificação, sua celebração quase religiosa dos juros compostos e seu conservador (em vez de convencional) processo de tomada de decisão. Elas também incluem seus métodos para investir em ações gerais, arbitragens cambiais e participações de controle, seus três principais "métodos operacionais", que evoluíram de formas interessantes e com grande importância ao longo do tempo — formas essas que iremos investigar.

Essencialmente, as cartas têm um valor enorme, pois descrevem a mentalidade de um jovem investidor de sucesso que, inicialmente, trabalhava com quantias bastante modestas — uma mentalidade que os investidores podem adotar e usar para atingir sucesso duradouro, à medida que se aventuram no mercado por conta própria. Elas defendem vigorosamente uma estratégia de longo prazo orientada para o valor, algo especialmente aconselhável em tempos turbulentos, como os que vivemos, quando as pessoas se mostram suscetíveis a um foco especulativo de curto prazo, muitas vezes alavancado, e que raramente se mostra eficaz a longo prazo. Elas fornecem princípios atemporais de conservadorismo e disciplina, que vêm sendo a marca do sucesso de Buffett.

Se um jovem Buffett estivesse dando início à sua Sociedade nos dias de hoje, dificilmente não atingiria os mesmos resultados fabulosos. Na verdade, ele "garante" à imprensa que conseguiria gerar 50% de lucros anuais com apenas alguns milhões de dólares atuais. Esse alto índice de retorno (a partir de uma pequena quantia) seria tão viável agora quanto há alguns anos, devido às permanentes ineficiências do mercado, especialmente em pequenos negócios menos procurados, e pelo fato de ele ser um brilhante investidor; entretanto, mesmo que as ações continuem a ter memória curta, com valores oscilando em função do medo e da ganância, fantásticas oportunidades de retornos sempre existirão para todos os investidores que empreendam e consigam adotar a mentalidade adequada.

Como sempre, hoje em dia são muitos os que não dispõem da firmeza necessária para permanecer fiéis à disciplina exigida pelos investimentos em valor. Carta após carta, Buffett retorna à natureza imutável de seus princípios. É uma abordagem que prioriza a atitude em detrimento do QI — permanecer fiel ao próprio processo sem se deixar levar pelas tendências é uma das tarefas mais difíceis, até mesmo para os investidores mais experientes. Todos são capazes de aprender com o domínio que Buffett demonstra ter sobre suas próprias emoções na hora de investir.

Cada capítulo deste livro está organizado em torno de uma ideia ou tema único das cartas e segue o mesmo formato básico, começando com uma análise resumida, destinada a fornecer alguns dados, como um panorama. Espero que isso propicie um contexto histórico e permita uma apreciação mais completa da relevância desse conteúdo em nossos dias.

Em seguida, todos os trechos fundamentais das cartas concernentes a cada tópico são apresentados na íntegra. Isso deverá permitir não apenas uma "apreciação mais demorada", indo diretamente à fonte dos escritos de Buffett, mas também que o livro se revele útil como instrumento de referência, de modo a depreender o trabalho que ele vinha desenvolvendo naquelas fases. Agregar todos os comentários sobre um determinado tópico em um mesmo capítulo é, muitas vezes, revelador. Podemos perceber vários padrões, que emergem ao longo de inúmeras cartas nas quais ele revisita certas ideias, e acompanhar a progressão de seu pensamento, algo que talvez seja mais difícil de absorver quando as cartas são lidas em ordem cronológica.

Buffett nunca publicou um livro sobre investimentos, pelo menos no sentido tradicional da palavra. O que temos, além dos artigos que ele escreveu e das observações que foram retiradas de suas palestras e pronunciamentos, são suas cartas. Com efeito, elas equivalem a um curso por correspondência que começou em 1957 e prossegue até hoje, ao longo de toda a extensão de sua carreira. As cartas aos acionistas representam a primeira parte desse curso, e me sinto muito feliz por compartilhá-las com você. Espero que goste de lê-las tanto quanto eu apreciei organizá-las.

Sou grato ao Sr. Buffett por confiar em mim quanto ao uso de suas cartas neste livro, e reforço, mais uma vez, que ele não esteve, de forma alguma, envolvido neste projeto. Minha intenção foi apresentar este material de uma maneira que ele aprovasse, e a partir de um formato tornasse seus ensinamentos acessíveis tanto a investidores emergentes quanto a profissionais experientes.

Parte 1

1. Orientações

"A disponibilidade para cotar suas participações em empresas (ações) deveria ser sempre um recurso a ser utilizado, caso desejado. Se a cotação oscilar suficientemente em qualquer direção, você pode tirar proveito disso."[1]

12 de julho de 1966

Imagine-se em Omaha, Nebraska: é o começo de uma noite no outono de 1956. Elvis acabou de aparecer pela primeira vez no *The Ed Sullivan Show* e Eisenhower ocupa a Casa Branca. Hoje à noite, você e outros vinte adultos estão dentro de uma sala de aula na Universidade de Nebraska, Omaha, para a primeira sessão de um curso chamado "Princípios de Investimentos". Seu professor será alguém de 20 e poucos anos chamado Warren Buffett. Por acaso, você escolheu um assento ao lado da tia de Buffett, Alice, uma das sete investidoras originais na primeira sociedade fundada por ele.

Gosto de pensar que este livro, à sua própria maneira, é uma recriação daquela primeira aula de "Princípios de Investimentos", tomando por base as lições que ele ensinou nas cartas aos acionistas, escritas exatamente na mesma época em que o curso foi oferecido. O livro servirá como um guia comentado sobre os fundamentos do investimento inteligente, conforme descritos nos principais trechos de quase quarenta daquelas cartas iniciais. Elas foram redigidas nos anos pré-Berkshire, de 1956 a 1970, uma época em que o capital de Buffett era modesto e seu leque de oportunidades era ilimitado. Era uma época, especialmente nos primeiros dias da sociedade, em que ele era mais ou menos como você e eu, no sentido de que podia investir em quase tudo, e até mesmo as empresas pequenas despertavam seu interesse.

Buffett investia durante o dia, e, paralelamente, dava de fato uma aula à noite entre o fim dos anos 1950 e os anos 1960, e sua tia Alice, juntamente com alguns outros eventuais acionistas, realmente assistiam às suas aulas. Depois de concluir o curso de Dale Carnegie para superar seu desconforto de falar em público, Buffett passou a lecionar, como forma de aprimorar suas habilidades. E não era só isso: ele estava seguindo o exemplo de seu mentor, Ben Graham, que, além de escrever cartas aos seus investidores, também ministrava um curso sobre análise de títulos na Columbia Business School enquanto gerenciava a Graham-Newman, sua empresa de investimentos.

OS PRINCÍPIOS FUNDAMENTAIS DE BENJAMIN GRAHAM

Não existe ponto melhor para começar um livro sobre o investimento básico e inteligente do que a doutrina essencial do pensamento global de Buffett, universalmente compartilhada pelos discípulos de Graham: *a curto prazo*, o mercado pode ser, e às vezes será, completamente insano e irracional, mas *a longo prazo* ele fará com que o preço dos títulos se equipare aos seus valores intrínsecos subjacentes.

Buffett usa a ideia um tanto paradoxal de seu mentor como instrumento pedagógico em todas as cartas, pois ela caracteriza com grande eficiência o que realmente buscamos como investidores: uma análise de negócios consistentemente sólida e racional, baseada na lógica e no bom senso, que leve à escolha de títulos que ofereçam o mais alto potencial de retorno com a menor quantidade possível de risco correspondente. Essa é a abordagem do investidor de longo prazo, bastante diferente do que tentar produzir ganhos especulando sobre o que outros investidores farão ou deixarão de fazer, ou tecer suposições acerca das mudanças de curto prazo em variáveis do nível macro, como os preços do petróleo ou as taxas de juros. Os investidores, conforme ainda definiremos, adquirem negócios; os especuladores "jogam" com os mercados.

Os investidores aprendem a encarar as oscilações de curto prazo nos preços das ações basicamente como rabiscos aleatórios, e acreditam que elas possam ser amplamente ignoradas; então, pelo fato de serem interpretadas como aleatórias, nenhuma tentativa sistemática é empreendida para prevê-las. Isso simplesmente não faz parte do nosso jogo.

A longo prazo, no entanto, os mercados tendem a captar corretamente os sinais e, em última instância, refletirão a experiência econômica de um negócio no preço de suas ações. Portanto, sabendo disso, os investidores se concentram na análise de negócios a longo prazo e no raciocínio conservador — em nossa opinião, isso é o que conduzirá a resultados acima da média ao longo do tempo.

Esse importante e fundamental princípio provém diretamente de Ben Graham, professor de Buffett, seu herói e ex-chefe, o homem que praticamente inventou a análise de títulos. Conhecido como o reitor de Wall Street, Ben Graham foi um revolucionário, o primeiro a transformar em uma verdadeira profissão o que anteriormente era considerado uma espécie de "arte obscura". Buffett se deixou consumir pelas ideias de Graham desde o primeiro momento em que entrou em contato com elas — tanto assim que batizou seu filho, que está prestes a se tornar o próximo presidente não executivo da Berkshire Hathaway, de Howard *Graham* Buffett. Para que possamos absorver os princípios de investimentos de Buffett, a parte que se manteve constante desde os anos da Sociedade até os dias atuais, é preciso compreender plenamente várias ideias e influências essenciais de Graham. Eis aqui como tudo começou.

Buffett se formara um ano antes na Universidade de Nebraska-Lincoln, em 1950, aos 19 anos de idade. Ele, então, requereu uma vaga na Harvard Business School, mas foi informado de que teria mais chances caso se reinscrevesse dentro de alguns anos. Ser rejeitado pela Harvard foi um dos maiores golpes de sorte que lhe aconteceram. Quando começou a procurar outras escolas de negócios, ele se deparou com o anuário da Columbia. Ali, descobriu que o autor de seu livro favorito, *O investidor inteligente*, não apenas estava vivo, como também dava aulas naquela instituição. Buffett se inscreveu imediatamente. Várias semanas se passaram (sua inscrição foi feita em agosto) até que sua matrícula na Universidade Columbia fosse aceita, e, logo depois, ele já estava sentado na sala de aula de Graham, revelando-se um aluno exemplar. Pode-se imaginar a intensidade da dinâmica intelectual entre esses dois homens. Graham estava estabelecendo as bases para o desenvolvimento intelectual de Buffett, e Buffett, o único aluno a obter uma nota 10, ia absorvendo tudo o que Graham lhe transmitia.[2] Depois de se formar, Buffett quis desesperadamente trabalhar na empresa de investimentos de Graham, mas, como ele brincaria mais tarde, seu nome foi recusado por ser "supervalorizado" — embora tivesse se oferecido para trabalhar de graça.[3] A verdadeira razão por não ter conseguido o emprego estava, provavelmente, mais relacionada ao fato de a Graham-Newman ser uma das poucas empresas de investimentos cujo dono era judeu; Buffett poderia conseguir um bom emprego em qualquer outro lugar, mas caso outros judeus altamente qualificados fossem recusados por Graham, eles poderiam se considerar banidos do mercado.[4]

Decepcionado, ele retornou a Omaha para se juntar a seu pai no negócio de corretagem de títulos e valores mobiliários, e continuou alimentando a ideia de trabalhar com Graham. Três anos de um fluxo constante de correspondências e de reflexões sobre o mercado de ações foram suficientes; seu mentor finalmente cedeu e o convidou a retornar a Nova York, em 1954.[5] Mas Buffett não ficou muito tempo na Graham-Newman; um ano após Buffett ser contratado, Graham decidiu se aposentar.

Novamente, agora com 25 anos de idade, Buffett retornou a Omaha, mas não mais para trabalhar com corretagem de ações ao lado de seu pai. Dessa vez, indo contra os conselhos tanto de Graham quanto de seu pai, ele daria início a uma sociedade de investimentos por conta própria. Ele a estruturou à imagem do que Graham havia criado, e passou a gerenciá-la predominantemente de acordo com seus princípios. Graham e Buffett permaneceram muito próximos o tempo todo, até a morte de Graham, em 1976.

O SR. MERCADO

A explicação mais valiosa de Graham sobre como funciona exatamente a ineficiência a curto prazo do mercado foi cristalizada em seu conceito de "o Sr. Mercado". A ideia é a de que um mercado de títulos pode ser imaginado como aquele indivíduo mal-humorado e maníaco-depressivo que, todos os dias, se mostra disposto a comprar ou vender metade de suas participações em um negócio. Seu comportamento pode ser intempestivo e irracional, o que o torna difícil de prever. Às vezes, ele está eufórico e superestima suas perspectivas. Nessa situação, vai querer vender suas participações pelo maior preço possível. Em outros momentos, ele se mostra deprimido e nutre uma avaliação negativa sobre si mesmo ou sobre seu negócio. Aqui, ele lhe oferecerá as mesmas participações no mesmo negócio por um preço muito menor, de ocasião. Muitas vezes, ele será neutro. Apesar de nunca ser possível garantir qual será seu estado de ânimo ao encontrá-lo, você pode estar certo de que, independentemente de negociar ou não com ele hoje, o Sr. Mercado estará de volta amanhã com um novo conjunto de preços.

Observar o mercado através das lentes da alegoria de Graham mostra por que o preço de mercado em um determinado dia não deveria influenciar nossa análise sobre o valor intrínseco subjacente de um título. Devemos chegar a esse valor de forma independente, e, então, agir apenas quando o humor do Sr. Mercado estiver favorável. É a isso que Buffett está se referindo em suas cartas, quando ensina: "A disponibilidade para uma cotação de mercado nunca deveria ser transformada em um sujeito suscetível cujas aberrações periódicas, por sua vez, se encarreguem de formular suas avaliações."[6] Se você se basear no preço de mercado para avaliar um negócio, corre o risco de perder oportunidades de comprar nos momentos em que o mercado estiver deprimido e de vender quando ele estiver em sua fase maníaca. Você não pode deixar o mercado raciocinar por você. Os investidores sabem que precisam fazer seu próprio trabalho.

QUANDO VOCÊ DETÉM UMA AÇÃO, DETÉM UM NEGÓCIO

O "trabalho", é claro, é a avaliação do valor do negócio. Ainda que os preços a curto prazo possam estar à mercê do estado de ânimo do Sr. Mercado, a longo prazo as ações praticamente se aproximarão do valor intrínseco subjacente àquele negócio. Ou, como afirmou Graham: "A curto prazo, o mercado é como uma máquina de votação, mas, a longo prazo, é mais parecido com uma balança." Isso é verdadeiro porque, por definição, diante de uma companhia inteira, uma ação nada mais é do que um título fracionário de propriedade. Se conseguirmos atribuir um valor ao negócio, conseguiremos atribuir um valor às ações.

É uma certeza matemática que as ações de uma empresa, tomadas em seu conjunto e ao longo de toda a expectativa de vida da corporação, devam produzir um retorno totalmente condizente com os resultados dos negócios da empresa. Sim, alguns acionistas se sairão melhor do que outros nesse ínterim, dependendo do momento em que suas compras e vendas tiverem sido realizadas, mas, no fim das contas, os resultados de todos aqueles que demonstrarem desempenho superior, por conta da experiência ou da sorte, serão compensados, dólar por dólar, pela quantidade exata dos que tiverem apresentado um desempenho insatisfatório, sejam eles ingênuos ou desprovidos de sorte. Portanto, os investidores que, por meio de uma análise sólida, forem capazes de prever os retornos futuros de longo prazo de um negócio, provavelmente obterão esses mesmos retornos futuros de longo prazo caso decidam manter suas ações, desde que sejam cuidadosos para não pagar a mais por isso.

É por esse motivo que os investidores miram o longo prazo. Com os ensinamentos de Buffett, aprendemos a concentrar nossos esforços no negócio em si, e não na ocasião propícia a curto prazo, quando investimentos sólidos parecem estar mais propensos a trazer benefícios. Como Buffett escreveu: "Os rumos do mercado de ações determinarão, em grande medida, quando estaremos certos, mas é a precisão de nossa análise a respeito de uma empresa que determinará amplamente se estamos certos ou não. Em outras palavras, nossa tendência é nos concentrar no que deveria acontecer, e não em quando isso deveria acontecer."[7]

Essa ideia é constantemente destacada ao longo das cartas, de modo que vou reforçá-la novamente: as ações não são apenas pedaços de papel a serem negociados de um lado para outro; elas são títulos de um negócio, muitos dos quais podem ser analisados e avaliados. Se os preços de mercado de um negócio (ações) se tornarem inferiores aos valores intrínsecos por um período prolongado de tempo, as forças do mercado acabarão agindo para corrigir a subavaliação, pois, a longo prazo, o mercado é eficiente.

O "quando" não é a questão relevante, porque depende do "Sr. Mercado", que não é confiável. É difícil saber, no momento da compra, o que levará o mercado a perceber o valor que talvez você esteja enxergando claramente. As empresas, porém, costumam comprar de volta suas ações quando se dão conta de que estão baratas. As empresas maiores e as de capital fechado geralmente procuram adquirir integralmente empresas subavaliadas. Os operadores do mercado, conscientes do potencial de tudo o que já foi mencionado, muitas vezes saem à caça e compram tais barganhas, o que por si só ajuda a eliminar o desconto. Buffett ensina os investidores a acreditar que, no fim, o mercado se ajustará; ele sugere que deveríamos nos concentrar em encontrar os negócios certos a preços certos, praticamente ignorando qual seria a ocasião propícia para a compra ou as expectativas quanto ao momento em que o investimento começará a produzir resultados.

SUPOSIÇÕES SOBRE O MERCADO

Outro ensinamento salientado por Buffett é que as mudanças no estado de ânimo do mercado podem ser aleatórias, tornando-as, *por definição*, geralmente imprevisíveis. Tentar descobrir o que acontecerá a curto prazo é simplesmente muito difícil, e, por isso, seus pontos de vista sobre as variáveis macroeconômicas (visão geral sobre ações, taxas de juros, câmbio, bens de consumo, PIB) não desempenham nenhum papel em suas decisões de investimento. Críticas a quem usa prognósticos de curto prazo para tomar decisões de compra ou venda de ações estão espalhadas por todas as cartas. Ele gosta de citar Graham: "A especulação não é ilegal, não é imoral nem engorda (financeiramente)."[8]

Até hoje, Buffett se mantém fiel a essa ideia. Há muitas variáveis em jogo. Ainda assim, diversos profissionais de Wall Street continuam a fazer esses tipos de prognósticos. Basta ligar a televisão para ver esses conhecedores do mercado, todos aparentemente seguindo o conselho sarcástico de Lorde Keynes: "Se você não consegue fazer boas previsões, não deixe de fazê-las."

Na qualidade de investidores, compreendemos que a resposta correta para perguntas sobre como as ações, títulos, taxas de juros, bens de consumo etc. se comportarão no próximo dia, mês, trimestre, ano ou até mesmo vários anos é: "Eu não faço a menor ideia." Com o auxílio esclarecedor de Buffett, aprendemos a não nos deixar seduzir pelos cantos das sereias dessas opiniões "de especialistas", a ponto de alterar nosso portfólio, saltando de conjectura em conjectura e permitindo que um resultado que poderia se mostrar razoável seja consumido por impostos, comissões e casualidades. De acordo com Buffett, os prognósticos, de modo geral, nos dizem mais sobre quem os faz do que sobre o futuro.

Algumas recomendações surgem espontaneamente: permita-se adotar o lema "eu não faço a menor ideia". Isso evitará perda de tempo e de esforços valiosos, possibilitando que você se concentre em assumir a perspectiva de raciocínio do proprietário ou do potencial proprietário de um empreendimento inteiro, que lhe pareça compreensível e atraente. Quem venderia uma fazenda porque acredita que haveria pelo menos 65% de chances de que o Sistema de Reserva Federal aumentasse os impostos no ano seguinte?

Além disso, seja cético em relação a qualquer pessoa que alegue ter uma visão nítida do futuro. Aqui, novamente, somos lembrados de que não é mesmo possível terceirizar o próprio pensamento — é preciso fazer isso sozinho. Seus consultores remunerados, quer façam isso por vontade própria quer não, provavelmente apenas o orientarão no sentido de fazer o que é bom para *eles*. Trata-se, simplesmente, da natureza humana. Uma boa parte do surpreendente sucesso de Buffett durante os anos da sociedade, e para além disso, se deve ao fato de ele nunca ter simulado saber coisas que eram incognoscíveis ou desconhecidas. Seus ensinamentos incentivam outros investidores a adotar uma semelhante atitude agnóstica, e a pensar por si mesmos.

CONTRATEMPOS PREVISÍVEIS

Na lista das coisas incognoscíveis está a aproximação de uma forte queda no mercado. Esse é mais um princípio orientador fundamental que Buffett extraiu de Graham e do Sr. Mercado. De tempos em tempos, o mercado se entregará forçosamente a estados de ânimo verdadeiramente melancólicos — e, normalmente, muito pouco poderá ser feito para evitar ser arrastado correnteza abaixo. Buffett lembra os investidores que, em tais períodos, até mesmo um portfólio de ações extremamente baratas estará suscetível ao declínio, acompanhando a tendência do mercado geral. Ele enfatiza que esse é um aspecto inevitável da posse de títulos e que, se uma queda de 50% no valor de seu portfólio de títulos lhe trouxer dificuldades, você precisará reduzir sua exposição ao mercado.

A boa notícia é que a ocasional queda do mercado não terá consequências mais graves para os investidores de longo prazo. Preparar-se para se safar da próxima retração econômica é um elemento importante do método estabelecido por Buffett. Apesar de ninguém saber como o mercado se comportará de ano para ano, existem probabilidades de que tenhamos, pelo menos, algo entre 20% a 30% de quedas ao longo da próxima década ou das próximas duas décadas. Determinar exatamente quando isso ocorrerá não é muito relevante. O que importa é onde você começa e onde termina — embaralhe a ordem dos anos com resultados positivos e negativos e, ao fim de tudo, você continuará obtendo o mesmo resultado final. Como a tendência geral é de alta, desde que uma queda brusca de 25% a 40% não o obrigue, de alguma forma, a vender a preços baixos, a longo prazo você provavelmente se sairá muito bem com as ações. Inevitavelmente, o mercado terá altos e baixos, e você não se deixará afetar pelas oscilações.

Infelizmente, aqueles que não têm essa mentalidade frequentemente são vítimas de suas próprias emoções e, depois que os mercados já entraram em declínio, vendem motivados pelo medo. De acordo com um estudo feito pela Fidelity, dentre todos os seus correntistas, os que apresentaram melhor desempenho foram aqueles que literalmente se esqueceram de seus portfólios.[9] Enquanto a maioria dos investidores decidia vender quando as perspectivas do mercado se tornavam preocupantes ou, até mesmo, sombrias, aqueles que ignoravam as liquidações do mercado (ou se esqueciam completamente de que possuíam investimentos) se saíam muito melhor. É um excelente exemplo: para ser um investidor bem-sucedido, você precisa dissociar sua reação emocional dos riscos de sua capacidade cognitiva como avaliador racional do valor dos negócios a longo prazo. Você nunca deve permitir que as cotações do mercado deixem de ser um componente ativo para se tornar um passivo.

Graham descreveu isso de forma brilhante em *O investidor inteligente*:

> *O verdadeiro investidor raramente é forçado a vender suas ações, e está livre, o tempo todo, para desconsiderar a cotação atual. Ele precisa prestar atenção à cotação e levá-la em consideração apenas na medida em que isso interesse à sua contabilidade, e nada mais do que isso. Assim, o investidor que se deixa influenciar pela massa ou que se mostra excessivamente preocupado com o efeito das quedas injustificadas do mercado sobre seu portfólio está, perversamente, transformando sua vantagem básica em uma desvantagem básica. Esse indivíduo se sentiria melhor, então, se suas ações não recebessem nenhuma cotação de mercado, pois seria poupado da angústia mental causada pelos erros de avaliação de outras pessoas.*[10]

**DAS CARTAS AOS ACIONISTAS:
ESPECULAÇÃO, SUPOSIÇÕES SOBRE
O MERCADO E CONTRATEMPOS**

---

18 de janeiro de 1965

(...) minha filosofia de investimentos se desenvolveu em torno da teoria de que a profecia revela muito mais as fragilidades do profeta do que o próprio futuro.

---

12 de julho de 1966

Fazer previsões a respeito de flutuações econômicas ou no mercado geral de ações não é a minha tarefa. Se você acha que sou capaz de fazer isso, ou se acredita que isso é essencial para um programa de investimentos, você não deveria participar da sociedade.

Logicamente, essa regra pode ser acusada de confusa, complexa, ambígua, vaga etc. No entanto, acho que esse ponto é bem compreendido pela grande maioria de nossos acionistas. Não compramos nem vendemos ações com base no que as outras pessoas acham que o mercado de ações vai fazer (eu nunca emito uma opinião sobre isso), mas sim com base no que achamos que a empresa vai fazer. Apesar de os rumos do mercado de ações determinarem, em grande medida, quando estamos certos, é a precisão de nossa análise a respeito de uma empresa que determinará amplamente se estamos certos ou não. Em outras palavras, nossa tendência é nos concentrar no que deveria acontecer, e não em quando isso deveria acontecer.

Em nosso negócio de lojas de departamento, posso afirmar, com considerável segurança, que dezembro será melhor do que julho (observe o nível de sofisticação a que eu cheguei a respeito do varejo). O que realmente importa é saber se dezembro será melhor do que dezembro passado, em uma margem maior do que nossos concorrentes, e o que estamos fazendo para preparar o ambiente para os próximos meses de dezembro. No entanto, em nossos negócios na sociedade, além de não poder garantir que dezembro será melhor do que julho, também não posso sequer afirmar que dezembro não irá nos trazer um enorme prejuízo. Às vezes, isso acontece. Nossos investimentos simplesmente não levam em consideração que são necessários 365 dias para que a Terra dê uma volta em torno do sol. E o que é pior: eles não estão cientes de que sua orientação celestial (e a da

Receita Federal) exige que eu me reporte a você após a conclusão de cada órbita (a da Terra — não a nossa). Portanto, precisamos usar um padrão que não seja o calendário para medir nosso progresso. Esse critério é, obviamente, a experiência geral em títulos, conforme mensurada pelo índice Dow Jones. Temos uma forte sensação de que um determinado concorrente se sairá razoavelmente bem ao longo de alguns anos (o Natal virá, mesmo que ainda estejamos em julho), e se quisermos continuar derrotando nosso concorrente, precisaremos ir um pouco além do "razoavelmente bem".

É como se um varejista medisse seus ganhos de vendas e suas margens de lucro em comparação com uma rede de lojas de departamento — derrote-os todos os anos e, de alguma forma, você verá a luz do dia.

Ressuscito esse tema de "suposições sobre o mercado" apenas porque, após a queda do índice Dow do pico de 995 pontos, em fevereiro, para 865, em maio, recebi algumas ligações de acionistas. Eles sugeriam que, em seu entender, as ações cairiam ainda mais. Isso sempre me traz à mente duas questões: 1) se, em fevereiro, eles soubessem que o índice Dow iria para 865 em maio, por que não me deixaram cuidar disso naquela época?; e 2) se, em fevereiro, eles não sabiam o que iria acontecer nos três meses subsequentes, como poderiam saber disso em maio? Ademais, depois de qualquer queda aproximada de cem pontos, sempre haverá uma voz ou outra sugerindo que deveríamos vender e aguardar até que o futuro esteja mais nítido. Deixe-me novamente sugerir duas coisas: 1) o futuro nunca foi nítido para mim (ligue para nós quando os próximos meses forem óbvios para você — aliás, as próximas horas); e

2) ninguém se atreve a me ligar depois de uma alta de cem pontos no mercado para que eu preste atenção em como a situação está indefinida, embora o horizonte, analisando em retrospecto, não parecesse tão claro assim em fevereiro.

Começar a decidir com base em suposições ou emoções se devemos participar ou não de um negócio no qual poderíamos contar com alguma vantagem a longo prazo nos colocaria em apuros. Não venderemos nossas participações em empresas (ações) quando elas estiverem com um preço atraente só porque algum astrólogo acha que as cotações poderão cair, embora essas previsões, obviamente, possam estar corretas em algum momento. Da mesma forma, não compraremos títulos com sobrepreços porque os "especialistas" acham que os preços subirão. Quem pensaria em comprar ou vender uma empresa privada em função de uma suposição de terceiros a respeito do mercado de ações? A disponibilidade para cotar suas participações em empresas (ações) deveria ser sempre um recurso a ser utilizado, caso desejado. Se a cotação oscilar suficientemente em qualquer direção, você pode tirar proveito disso. Sua disponibilidade nunca deveria ser transformada em passividade cujas aberrações periódicas, por sua vez, se encarreguem de formular suas avaliações. Uma maravilhosa articulação dessa ideia está contida no capítulo dois[11] ("O investidor e as flutuações do mercado de ações") do livro *O investidor inteligente*, de Benjamin Graham. Na minha opinião, esse capítulo é mais importante para o investimento do que qualquer outro texto já escrito.

24 de janeiro de 1968

Meu mentor, Ben Graham, costumava dizer: "A especulação não é ilegal, não é imoral e nem engorda (financeiramente)." Ao longo do último ano, conseguimos relaxar, do ponto de vista fiscal, por meio de uma dieta regular de bombons especulativos. Continuamos a comer mingau de aveia, mas se surgir uma indigestão geral, seria irreal esperar que não sentíssemos algum desconforto.

24 de janeiro de 1962

Seguramente, ao longo da próxima década, haverá alguns anos em que o mercado geral apresentará uma alta entre 20% ou 25%, alguns em que ele apresentará uma queda na mesma proporção, e, na maioria deles, ocupará valores intermediários. Não tenho nenhuma ideia quanto à sequência em que essas coisas ocorrerão, e também não acho que isso seja de grande importância para o investidor de longo prazo.

18 de janeiro de 1965

Se uma queda de 20% ou 30% no valor de mercado de suas participações societárias (como as da BPL) for capaz de lhe causar dificuldades emocionais ou financeiras, você deveria, simplesmente, evitar investimentos em ações ordinárias. Nas palavras do poeta Harry Truman, "se você não suporta o calor, fique longe da cozinha". É preferível, naturalmente, levar o problema em consideração antes de entrar na "cozinha".

ENSINAMENTOS COMPOSTOS

Por meio dos comentários de Buffett e da alegoria do Sr. Mercado de Ben Graham, podemos absorver esses princípios e integrá-los ao nosso entendimento básico sobre o funcionamento dos mercados e sobre como devemos nos comportar dentro deles. Pensando agora em nós mesmos como investidores, compreendemos que as flutuações de curto prazo nos preços dos títulos são, muitas vezes, influenciadas por oscilações na psicologia do mercado; em períodos de vários anos, porém, os resultados dos investimentos serão determinados pelos resultados fundamentais intrínsecos aos negócios que possuímos e pelos preços que pagamos por eles. As perdas de fôlego do mercado são inevitáveis, e uma vez que não é possível prever quando elas acontecerão, nós as aceitamos como o preço a ser pago por adentrar o mundo dos investidores.

As perdas de fôlego não nos incomodam tanto, sobretudo porque entendemos que a disponibilidade para cotar as ações no mercado é uma vantagem a ser utilizada, permitindo que nos tornemos compradores nos momentos em que os outros estiverem com medo. Tal disponibilidade favorece a mentalidade que nos manterá firmes durante as perdas de fôlego do mercado, impedindo-nos de vender a preços baixos.

Até mesmo os investidores sem muitos recursos e que constantemente procuram investir a diferença no amplo mercado sem tentar selecionar ações ou avaliar os negócios deverão se sair muito melhor do que a média, se tiverem a coragem de seguir esses princípios. Na verdade, os investidores capazes de aderir a essas ideias centrais ao longo de uma vida inteira de investimentos terão que se esforçar para *não* se tornarem confortavelmente ricos, principalmente devido ao poder dos juros compostos, assunto do nosso próximo capítulo.

2. Composições

"Tais progressões geométricas extravagantes ilustram o valor de viver por muito tempo, ou de compor seu dinheiro a um índice razoável. Não tenho particularmente nada de útil a dizer sobre o primeiro ponto."[1]

18 de janeiro de 1963

Diz-se que Einstein considerava os juros compostos a oitava maravilha do mundo, e afirmava que "os que conseguirem compreendê-los *lucrarão* com eles, e os que não o fizerem *pagarão* por eles".[2] Usando histórias divertidas ao longo de suas cartas, Buffett mostra aos investidores que, para enriquecer com os investimentos, o poder dos juros compostos é incomparável a qualquer outro fator. Praticar a composição durante todo o ciclo de um programa de investimentos é sua melhor estratégia, incontestavelmente.

Em sua origem, um programa de investimentos é, em primeiro lugar e acima de tudo, um programa de composição. É o processo de reinvestimento contínuo dos ganhos, de tal modo que cada adição subsequente comece a gerar um retorno por si mesma. Ao longo do tempo, esses ganhos sobre ganhos se tornam um componente cada vez mais dominante dos retornos totais de um programa de investimentos. Os dois fatores determinantes do resultado final são: 1) a variação média anual de ganhos e 2) o tempo.

A composição deriva sua força da natureza parabólica; quanto mais o tempo passa, mais impactante se torna. No entanto, ela consome uma quantidade significativa de tempo até adquirir dimensão suficiente para se tornar uma óbvia propulsora dentro de um programa de investimentos, e, por isso, muitos subestimam sua importância. Se você se comprometer desde o início com essas ideias e lhes der tempo, não precisará de muito mais coisas para se transformar em um investidor bem-sucedido. Infelizmente, muitos são míopes ou impacientes e não conseguem tirar o máximo proveito do que elas têm a oferecer.

Tomemos como exemplo uma conta de US$100 mil, com rendimento de 10% ao ano. Após um período de cinco anos, se os ganhos forem reinvestidos em vez de retirados, o retorno total será de cerca de 7% a mais. Não é tão impressionante assim. Mas depois de dez anos, a conta que optar por reinvestir seus ganhos (vamos chamar essa conta de *Composta*) produzirá 30% a mais do que aquela que não reinvestir. Em seguida, os resultados da "pulsação acelerada"[3] começam a se tornar evidentes em torno de 15 anos. Agora, a conta Composta está apresentando resultados cerca de 70% melhores. A composição é exponencial, ela ganha impulso à medida que avança; depois de vinte anos, a vantagem se amplia para 125%. Não existe nada mais poderoso. Gastar o que você ganha diminuirá seu retorno total de forma significativa; como investidores, permitimos que nossos ganhos se acumulem uns sobre os outros, agindo como os principais propulsores de nosso enriquecimento. Fazemos isso pacientemente.

Nunca será demais enfatizar a importância da composição. Isso explica por que Charlie Munger, amigo de Buffett desde os tempos da sociedade e atual vice-presidente da Berkshire, disse certa vez que, no entender de Buffett, um corte de cabelo de US$10 lhe custaria, na verdade, US$300 mil. O fato é que ele estava sendo apenas ligeiramente conservador; um corte de cabelo de US$10 rejeitado por Buffett em 1956 e investido, por outro lado, na sociedade, valeria mais de US$1 milhão hoje em dia (US$10 compostos a 22%, ao longo de 58 anos). Se analisarmos a situação através das lentes dos juros compostos de Buffett, não é difícil entender por que ele tem levado uma vida tão frugal. Seus cortes de cabelo são realmente caros!

Aos 20 e poucos anos de idade, Buffett se convenceu de que o poder dos juros compostos o tornaria um homem rico. Voltando para Omaha com um pouco mais de US$100 mil antes da fundação de suas sociedades, ele já se considerava basicamente aposentado. Imaginou que se dedicaria à leitura e, talvez, frequentaria algumas aulas na universidade. Ele estava tão certo do que os juros compostos seriam capazes de fazer que, literalmente, começou a se preocupar com o efeito potencialmente adverso que toda aquela riqueza que estava por vir poderia causar em sua família; ele não queria mimar seus filhos e procurava uma estratégia para mantê-los com os pés no chão. Apesar de os mimos para as crianças serem uma preocupação compreensível em si mesma, é preciso ter em mente que, na época, Buffett estava na casa dos 20 anos, e trabalhava em seu próprio quarto, investindo somas bastante modestas.[4]

Naturalmente, algumas recomendações decorrem de tudo isso: se você conseguir economizar seus gastos e, ao mesmo tempo, atingir um retorno acima da média, mesmo que modesto, provavelmente estará em uma confortável posição financeira. A paciência, porém, é fundamental. Você não pode pressionar a composição; precisa deixar que ela adquira consistência ao longo do tempo. Considere o caso de Ronald Read, um frentista de Vermont que acumulou um patrimônio líquido de US$8 milhões e que, ao longo da vida, investiu consistentemente uma pequena parte de seu salário em ações que pagam dividendos de alta qualidade.[5]

Buffett morou na mesma casa durante décadas. Sua abordagem para a vida e os investimentos é pragmática e gratificante. Sua paciência e frugalidade permitiram que ele mantivesse uma quantidade máxima de fundos investidos e capitalizados. Em combinação com os altos índices de retorno que foi capaz de gerar, isso possibilitou que ele doasse todas as suas ações da Berkshire à Fundação Gates, a maior doação filantrópica da história mundial. E não apenas isso: ele é um dos caras mais felizes que conheço, tendo feito exatamente o que queria em quase todos os dias de sua vida.

AS ALEGRIAS DA COMPOSIÇÃO

Ao se dirigir aos acionistas para comentar o poder dos juros compostos, Buffett incluiu a seguinte tabela, que mostra os ganhos da composição de US$100 mil por um período de dez a trinta anos, a um índice variando de 4% a 16%:

	4%	8%	12%	16%
10 Anos	US$48.024	US$115.892	US$210.584	US$341.143
20 Anos	US$119.111	US$336.094	US$864.627	US$1.846.060
30 Anos	US$224.337	US$906.260	US$2.895.970	US$8.484.940

Reserve alguns minutos para absorver esses números. Analise os valores no canto superior esquerdo e percorra a tabela até o canto inferior direito. Observe a *enorme* vantagem financeira de uma vida inteira dedicada aos investimentos e a *enorme* vantagem produzida quando se tem um alto índice de retorno. Se você conseguir combinar os dois fatores, os resultados serão espantosos: US$100 mil compostos a 16% valerão mais de US$8,5 milhões em trinta anos!

Buffett relaciona três histórias divertidas nas cartas — a de Colombo, a de *Mona Lisa* e a dos índios de Manhattan —, reproduzidas na íntegra no fim do capítulo, com o intuito de destacar os seguintes aspectos: 1) a composição é igualmente sensível tanto a mudanças temporais quanto às variações nos índices, e 2) na verdade, mudanças aparentemente insignificantes nos índices se acumulam quando observadas através das lentes de um programa de investimentos de longo prazo.

A história de Cristóvão Colombo enfatiza o argumento de Buffett de que, quando se trata de juros compostos, o tempo está, definitivamente, ao seu lado. Como será possível perceber, se a rainha Isabel não tivesse gastado US$30 mil para financiar a viagem de Colombo e, em vez disso, tivesse feito qualquer outro investimento que pudesse gerar ganhos compostos a apenas 4% ao ano, esse montante teria subido para US$2 trilhões em 1963 (US$7,3 trilhões hoje em dia). Buffett brincou: "Isentando-me de tentar avaliar os ganhos psíquicos decorrentes de se descobrir um novo continente, deve-se salientar que, mesmo que os direitos dos intrusos prevalecessem, o negócio como um todo não seria exatamente uma nova IBM."[6] Com o benefício de longos períodos de tempo, até mesmo quantias modestas de capital inicial, investidas a índices modestos, se acumulam, podendo atingir somas surpreendentes.

Detenha-se por alguns instantes e observe novamente a tabela dos juros compostos, desta vez focando na coluna de retorno de 8%. Dez anos de juros compostos produzem um ganho de US$115.892. Dobre a extensão de tempo e os ganhos triplicam. Triplique a extensão da composição (para trinta anos, em vez de dez), e o ganho aumenta quase nove vezes.

Na segunda história, Buffett conta a fábula do rei Francisco I da França, que pagou US$20 mil pela *Mona Lisa*. Aqui, Buffett ilustra como um alto índice de retorno e um longo período de tempo produzem uma situação absurda quando os limites são extrapolados. Se os mesmos US$20 mil tivessem sido capitalizados de alguma forma a 6% ao ano, eles teriam aumentado para US$1 quatrilhão por volta de 1964, cerca de 3 mil vezes a dívida nacional daquela época. Talvez Buffett pudesse estar falando diretamente para sua esposa, amante da arte e proprietária de uma galeria durante determinado período, quando disse: "Acho que isso deve colocar um fim a todas as discussões em nossa casa sobre a compra de quaisquer telas que possam ser qualificadas como investimento."[7]

Não há dúvida de que um longo período de tempo e um elevado índice de crescimento se combinam para produzir projeções disparatadas, quando se permite que elas sigam longe demais. Por esse motivo, Buffett sempre tentou evitar que seus próprios resultados fossem projetados pelos acionistas até momentos muito distantes no futuro. Como exemplo, em 1963, ele afirmou:

Alguns de vocês podem estar decepcionados por eu não ter incluído na tabela acima o índice de 22,3%. (...) Esse índice, é claro, é anterior à incidência de impostos sobre rendimentos, que deverão ser pagos diretamente por vocês — e não pela Sociedade. Mesmo excluindo esse fator, um cálculo desse gênero apenas comprovaria a grandeza da ideia de fazer composições a índices bastante elevados — ainda que com quantias inicialmente modestas (...).[8]

Para dar um exemplo mais contemporâneo, sob o comando de Buffett, a Berkshire conseguiu gerar ganhos compostos a 21,6% ao ano no valor por ação nos últimos cinquenta anos. Os papéis, que eram comercializados por cerca de US$18 em 1965, valem assombrosos US$218 mil *por ação*, conforme atesta sua escritura (2015). Hoje, o valor total de mercado da empresa é de US$359 bilhões. Se as ações da Berkshire conseguirem ser capitalizadas anualmente na mesma proporção, o valor *por ação* será de US$3,8 bilhões até 2065, e o valor de mercado será superior a US$6 quatrilhões — muito superior à soma do valor de todas as empresas públicas do planeta.

Como se pode perceber, é impossível sustentar altos índices de crescimento de forma continuada. Quanto maior um programa de investimentos se tornar, mais difícil será fazê-lo crescer. Essa é a lei dos grandes números em ação, e Buffett, desde as cartas aos acionistas até hoje, tem sido sempre muito sincero a esse respeito. Atualmente, a Berkshire é simplesmente grande demais para crescer com muito mais rapidez do que a economia em geral.

O QUE ESTÁ EM JOGO PARA OS INVESTIDORES DE HOJE

Buffett estimou que as composições no mercado global ficariam, em média, e por um longo período de tempo, em algum ponto entre 5% e 8% por ano. Analisando retrospectivamente, o S&P 500 calculou, efetivamente, um índice composto de crescimento anual (CAGR, na sigla em inglês) um pouco maior do que 7% desde 1950, e, desde então, a média de todos os períodos de dez anos foi de 6,8%. Com a readição dos dividendos não tributados, ela se aproxima de 10%. Tais resultados melhores do que o previsto provêm, em grande parte, da queda inesperada das taxas de juro (quanto menor a rentabilidade dos títulos do governo, mais valiosas serão as ações, desde que as demais condições permaneçam inalteradas). Hoje, com a rentabilidade dos títulos do governo não se afastando muito do zero, um resultado de 5% a 6% ao ano durante os próximos vinte a trinta anos parece ser uma suposição razoável. Se conseguirmos resultados como esses, o poder dos juros compostos continuará sendo muito importante, mas demorará mais tempo para que os efeitos ganhem impulso.

Meu índice de 5% a 6% é apenas um palpite; você pode ter o seu. Em uma carta escrita em outubro de 1969, Buffett ofereceu uma descrição mais detalhada de como analisava

AS REGRAS BÁSICAS DE WARREN BUFFETT | 49

esse cenário, no exato momento em que estava dissolvendo a sociedade. O trecho a seguir foi extraído de uma carta destinada a ajudar os acionistas, que logo se tornariam investidores independentes, a refletir sobre qual proporção de seu capital deveria ser aplicada em ações e o que poderiam esperar em relação aos retornos:

> *Provavelmente, a expectativa de dez anos para o grupo das ações corporativas não ultrapassará os 9%, digamos 3% de dividendos e 6% de ganho em valor. Duvido que o Produto Interno Bruto cresça mais de 6% ao ano — não acredito que os lucros corporativos tendam a aumentar significativamente como uma porcentagem do PIB —, e se os multiplicadores dos ganhos não se alterarem (e, com essas premissas e as taxas de juros atuais, eles não deverão se alterar), a avaliação agregada de empresas corporativas norte-americanas não deverá crescer a um índice composto de longo prazo acima de 6% ao ano. Essa experiência específica em ações pode gerar (para o contribuinte descrito anteriormente)* 1,75% após impostos no caso dos dividendos e 4,75% após impostos no caso dos ganhos de capital, significando um retorno total após impostos de cerca de 6,5%. A combinação entre os dividendos e ganhos de capital antes da incidência de impostos deve girar em torno de 4% a 5%, produzindo um resultado posterior aos impostos ligeiramente inferior. Isso não está distante da experiência histórica, e, no geral, acredito que as futuras legislações tributárias sobre ganhos de capital deverão ser mais rígidas do que no passado.*[9]

---

*Assumindo uma alíquota tributária com margem de 40%.

Seja qual for o resultado que o mercado de ações lhe reservará durante a vigência de seu investimento, a história final de Buffett em sua trilogia sobre a composição serve para deixar bastante claro como até mesmo pequenos decréscimos — pequenas alterações fracionárias no índice composto — produzem resultados extremamente diferentes depois de longos períodos de tempo. Em uma divertida história, Buffett imagina que os US$24 pagos aos índios pela ilha de Manhattan valeriam cerca de US$12,5 bilhões em 1965, o que significa que o ganho composto teria sido de aproximadamente 6,12%. Mas ele defendia um ponto de vista:

> *Para os principiantes, talvez isso soe como um negócio razoável. No entanto, os índios precisariam alcançar um retorno de 6,5% (o representante do fundo mútuo da tribo teria lhes prometido isso) para rir por último diante de Minuit. A 6,5%, US$24 se transformariam em US$42.105.772.800 (US$42 bilhões) em 338 anos, e se eles conseguissem extrair apenas meio ponto a mais para chegar a 7%, o valor atual se converteria em US$205 bilhões.*[10]

Essa história funciona como um poderoso lembrete: as taxas de administração, os impostos e outras formas de desvio podem se sobrepor para causar um enorme impacto cumulativo. Embora os valores de 1% a 2% ao ano referentes a esses custos pareçam ínfimos quando considerados isoladamente em determinado ano (e você pode ter certeza de que é assim que os produtos financeiros são negociados), o poder da composição transforma algo que parece ínfimo em algo que na prática é, de fato, colossal. Considere a enorme oscilação nos resultados a serem colhidos por um investidor de meia-idade que decida colocar suas economias em uma conta de aposentadoria pelos próximos vinte a trinta anos, a 5% *versus* 7%: o efeito da perda de 2% ao ano ao longo de trinta anos resulta em uma conta que vale a metade da outra. A história de Buffett sobre os índios de Manhattan torna tudo claramente óbvio — cada ponto percentual no índice de composição é muito importante! As taxas de administração e os impostos (para não mencionar o desempenho negativo) vêm destroçando os resultados de investimentos de longo prazo da maioria dos norte-americanos. Na verdade, o resultado médio real dos investidores individuais no país nos vinte anos concluídos em 2011 se aproximou mais dos 2%. Em dólares reais (descontada a inflação), o poder de compra se perdeu! É uma situação escandalosa em relação aos 7,8% informados pelo índice de mercado.[11] Buffett e outros estão dando esse sinal de alarme há décadas, mas tais práticas continuam existindo.

Os investidores adotam a visão de longo prazo e pensam nas ações como títulos de propriedade fracionários de um negócio. Eles não se assustam com as oscilações do mercado e evitam as taxas de administração e os impostos até o limite máximo do pragmatismo. Tiram proveito da natureza parabólica dos juros compostos de longo prazo, ao maior índice possível pelo maior período de tempo possível — essa deve ser sua principal ferramenta como investidor.

DAS CARTAS AOS ACIONISTAS:
AS ALEGRIAS DA COMPOSIÇÃO

18 de janeiro de 1963

Colombo

Fiquei sabendo por fontes não confiáveis que o custo da viagem de Colombo, originalmente aprovado por Isabel, foi de aproximadamente US$30 mil. Esse valor tem sido considerado uma utilização ao menos moderadamente bem-sucedida de um capital de risco. Isentando-me de tentar avaliar os ganhos psíquicos decorrentes de se descobrir um novo continente, deve-se salientar que, mesmo que os direitos dos intrusos prevalecessem, o negócio como um todo não seria exatamente uma nova IBM. Em uma estimativa muito grosseira, os US$30 mil, investidos em ganhos compostos a 4% ao ano, teriam subido para algo em torno de US$2.000.000.000.000 (isso quer dizer US$2 trilhões, para aqueles que não são estatísticos do governo) em 1962. Os defensores históricos dos índios de Manhattan podem encontrar apoio em cálculos similares. Tais progressões geométricas extravagantes ilustram o valor de viver por muito tempo, ou de compor seu dinheiro a um índice razoável. Não tenho particularmente nada de útil a dizer sobre o primeiro ponto.

(...) É sempre surpreendente constatar como diferenças relativamente pequenas nos índices se combinam para chegar a somas muito significativas depois de alguns anos. É por esse motivo que, mesmo que estejamos buscando mais do que isso, acreditamos que alguns pontos percentuais de vantagem sobre o índice Dow é uma conquista valiosa. Pode significar um monte de dólares ao longo de uma década ou duas.

18 de janeiro de 1964

Mona Lisa

Agora, passemos à parte da pulsação acelerada de nosso ensaio. No ano passado, a fim de deixar bem clara a questão da composição, fiz uma crítica à rainha Isabel e aos seus consultores financeiros. Você deve se lembrar de que eles foram ludibriados em uma situação de baixa capitalização, tão óbvia quanto a descoberta de um novo continente.

Considerando-se que todo esse assunto das composições tem uma aura de estupidez em torno de si, tentarei introduzir um pouco de classe nessa discussão, voltando-me ao mundo da arte. Em 1540, Francisco I da França pagou 4 mil *ecus* (unidade monetária europeia) pela *Mona Lisa* de Leonardo da Vinci. Para quem não acompanhou as flutuações da antiga moeda europeia, 4 mil *ecus* equivaleriam a cerca de US$20 mil.

Se Francisco tivesse mantido os pés no chão e se ele (e seus curadores) tivesse conseguido encontrar um investimento de 6% após impostos, o patrimônio agora estaria valendo algo acima de US$1.000.000.000.000.000. Isso representa US$1 quatrilhão ou mais de 3 mil vezes a atual dívida nacional, tudo em função daqueles 6%. Acho que isso deve colocar um fim a todas as discussões em nossa casa sobre a compra de quaisquer telas que possam ser qualificadas como investimento.

No entanto, como salientei no ano passado, há outras morais a serem extraídas dessa história. Uma delas é a sabedoria de viver por muito tempo. O outro fator impressionante é a oscilação produzida por alterações relativamente pequenas no índice de composição. Mostramos a seguir os ganhos da composição de US$100 mil, sob vários índices distintos:

	4%	8%	12%	16%
10 Anos	US$48.024	US$115.892	US$210.584	US$341.143
20 Anos	US$119.111	US$336.094	US$864.627	US$1.846.060
30 Anos	US$224.337	US$906.260	US$2.895.970	US$8.484.940

É óbvio que uma variação de apenas alguns pontos percentuais terá um enorme efeito no sucesso de um programa de composição (investimentos). Também é óbvio que esse efeito aumentará vertiginosamente conforme o período for se alongando. Se depois de um tempo significativo a Buffett Partnership conseguir atingir uma vantagem percentual até mesmo modesta em relação aos principais canais de investimento, sua função estará cumprida.

18 de janeiro de 1965

Os índios de Manhattan

Os leitores de nossas primeiras cartas anuais registraram seu descontentamento com uma mera citação à experiência contemporânea de investimentos, e, por outro lado, ansiavam por uma estimulação intelectual que só poderia ser alcançada por meio de um estudo aprofundado da estratégia de investimentos ao longo dos séculos. Eis o motivo desta seção.

AS REGRAS BÁSICAS DE WARREN BUFFETT | 55

Nossas duas últimas incursões na mitologia da especialidade financeira revelaram que investimentos supostamente sensatos feitos por Isabel (apoio à viagem de Colombo) e Francisco I (compra da tela original de *Mona Lisa*) beiravam a loucura fiscal. Os defensores dessas duas figuras apresentaram uma série de trivialidades sentimentais. Apesar de tudo isso, nossas tabelas de composição não se deixaram afetar pelos ataques.

Ainda assim, uma crítica se mostrou um pouco mais contundente. Esta coluna foi acusada de assumir um tom negativo, dedicando-se a fazer comentários apenas sobre os financistas mais desastrados da história. Fomos desafiados a registrar nestas páginas uma história de perspicácia financeira que possa servir como uma referência brilhante por séculos e séculos.

Uma história se destaca. Trata-se, naturalmente, da saga de astúcia comercial gravada na história pelos índios de Manhattan, quando eles venderam sua ilha para aquele perdulário notório, Peter Minuit, em 1626. Até onde sei, eles receberam US$24 líquidos. Por isso, Minuit recebeu 22,3 milhas quadradas, que significam aproximadamente 58 quilômetros de metros quadrados. É difícil chegar a uma avaliação precisa tomando por base vendas similares, mas uma estimativa de US$20 por metro quadrado parece razoável, resultando em um valor atual do terreno da ilha de US$12.433.766.400 (US$12,5 bilhões). Para os principiantes, talvez isso soe como um negócio razoável. No entanto, os índios precisariam alcançar um retorno de 6,5% (o representante do fundo mútuo da tribo teria lhes prometido isso) para rir por último diante de Minuit. A 6,5%, US$24 se transformariam em US$42.105.772.800 (US$42 bilhões) em 338 anos, e se eles conseguissem extrair apenas meio ponto a mais para chegar a 7%, o valor atual se converteria em US$205 bilhões.

Simples assim.

Alguns de vocês podem encarar suas políticas de investimentos tomando por base um prazo mais curto. Convenientemente, incluímos nossa tabela de sempre, indicando os ganhos da composição de US$100 mil, sob vários índices distintos:

	4%	8%	12%	16%
10 Anos	US$48.024	US$115.892	US$210.584	US$341.143
20 Anos	US$119.111	US$336.094	US$864.627	US$1.846.060
30 Anos	US$224.337	US$906.260	US$2.895.970	US$8.484.940

Essa tabela indica as vantagens financeiras de:

1. Viver por muito tempo (no vocabulário erudito da sofisticação financeira isso é conhecido como a Técnica de Matusalém);
2. Um alto índice de composição;
3. Uma combinação de ambos (especialmente recomendada por este autor).

Devem ser observados os enormes benefícios que ganhos relativamente pequenos são capazes de produzir no faturamento anual. Isso explica nossa atitude de, mesmo esperando alcançar uma considerável margem superior sobre os resultados médios dos investimentos, interpretarmos cada ponto percentual acima da média do retorno do investimento como altamente significativo.[12]

ENSINAMENTOS COMPOSTOS

Buffett compreende o poder dos juros compostos tão bem quanto qualquer outra pessoa. Suas histórias oferecem, à sua maneira bem-humorada e folclórica, exemplos inestimáveis dos custos e benefícios decorrentes de alterações mínimas no índice médio de ganhos ou na duração do programa de composição. Além da lição de Graham — as ações são negócios; e o mercado existe para servi-lo, não para prestar informações —, temos, agora, outro mantra: "As decisões de investimentos deveriam ser tomadas com base na mais provável composição do patrimônio líquido após impostos, sob o menor risco possível."[13] Todos têm a capacidade de pensar e investir dessa forma, inclusive aqueles que conquistam, de fato, uma vantagem competitiva significativa sobre muitos outros investidores que operam sob a mentalidade de ganhos imediatos.

A grande questão a partir daqui, e que exploraremos a seguir, é: considerando-se seu interesse e suas capacidades, você deveria tentar selecionar ações e seguir o exemplo de Buffett como prospector de ações, ou deveria simplesmente usar o método de aportes periódicos até chegar à prosperidade, aumentando sua participação em empresas norte-americanas por meio de um índice de baixo custo ao longo de toda a vida? Não fazer nada e ficar aguardando a indexação é uma opção bastante atraente — em relação ao pouco tempo ou esforço exigidos, os resultados, compostos ao longo de vários anos, podem, de fato, ser extraordinariamente bons. Para a maioria das pessoas, essa será a melhor escolha.

3. Indexação de mercado: a lógica de não fazer nada

"O índice Dow não é um adversário fácil de se bater nos investimentos, e a grande maioria dos fundos de investimento no país terá dificuldade em melhorar, ou talvez até mesmo se equivaler ao seu desempenho."[1]

24 de janeiro de 1962

Conforme detalhado no capítulo anterior, Buffett afirmou aos seus acionistas que esperava que o mercado gerasse ganhos compostos a um índice aproximado de 5% a 7% ao ano, em média, e a um prazo muito longo (entre vinte e trinta anos). No limite superior de seu espectro, isso significava que o mercado praticamente dobraria a cada intervalo de mais ou menos dez anos. Esse é o poder dos negócios norte-americanos e dos juros compostos. Hoje, os investidores podem ter acesso a esse poder pela simples detenção do mercado inteiro, por meio de um fundo de índices de baixo custo. Essa é uma das melhores estratégias que existem, conhecida como a abordagem do "não fazer nada". Sua principal vantagem, além do fato de ela funcionar muito bem, é ser barata e fácil de implementar por conta própria. Certamente, não será necessário pagar uma alta taxa de administração para que alguém lhe diga que o ideal é, simplesmente, adquirir o mercado, relaxar e confiar no poder da composição.

John Bogle fundou o Vanguard 500 Index Fund em 1975 e criou o primeiro título que, sozinho, possuía uma fatia de todas as empresas do índice S&P 500. No entanto, o investimento em fundos de índice ainda não existia na época da Buffett Partnership, Ltd. (BPL). Se os acionistas não estivessem investindo com Buffett, muito provavelmente estariam investindo em um fundo fiduciário ou em um fundo mútuo. Por essa razão, cada uma das cartas de fim de ano de Buffett incluía uma tabela comparativa entre o desempenho da BPL, o desempenho do mercado e os resultados de algumas das principais empresas de investimentos. Eis aqui o motivo que ele apresentava aos seus acionistas.

> *Descrevo os resultados das empresas de investimentos não pelo fato de operarmos de forma semelhante, ou porque nossos investimentos sejam parecidos com os delas. Faço isso porque esses fundos representam uma gestão de investimentos formada por profissionais altamente remunerados, com notório aproveitamento médio, lidando com uma soma muito significativa de US$20 bilhões em títulos. Essa administração, creio eu, é típica de uma gestão capaz de lidar com quantias ainda maiores. Como uma alternativa aos seus interesses na sociedade, acredito que seria razoável supor que muitos acionistas teriam investimentos gerenciados de forma parecida.*[2]

Buffett destaca, cuidadosamente, que a média do mercado amplo tende a ser a adversária mais forte, e que a maioria dos fundos gerenciados ativamente tende a ficar aquém do índice Dow.

PADRÕES MAIS ELEVADOS PARA OS ATUAIS FUNDOS MÚTUOS

Sem nenhuma outra opção disponível, não é de surpreender que, à época, Buffett tenha se desculpado por este desempenho abaixo do esperado:

> *O histórico coletivo de tais canais de investimento está, necessariamente, vinculado ao histórico corporativo dos Estados Unidos. Seus méritos, a não ser em casos excepcionais, não residem em resultados superiores ou na maior resistência às quedas de valor. Ao contrário, sinto que eles sobrevivem pela facilidade de manejo, pela liberdade na tomada de decisão e pela diversificação automática que oferecem, e, talvez, mais importante ainda, por não ceder à tentação de colocar em prática técnicas manifestamente inferiores que parecem seduzir tantos aspirantes a investidores.*[3]

A verdade pura e simples é que John Bogle, a partir do advento dos fundos de índices de baixo custo, elevou significativamente o parâmetro dos fundos mútuos e de todos os outros produtos que existiam antes, oferecendo aos investidores "facilidade de manejo" e "ampla diversificação". Os fundos de índices são melhores nesse sentido. Hoje, todos os investidores ativos, tanto profissionais quanto independentes, precisam se superar para justificar suas ações. Mas a maioria não faz isso. Muitos fundos, especialmente os que investem em centenas de ações de uma só vez (Buffett considera que eles pertencem à escola de investimento Arca de Noé — um par de tudo), aparentam estar presos a um modelo de negócios cuja extinção parece quase inevitável. Desde que surgiram, há quarenta anos, o Vanguard e outros produtos de índices similares vêm avançando firmemente sobre os gestores ativos.

Até que ponto a indústria de fundos mútuos se transformou em um negócio "arcaico" como consequência desse novo adversário? É uma questão que vem ganhando relevância nos últimos anos, levando-se em consideração a grande maioria de fundos que não conseguiu apresentar resultados melhores do que seus concorrentes de baixo custo. Quem gostaria de pagar uma taxa de administração mais elevada por um retorno menor?

Evidentemente, todo investidor profissional que apresente desempenho superior por um período prolongado de tempo agregará valor significativo, e sempre será requisitado, quer sua estrutura seja mútua, societária, de fundos de cobertura, quer seja de qualquer outro tipo, não importando quantas ações ele detenha. Até mesmo os resultados modestamente superiores produzem enormes vantagens financeiras quando compostos ao longo do tempo. No entanto, a maioria dos que investem por conta própria ou por meio dos fundos mútuos de gestão ativa costuma ficar aquém do mercado. As chances de se sair melhor com o investimento ativo, em oposição ao passivo, têm como contrapartida um risco significativo de que os resultados, na verdade, venham a ser piores.

O testamento de Buffett reflete particularmente bem sua visão sobre o assunto, apresentada em sua carta anual de 2013.

(...) Tanto os indivíduos quanto as instituições serão instados constantemente a ser ativos, seja por aqueles que lucram com as consultorias oferecidas, seja por aqueles que efetuam as transações. Os custos friccionais resultantes podem ser enormes e, para o conjunto de investidores, destituídos de qualquer benefício. Assim, ignore as conversas paralelas, reduza seus custos ao mínimo, invista em ações como se estivesse investindo em uma fazenda.

Meu dinheiro, devo acrescentar, segue aquilo que prego: o que recomendo aqui é essencialmente idêntico a certas instruções que expus em meu testamento. Uma das cláusulas prevê que o dinheiro seja entregue a um fiel depositário, em benefício de minha esposa (tenho de usar dinheiro em espécie para as doações a pessoas físicas, pois todas as minhas ações da Berkshire serão inteiramente distribuídas para algumas organizações filantrópicas ao longo dos dez anos seguintes à dissolução de meu patrimônio). Meu conselho para o fiel depositário não poderia ser mais simples: coloque 10% do dinheiro em títulos do governo de curto prazo e 90% em um fundo de índices S&P 500 de baixíssimo custo (sugiro o Vanguard). Acredito que os resultados a longo prazo dos fundos fiduciários provenientes dessa política serão superiores aos alcançados pela maioria dos investidores — sejam eles fundos de pensão, instituições ou independentes — que contratam gestores com altos honorários.[4]

Há muito tempo, Buffett vem mostrando aos investidores que não se pode obter muito mais do mercado do que aquilo que se coloca nele. Se você for desinteressado, inábil ou não estiver disposto a dedicar tempo e esforço aos seus investimentos, você deve optar pelo índice. A única razão para escolher um programa ativo de investimentos é a crença de que você, ou o gestor de investimentos que você escolheu, apresentará um resultado superior ao da estratégia de "não fazer nada".

A MAIORIA DOS FUNDOS NÃO CONSEGUE LEVANTAR VOO

Mesmo diante da ausência de fundos de índices na década de 1960, Buffett entendia intuitivamente essa ideia. Ele considerava o índice Dow seu principal adversário, e superá-lo em termos de desempenho era seu objetivo principal. Para ele, o desempenho *absoluto* — o ganho ou a perda percentuais alcançados por um fundo em determinado ano — era essencialmente uma questão de sorte. No caso dos investidores, sua habilidade deve ser mensurada por meio do desempenho *relativo* — em que medida os retornos do investidor são melhores (ou piores) em relação ao mercado. Como ele mesmo disse:

> *Em alguns aspectos, os resultados dessas empresas [de investimentos] assemelham-se à atividade de um pato em uma lagoa. Quando a água (o mercado) sobe, o pato sobe; quando ela cai, o pato também cai. (...) A meu ver, o pato só deveria receber o crédito (ou a culpa) por suas próprias ações. Dificilmente ele poderá interferir na ascensão e na*

queda do nível do lago. O nível da água tem sido de grande importância para o desempenho da BPL. (...) No entanto, ocasionalmente, também temos conseguido levantar voo.[5]

Se o termo *fundos de índices* ainda estava a uma década de distância, o termo *finanças comportamentais* demoraria muito mais para entrar no vocabulário. Notavelmente, Buffett antecipou a correlação entre essas duas megatendências de investimentos: a importância do índice como o critério principal e os fatores psicológicos que levam ao mau desempenho crônico dos gestores ativos.

Por que gestores de investimentos inteligentes, com boas equipes, bons recursos, bem-relacionados e experientes, não conseguem superar um índice que não é gerenciado? Escrevendo em 1965, Buffett deu sua opinião:

Essa questão é de enorme importância, e espera-se que ela seja objeto de consideráveis estudos pelos gestores de investimento e investidores substanciais. (...) Curiosamente, não há quase nada na literatura de Wall Street que aborde esse problema, e a discussão sobre isso está praticamente ausente nas reuniões societárias, convenções, seminários etc. de analistas de títulos. Na minha opinião, a primeira tarefa de qualquer organização de gestão de investimentos é analisar suas próprias técnicas e resultados antes de emitir um julgamento sobre as capacidades de gestão e desempenho das principais entidades corporativas dos Estados Unidos.

Na grande maioria dos casos, a ausência de um desempenho superior ou até mesmo equivalente a um índice não gerenciado não reflete, de forma alguma, a falta de capacidade intelectual ou de integridade. Acredito que isso seja muito mais o efeito de: 1) decisões coletivas — meu ponto de vista, talvez distorcido, é que é quase impossível fazer surgir uma excelente gestão de investimentos no interior de um grupo, seja de que tamanho for, com todas as partes efetivamente participando das decisões; 2) um desejo de estar em conformidade com as políticas e (até certo ponto) os portfólios de outras grandes organizações bem conceituadas; 3) um panorama institucional em que a média é "segura" e as recompensas pessoais para a ação independente não são, de forma alguma, proporcionais ao risco geral ligado a essa ação; 4) uma adesão a certas práticas de diversificação irracionais; e, finalmente, e mais importante, 5) a inércia.[6]

A teoria econômica clássica assume que os indivíduos sempre se comportam racionalmente. Mas a "Teoria da Prospecção", o artigo fundamental de Daniel Kahneman e Amos Tversky, que desmistifica essa ideia, mostrou como as decisões econômicas, muitas vezes, não são racionais no sentido clássico (Kahneman ganhou o Prêmio Nobel em 2002). Esse artigo se tornou o precursor da economia comportamental e de uma nova forma de pensamento quando foi publicado, em 1979, mas é preciso ter em mente que isso aconteceu quase quinze anos após a própria crítica apresentada por Buffett.

A recomendação para os investidores é clara e direta: considerem seriamente um fundo de índices passivo e de baixo custo como a melhor opção de investimento. Apesar de os benefícios da composição a um índice acima do mercado serem evidentes, a maioria dos investidores não consegue chegar lá. Selecionar ações é uma tarefa difícil. Os investidores que decidem seguir os passos de Buffett nos investimentos ativos não podem afirmar que o professor Buffett não tenha avisado enfaticamente e com a devida antecedência, sugerindo que seria melhor escolher uma via alternativa.

DAS CARTAS AOS ACIONISTAS: ARGUMENTOS A FAVOR DO INVESTIMENTO PASSIVO

OBSERVAÇÃO: A tabela de desempenho que Buffett incluiu em cada carta de fim de ano, mencionada nos trechos abaixo, pode ser encontrada no Apêndice A.

24 de janeiro de 1962

Você pode estar achando que estabeleci um critério injustificadamente modesto, no sentido de que, talvez, pareça bastante simples apresentar um resultado melhor do que um índice não gerenciado das trinta principais ações ordinárias. Na verdade, esse índice, de modo geral, tem se mostrado um adversário razoavelmente forte.

6 de julho de 1962

Na medida em que os fundos investem em ações ordinárias, independentemente de os investimentos serem realizados por meio de empresas de os investimentos, consultores de investimentos, departamentos fiduciários dos bancos ou faça-você-mesmo, nossa crença é a de que a esmagadora maioria obterá resultados mais ou menos comparáveis aos do índice Dow. Acreditamos que as variações em relação ao Dow tenderão muito mais a um desempenho inferior do que a um superior.

24 de janeiro de 1962

Meu próprio histórico de investimentos de somas tão elevadas de dinheiro, com restrições ao grau de atividade que eu poderia assumir em empresas onde tivéssemos investimentos, não seria melhor do que isso, ou, quando muito, atingiria os mesmos resultados. Apresento esses dados para sinalizar que o índice Dow não é um adversário fácil de se bater nos investimentos, e a grande maioria dos fundos de investimento no país terá dificuldade em melhorar seu desempenho, ou talvez até mesmo se equivaler a ele.

18 de janeiro de 1964

Dentro de sua estrutura institucional e lidando com os muitos bilhões de dólares envolvidos, os resultados atingidos são os únicos possíveis. Comportar-se de forma não convencional dentro dessa estrutura é extremamente difícil. Portanto, o histórico coletivo de tais canais de investimento está necessariamente vinculado ao histórico corporativo dos Estados Unidos. Seus méritos, a não ser em casos excepcionais, não residem em resultados superiores ou na maior resistência às quedas de valor. Ao contrário, sinto que eles sobrevivem pela facilidade de manejo, pela liberdade na tomada de decisão e pela diversificação automática que oferecem, e, talvez, mais importante ainda, por não ceder à tentação de colocar em prática técnicas notoriamente inferiores que parecem seduzir tantos aspirantes a investidores.

18 de janeiro de 1965

A repetição dessas tabelas levou os acionistas a perguntar: "Por que diabos isso acontece com gestores muito inteligentes, trabalhando com 1) pessoas brilhantes e enérgicas, 2) recursos praticamente ilimitados, 3) os mais abrangentes contatos comerciais, e 4) literalmente séculos de experiência em investimento agregado?" (O último requisito traz à mente o sujeito que se candidatou a um emprego e afirmou ter vinte anos de experiência — no que foi corrigido pelo antigo empregador para que a frase fosse entendida como "um ano de experiência — vinte vezes".)

Essa questão é de enorme importância, e espera-se que ela seja objeto de consideráveis estudos pelos gestores de investimento e investidores substanciais. Afinal de contas, cada ponto percentual acima de US$30 bilhões significa US$300 milhões por ano. Curiosamente, não há quase nada na literatura de Wall Street abordando esse problema, e a discussão sobre isso está praticamente ausente nas reuniões societárias, convenções, seminários e afins de analistas de títulos. Em minha opinião, a primeira tarefa de qualquer organização de gestão de investimentos é analisar suas próprias técnicas e resultados antes de emitir um julgamento sobre as capacidades de gestão e desempenho das principais entidades corporativas dos Estados Unidos.

Na grande maioria dos casos, a ausência de um desempenho superior ou até mesmo equivalente a um índice não gerenciado não reflete, de forma alguma, a falta de capacidade intelectual ou de integridade. Acredito que isso seja muito mais o efeito de: 1) decisões coletivas — meu ponto de vista, talvez distorcido, é que é quase impossível fazer surgir uma excelente gestão de investimentos no interior de um grupo, seja de que tamanho for, com todas as partes efetivamente participando das decisões; 2) um desejo de estar em conformidade com as políticas e (até certo ponto) os portfólios de outras grandes organizações bem conceituadas; 3) um panorama institucional em que a média é "segura" e as recompensas pessoais para a ação independente não são, de forma alguma, proporcionais ao risco geral ligado a essa ação; 4) uma adesão a certas práticas de diversificação irracionais; e, finalmente, e mais importante, 5) a inércia.

Talvez os comentários acima sejam injustos. Talvez até mesmo nossas comparações estatísticas sejam injustas. Nosso portfólio e nosso método operacional são substancialmente diferentes das empresas de investimentos que aparecem na tabela. Acredito, porém, que tanto nossos parceiros quanto os acionistas de tais empresas percebem que seus gestores estão perseguindo o mesmo objetivo — o máximo rendimento médio do capital alcançável a longo prazo sob o menor risco possível de perdas permanentes, em consonância com um programa de investimentos contínuos em participações acionárias. Considerando-se que deveríamos ter metas comuns, e que a maioria dos acionistas, como alternativa aos seus interesses na BPL, provavelmente aplicaria seus recursos em canais que produzissem resultados comparáveis aos dessas empresas de investimentos, penso que seu histórico de desempenho é significativo para avaliar nossos próprios resultados.

Sem dúvida, as empresas de investimentos, os consultores de investimentos, os departamentos fiduciários etc. prestam um importante serviço aos investidores. Esse serviço gira em torno da conquista da diversificação adequada, da preservação de uma perspectiva de longo prazo, da facilidade de manejar as decisões e as mecânicas de investimentos e, principalmente, de evitar as notórias técnicas de investimentos inferiores que parecem seduzir alguns indivíduos. Dentre essas organizações, são poucas as que prometem, especificamente, um desempenho superior em investimentos, embora talvez não seja absurdo considerar que o público faça tal inferência tomando por base a ênfase com que elas anunciam sua gestão profissional.

Uma coisa eu prometo a vocês como acionistas — da mesma forma que, neste momento, considero importante a comparação de desempenho indicada anteriormente, também a considerarei nos próximos anos, não importando o que venha a acontecer. Do mesmo modo, peço que, se vocês avaliarem que esse parâmetro não é relevante, registrem tal discordância agora e sugiram outros parâmetros que possam ser aplicados prospectivamente, e não retrospectivamente.

Uma reflexão adicional — não incluí uma coluna em minha tabela para a consultoria de investimentos mais amplamente utilizada no mundo — a Bell Management. Quem observa seu volume, suas pontuações e suas contas parece evitar a avaliação quantitativa de suas competências como gestora de investimentos, ainda que elas envolvam o cliente mais importante do mundo — ela mesma. Embora a análise das proezas gerenciais do Massachusetts Investors Trust ou da Lehman Corporation possa despertar algum interesse acadêmico, é de suma importância financeira avaliar objetivamente as conquistas do colega que está lidando diretamente com seu dinheiro — mesmo que seja você.

---

9 de julho de 1965

Logicamente, a beleza do cenário econômico norte-americano é que os resultados aleatórios têm sido extremamente positivos. O nível da água vem subindo. Na nossa opinião, há grandes probabilidades de que, durante um longo período, ele continue subindo, embora certamente não sem algumas importantes interrupções. Nossa política, porém, será a de nos esforçarmos para nadar com força, a favor ou contra a maré. Se nosso desempenho despencar até um nível que você mesmo consiga atingir boiando, penduraremos nossos trajes de banho.

ENSINAMENTOS COMPOSTOS

O advento dos fundos de índices de baixo custo foi um divisor de águas na tradicional indústria de fundos mútuos. Seu papel primordial de proporcionar "facilidade de manejo" e evitar que os indivíduos selecionassem ações por conta própria foi substituído por um produto de qualidade superior, a um custo inferior. A indexação, ou o investimento passivo, cresceu em popularidade a um ritmo quase ininterrupto desde que os produtos foram lançados no fim da década de 1970. O próprio Buffett, ao contemplar sua esposa em seu testamento, escolheu um fundo de índices, em detrimento de outro gerenciado ativamente. Esse fato, por si só, deveria levar todos os investidores a uma reflexão.

As taxas de administração, os impostos e a psicologia trabalham contra o gestor ativo, e os prováveis resultados a serem obtidos como investidor em índices não apenas são muito bons, mas também exigem pouco ou nenhum raciocínio ou esforço. Você pode montar um programa de investimentos usando os fundos de índices de baixo custo em menos de uma hora, e, em seguida, "configurá-lo e esquecê-lo" pelas próximas décadas.

Dito isso, os benefícios financeiros de um desempenho superior e sustentado serão igualmente atraentes se você conseguir encontrar uma maneira de realizar essa façanha. Claramente, nem todos conseguem ficar acima da média. Considerando-se o que está em jogo, caso decida que seu caminho é o caminho ativo, você precisará de um sistema objetivo para testar os resultados, sejam eles seus ou de um gestor profissional.

Até agora, os ensinamentos presentes nas cartas de Buffett giraram em torno de seis ideias-chave para todos os investidores: pense nas ações 1) como títulos de propriedade fracionários de um negócio inteiro, 2) suscetíveis à oscilação um tanto errática a curto prazo, mas 3) se comportando de acordo com seus ganhos de valor comercial intrínseco a longo prazo, e, quando 4) analisadas através das lentes de um programa de composição de longo prazo, 5) tendem a produzir resultados muito bons, e que, ao serem combinadas com 6) um produto de índice, podem ser capturadas eficientemente por uma via de baixo custo e de fácil implementação. A partir daqui, vamos tratar Buffett como um investidor ativo, começando com suas ideias sobre o que ele está querendo alcançar exatamente e como pretende medir isso.

4. Medindo os resultados: não fazer nada *versus* fazer algumas coisas

"Se nosso desempenho despencar até um nível que você mesmo consiga atingir boiando, penduramos nossos trajes de banho."[1]

9 de julho de 1965

A medição adequada do desempenho do investimento ativo é tão crucial para Buffett que ele dedicou duas das oito regras básicas originais a esse tema. Uma medição deficitária, na visão de Buffett, é um pecado perigoso no mundo dos investimentos. Ele define duas regras fundamentais para 1) estabelecer a medida do "como", tendo por base um teste de desempenho em relação ao mercado, e, em seguida, 2) estabelecer a medida de "por quanto tempo", que determina o intervalo mínimo no qual uma operação de investimento pode ser avaliada.

> *O item mais importante quando seleciono meus acionistas e em minhas relações subsequentes com eles tem sido a determinação de usarmos o mesmo critério. Se meu desempenho for ruim, minha expectativa é a de que os acionistas se afastem, e, em última análise, eu deveria procurar uma nova fonte de investimentos para meus próprios fundos. Se o desempenho for bom, terei a garantia de estar me saindo magnificamente bem; um estado de coisas ao qual tenho certeza de que poderei me adaptar.*[2]

Como vimos anteriormente, o poder dos juros compostos significa que até mesmo um desempenho modestamente superior pode produzir enormes acréscimos em seus resultados finais ao longo do tempo. Porém, se seus métodos estiverem apresentando um resultado inferior ao do mercado global em intervalos de três ou cinco anos, talvez seja mais prudente parar e considerar seriamente "jogar a toalha" (nas palavras de Buffett) e adotar o índice. Como investidor, a única maneira de saber como você está se saindo é desenvolver e aplicar um teste devidamente formulado. Buffett nos fornece os instrumentos para fazer exatamente isso:

1. Regra básica nº 4: "Para avaliar se estamos fazendo um bom ou um mau trabalho, não se deve levar em conta os resultados positivos ou negativos anuais. Ao contrário, é preciso aferir o desempenho em relação à experiência global em títulos, conforme medido pelo índice Dow Jones, pelas principais empresas de investimentos etc. Se nosso histórico for melhor do que esses critérios, o ano poderá ser considerado bom, tendo um resultado positivo ou negativo. Se estivermos abaixo desses critérios, nós merecemos os tomates."[3]

2. Regra Básica nº 5: "Embora eu realmente prefira um período de experiência de cinco anos, considero que três anos seja o período mínimo absolutamente indispensável para avaliar o desempenho. Certamente haverá anos em que o desempenho da sociedade será mais fraco, ficando, talvez, substancialmente aquém ao do índice Dow. Se qualquer período igual ou superior a três anos produzir resultados insatisfatórios, todos nós devemos começar a buscar outros lugares onde colocar nosso dinheiro. Uma exceção a essa última afirmação seriam três anos dentro de um contexto de explosão especulativa em um mercado em alta."[4]

Hoje em dia, essas duas medidas simples ainda funcionam bem para os investidores. O primeiro teste mede os resultados de cada ano *em relação* ao desempenho do mercado — não nos importamos se estamos acima ou abaixo em determinado ano. Ao contrário, nos concentramos no fato de o ano ter sido melhor ou pior do que a média do mercado. Pelo fato de a tendência geral ser de alta, se você conseguir cair um pouco menos nos mercados em queda e subir um pouco mais nos mercados em alta, seu desempenho será, provavelmente, estelar. Os investidores querem apenas bater cumulativamente as médias em termos relativos e com a maior frequência possível, deixando que os anos positivos e negativos se distribuam onde bem entenderem em termos absolutos.

O segundo teste que Buffett sugere aos investidores estabelece que, para se mostrar relevante, o desempenho relativo deveria ser medido em uma base de acompanhamento de pelo menos três anos, e que um teste de cinco anos seria ainda melhor. Mais uma vez, aqueles que cronicamente não conseguirem apresentar um desempenho superior em um período de três a cinco anos por quaisquer motivos deveriam pensar em encontrar alguma outra coisa para fazer com seus fundos. Afinal, por que se preocupar em empenhar todo esse esforço em nome de um resultado inferior?

Buffett insistia que todos os seus acionistas concordassem com tal abordagem; todos tinham de estar em sintonia com seu critério de relatividade em relação ao mercado e com seu teste de três anos antes de o primeiro dólar ser colocado em ação. Ele se esforçava constantemente para instruir todos os novos acionistas subsequentes a respeito dessas normas, por diversas vezes em suas cartas.

Ele não insistia no fato de que suas normas eram as melhores, ou que as outras não fossem igualmente válidas, mas no fato de que aquelas eram as *suas* normas, deixando claro que somente aqueles que concordassem com elas deveriam fazer parte da sociedade. Se ele alcançasse o que se propusera a fazer, queria receber os devidos "louvores". Caso contrário, esperava que os acionistas se afastassem. A lição para todos nós é a de estabelecer e garantir que os parâmetros estejam previamente definidos, a fim de evitar qualquer mal-entendido sobre o que se deveria comemorar, pois, como Buffett diz, você não vai querer que lhe atirem tomates quando a expectativa é de aplausos vigorosos.

Se todos os gestores de capital profissionais aderissem às suas normas, testemunharíamos um número recorde de aposentadorias precoces em Wall Street. Hoje, na Berkshire Hathaway, Buffett continua fiel a um "critério" de desempenho relativo de cinco anos.[5] Esse foi, e continua a ser, um parâmetro muito elevado. Todos os investidores precisam ter um critério. Se você é capaz de conceber um teste melhor do que esse, ótimo, mas certifique-se de defini-lo antecipadamente.

METAS AMBICIOSAS

As próprias metas de desempenho de Buffett para a sociedade não seriam alcançadas com facilidade. Após estabelecer, primeiramente, o que estava tentando evitar (de três a cinco anos apresentando um desempenho relativo inferior), ele expôs seu objetivo de bater o índice Dow com uma margem média de dez pontos por ano. Essa era a quantidade máxima de vantagem que ele acreditava ser possível alcançar, e se determinou a alcançá-la. Assim, se o Dow fosse de -5% naquele ano, ele esperava atingir +5%. Os investidores podem se perguntar qual é a origem desse valor de 10%, e, para ser honesto, eu não tenho certeza. No entanto, não passei muito tempo pensando sobre isso — deveríamos ficar mais do que satisfeitos caso conseguíssemos atingir um resultado ainda que marginalmente superior ao do mercado ao longo do tempo. Lançar dúvidas sobre o limite máximo de nosso potencial de superação é colocar o carro na frente dos bois.

Embora não tivesse nenhuma ideia do que determinado ano reservaria para o mercado global, lembremos que ele supunha que a média estaria entre 5% e 7%. A vantagem adicional de 10% significava que ele estava almejando retornos anuais médios de 15% a 17%. Ao longo de dez anos, US$100 mil compostos a um índice de 15% se transformariam em US$405 mil, e, depois de 20 anos, em US$1,6 milhão. Esse resultado seria excepcionalmente bom.

Praticamente todos os seus comentários em relação ao desempenho são feitos em termos relativos. Em determinado momento, ele explica seu raciocínio como se estivesse falando com um companheiro de golfe:

> Eu consideraria um ano em que tivéssemos uma queda de 15% e o índice Dow Jones uma queda de 30% muito superior a um ano em que tanto nós quanto o Dow avançássemos 20%. Ao longo do tempo, haverá anos bons e anos ruins; não há motivos para se entusiasmar ou se deprimir com a sequência em que isso ocorrerá. O importante é bater o número de tacadas; quatro tacadas em um par três até o buraco não é tão bom quanto cinco tacadas em um par cinco até o buraco, e é irreal pensar que não teremos nossa cota tanto de par três quanto de par cinco.[6]

Os investidores são aconselhados a refletir sobre o desempenho da seguinte maneira: se o mercado estiver em queda e você apresentar uma queda menor, esse terá sido um bom ano, e vice-versa. Contanto que seu desempenho seja minimamente superior ao da média do mercado, independentemente de esse desempenho superior ter sido atingido em um mercado em queda ou em alta, os resultados tenderão a ser excelentes.

Apesar de a sociedade nunca ter tido um ano com resultados negativos ou tampouco um ano em que ficasse abaixo do mercado, Buffett sempre treinava os investidores para se preparar para ambas as situações.

A habilidade de Buffett como investidor, a vantagem de trabalhar com quantias relativamente menores, um mercado que era apropriado ao seu estilo e a sorte foram fatores que contribuíram para que a sociedade atingisse tais resultados extraordinários com consistência, mas, desde então, a

Berkshire apresentou alguns anos com baixo desempenho e alguns em queda, ainda que de forma modesta.

O MELHOR TESTE É O DE LONGO PRAZO

Os investidores não deveriam esperar muita coerência de nenhum estilo de investimento. Todos eles terão seus altos e baixos. Entendendo que seu próprio desempenho relativo provavelmente variaria, Buffett alertava que poderia muito bem deixar o mercado para trás em até 10% nos anos ruins e acreditava que poderia superá-lo em até 25%, quando "tudo desse certo".[7] Devido à grande amplitude esperada entre dois determinados anos, ele achava fundamental que os investidores medissem seus resultados ao longo de um período plurianual, considerando três anos o mínimo indispensável; Buffett preferia que fossem cinco. O melhor teste seria aquele realizado em um período de estagnação do mercado. Dessa forma, as mudanças na intensidade especulativa do mercado global deixariam de ser um fator preponderante. Ele mostrava e lembrava aos investidores que até mesmo o desempenho relativo em determinado ano era, em grande parte, uma questão de sorte. Isso se assentava na natureza de "máquina de votação" dos movimentos a curto prazo do mercado. Conforme ampliamos nosso horizonte de avaliação, o teste se torna mais e mais parecido com uma "balança".

Buffett também mostra aos investidores que existe uma advertência importante quanto ao teste plurianual: é bastante provável que haja um desempenho fraco nos últimos estágios de um mercado especulativo em alta. É uma advertência que ele repete até hoje.

Observamos esse efeito nos últimos anos da sociedade, quando alguns "fundos de desempenho" trucidaram a BPL durante a era dos investimentos especulativos. Isso resultou na devastadora derrocada do mercado no início dos anos 1970, e, depois, mais recentemente, quando Buffett e a Berkshire Hathaway foram considerados "defasados", pouco antes do estouro da bolha da internet na década de 2000. Os distúrbios do mercado, no ápice de sua efervescência especulativa, fazem com que as ações se divorciem dos fundamentos de negócios. Aqueles que encaram o mercado como uma "máquina de votação" prosperam nesses ambientes, enquanto Buffett e outros investidores, que se consideram membros da escola da "balança", parecerão estar defasados.

Por causa da natureza conservadora de seu estilo de investimento orientado para o valor, Buffett nos ensina que, de modo geral, devemos esperar um melhor desempenho relativo nos mercados em queda. Mais uma vez, para ele não havia problema algum em apresentar um declínio nesses períodos, embora ele esperasse cair menos do que o mercado como um todo. Os investidores que seguem esses princípios hoje deveriam nutrir essa expectativa. Em função dos métodos utilizados e dos tipos de títulos adquiridos, mercados em queda tendem a apresentar o melhor desempenho. Como Buffett afirmou aos acionistas, em 1962,

uma queda no índice Dow nos dá a chance de sobressair e de acumular as vantagens percentuais que, combinadas com um desempenho médio durante os mercados em alta, nos trará resultados bastante satisfatórios a longo prazo. Nossa meta é uma queda de aproximadamente 0,5% para cada queda de 1% no Dow. Caso a alcancemos, isso significa que dispomos de um veículo consideravelmente mais conservador para investir em ações do que quase todas as alternativas.[8]

Buffett lembra aos investidores que os princípios, incluindo aqueles que medem o desempenho, são imutáveis. Ele insistia que os gestores ativos deveriam realizar um teste mínimo de três anos em relação ao mercado, em um momento em que a indústria não estava fazendo nenhuma espécie de mensuração. No fim da década de 1960, a indústria já fizera a transição desse estágio de não fazer nenhuma medição para as medições com frequência considerável. Buffett ainda defendia um teste mínimo de três anos, enquanto tais pessoas estavam medindo a todo minuto, o que era tão ruim quanto não fazer medição alguma.

Com Buffett, aprendemos a pensar na medição de desempenho de uma maneira internamente coerente com os outros princípios fundamentais. Se definimos como nosso primeiro princípio que o mercado de ações não é muito eficiente, seria incoerente achar que devemos dar atenção ao nosso próprio desempenho a curto prazo. Os rabiscos, por assim dizer, "provocam risadas". Só deveríamos nos preocupar em acompanhar os valores dos períodos de três anos (no mínimo), pois esse é o limite para que os mercados comecem a se mostrar eficientes. Cinco anos é melhor. Um ciclo de mercado completo é o período mais indicado para se avaliar um gestor ativo (do mercado em queda até o mercado em queda, ou do mercado em alta até o mercado em alta).

DAS CARTAS AOS ACIONISTAS: MEDINDO OS RESULTADOS

24 de janeiro de 1962

Um comentário sobre a paridade

O item mais importante quando seleciono meus acionistas e em minhas relações subsequentes com eles tem sido a determinação de usarmos o mesmo critério. Se meu desempenho for ruim, minha expectativa é a de que os acionistas se afastem, e, em última análise, eu deveria procurar uma nova fonte de investimentos para os meus próprios fundos. Se o desempenho for bom, terei a garantia de estar me saindo magnificamente bem; um estado de coisas ao qual tenho certeza de que poderei me adaptar.

A questão, então, está em ter certeza de que todos nós temos as mesmas ideias sobre o que é bom e o que é ruim. Acredito no estabelecimento de critérios antes de agir; retrospectivamente, quase tudo pode parecer bom em comparação a uma coisa ou outra.

Tenho usado continuamente o índice Dow Jones como nossa medida de paridade. Meu sentimento é o de que três anos é um teste de desempenho praticamente mínimo, e o melhor exame consistiria em um período longo o suficiente para que o nível final do Dow estivesse razoavelmente próximo do nível inicial.

Apesar de o Dow não ser perfeito como medida de desempenho (não existe nenhuma medição perfeita), ele tem a vantagem de ser bastante conhecido, ter grande longevidade e refletir com razoável precisão a experiência global dos investidores com o mercado. Não tenho nenhuma objeção a quaisquer outros métodos de medição do desempenho geral do mercado em utilização, tais como outros índices do mercado de ações, os principais e diversificados fundos mútuos de ações, os usuais fundos fiduciários dos bancos etc.

8 de julho de 1964

Vamos seguir regularmente essa política, aonde quer que ela nos leve. Talvez seja óbvio demais dizer que nossa política de medição do desempenho não garanta, de modo algum, bons resultados — ela garante apenas uma avaliação objetiva. Quero salientar os pontos mencionados nas "regras básicas" sobre a aplicação da norma — ou seja, que, em função da natureza de nossas operações, ela deveria ser aplicada a intervalos de pelo menos três anos, e, ainda, que, durante um surto especulativo, podemos ser deixados para trás. No entanto, uma coisa eu posso garantir. Nós começamos com uma régua de 90 centímetros e vamos mantê-la desse tamanho. Se não conseguirmos medir os resultados, não mudaremos os critérios. Na minha opinião, todo o setor de gestão de investimentos, que envolve centenas de bilhões de dólares, seria mais adequadamente conduzido se todos pudessem contar com um bom critério para medir sua capacidade e o aplicassem com sensibilidade. Normalmente, quase todas as pessoas que conduzem seus próprios negócios fazem isso quando avaliam mercados, pessoas, máquinas, métodos etc., e a gestão de capitais é o maior negócio do mundo.

20 de janeiro de 1966

Obviamente, não acredito que as normas que utilizo para medir meu desempenho (e que gostaria que meus acionistas utilizassem) sejam aplicáveis a todos os gestores de capital. Mas certamente acredito que qualquer pessoa envolvida na gestão de capitais deveria ter um padrão de medição, e que tanto ela quanto a parte cujo dinheiro está sendo gerenciado deveriam ter um entendimento claro de por que aquele padrão é apropriado, por quanto tempo deveria ser utilizado etc.

Frank Block abordou a questão em termos muito pertinentes na edição de novembro-dezembro de 1965 do *Financial Analysts Journal*. Analisando a medição do desempenho de investimentos, ele afirmou: "O fato é que a literatura sofre de um gigantesco hiato a respeito desse assunto. Se as organizações de gestão de investimentos procurassem sempre o melhor desempenho, não haveria nada de especial na medição cuidadosa dos resultados dos investimentos. Não importa que o cliente tenha deixado de solicitar uma apresentação formal dos resultados. O orgulho, por si só, deveria ser suficiente para exigir de cada um de nós a exposição objetiva da qualidade de nossas recomendações. Isso raramente pode ser feito sem um conhecimento preciso do resultado. De posse desse conhecimento, deveria ser possível estender a análise até algum estágio em que os pontos fracos e fortes começassem a se tornar evidentes por si sós. Criticamos uma gestão corporativa que não se vale das melhores ferramentas para se manter a par do progresso de uma complexa organização industrial. Dificilmente poderemos ser perdoados por não fornecer a nós mesmos instrumentos equivalentes, que possam demonstrar a eficiência de nossos próprios esforços ao administrar o dinheiro de outras pessoas. (...) Assim, é nosso pesaroso dever informar que os sistemas de medição de desempenho não estão automaticamente incluídos nos programas de processamento de dados da maioria das organizações de gestão de investimentos.

AS REGRAS BÁSICAS DE WARREN BUFFETT | 87

O fato triste é que alguns parecem preferir não saber se estão se saindo bem ou mal."

20 de janeiro de 1966

Francamente, tenho várias razões egoístas para insistir que apliquemos um critério e que ambos o utilizemos. Naturalmente, me divirto com a possibilidade de bater o número de tacadas — nas poéticas palavras de Casey Stengel, "mostre-me um bom perdedor, e eu lhe mostrarei um perdedor". Acima de tudo, garanto que não serei responsabilizado pelo motivo errado (ter desperdiçado alguns anos), mas apenas pelo motivo certo (ter ficado aquém do Dow). Saber que os acionistas me avaliarão pelo motivo certo me ajuda a fazer um trabalho melhor.

Por fim, o estabelecimento prévio de critérios relevantes assegura que todos nós abandonaremos esse negócio se os resultados se mostrarem medíocres (ou piores). Isso significa que os sucessos do passado não podem obscurecer a avaliação dos resultados atuais. E que eles deveriam reduzir a chance de justificativas engenhosas para um desempenho insatisfatório (ultimamente, a iluminação inadequada tem me incomodado na mesa de bridge). Embora essa abordagem masoquista à medição possa não parecer muito vantajosa, posso lhe garantir, a partir das minhas observações de entidades empresariais, que tal avaliação teria sido de grande valia em muitas organizações industriais de investimento.

Então, se você estiver avaliando os outros (ou a si mesmo!) na área de investimentos, crie alguns padrões — aplique-os — e interprete-os. Se você achar que nosso padrão (um teste mínimo de três anos em relação ao Dow) não é um padrão aplicável, você não deveria fazer parte da sociedade. Se você achar que ele é aplicável, deveria conseguir avaliar os anos menos positivos com equanimidade, tanto visceral quanto intelectualmente — contanto que estejamos superando os resultados do Dow.

24 de janeiro de 1962

Depois de um intervalo de alguns anos, acredito que o índice Dow tenderá a produzir algo como 5% a 7% compostos ao ano, a partir de uma combinação de dividendos e ganho de valor de mercado. Apesar da experiência dos últimos anos, qualquer pessoa que espere substancialmente mais do que isso do mercado global provavelmente se decepcionará.

Nosso trabalho é acumular vantagens anuais sobre o desempenho do Dow, sem nos preocupar muito com o fato de os resultados absolutos em determinado ano serem positivos ou negativos. Eu consideraria um ano em que tivéssemos uma queda de 15% e o índice Dow Jones uma queda de 25% muito superior a um ano em que tanto a sociedade quanto o Dow avançássemos 20%. Tenho salientado esse aspecto em conversas com os acionistas e observado que eles acenam com a cabeça em sinal de assentimento, com diferentes graus de entusiasmo. Para mim, é mais importante que você compreenda plenamente meu raciocínio a esse respeito e concorde comigo, não só intelectualmente, mas também mais embaixo, na boca do estômago.

Pelas razões apresentadas em meu método operacional, nossos melhores anos em relação ao Dow tenderão a ser os de mercados em queda ou estagnados. Portanto, a vantagem que procuramos virá, provavelmente, em doses com acentuadas diferenças. Necessariamente, haverá anos em que seremos ultrapassados pelo Dow, mas se após um período prolongado de tempo conseguirmos superá-lo em uma média de 10% ao ano, acho que os resultados terão sido satisfatórios. Especificamente, se o mercado cair entre 35% e 40% em um ano (e acredito que há uma grande probabilidade de isso ocorrer alguma vez dentro da próxima década — ninguém sabe quando), devemos cair apenas 15% ou 20%. Se ele se mantiver mais ou menos inalterado durante o ano, esperamos poder superá-lo em até cerca de 10%. Se ele subir 20% ou mais, lutaríamos para crescer na mesma proporção. A consequência de um desempenho como esse ao longo de alguns anos significaria que, se o Dow produzisse um ganho composto total de 5% a 7% ao ano, eu esperaria que nossos resultados pudessem ser de 15% a 17% ao ano.

As expectativas acima podem soar um tanto precipitadas, e não há dúvida de que talvez pareçam exatamente isso quando observadas sob a perspectiva de 1965 ou 1970. Pode acontecer de eu estar completamente errado. No entanto, sinto que os acionistas têm todo o direito de saber o que penso a esse respeito, mesmo que a natureza do negócio venha a introduzir uma alta probabilidade de erro em tais expectativas. Em determinado ano, as variações podem ser bastante substanciais. Isso aconteceu em 1961, mas felizmente a variação foi para o lado positivo. Só que nem todas serão!

---

8 de julho de 1964

Quando a água (o mercado) sobe, o pato sobe; quando ela desce, o pato também desce. Com SPCA (Sociedade Protetora dos Animais, na sigla em inglês) ou sem SPCA, a meu ver, o pato só deveria receber o crédito (ou a culpa) por suas próprias ações. Dificilmente ele poderá interferir no aumento ou na diminuição do nível do lago. O volume da água tem sido de grande importância para o desempenho da BPL... No entanto, ocasionalmente, também temos conseguido levantar voo.

---

18 de janeiro de 1965

(...) Gostaria de enfatizar que o que foi dito acima é uma conjectura, talvez fortemente influenciada por interesses próprios, pelo egocentrismo etc. Qualquer pessoa com uma compreensão da história financeira sabe que esse tipo de suposição está sujeita a enormes erros. Talvez tivesse sido melhor não ter incluído isso na carta, mas trata-se de uma questão frequente e legitimamente formulada pelos acionistas. Uma rentabilidade esperada a longo prazo é a principal consideração de todos nós que pertencemos à BPL, e é razoável que minha opinião devesse ficar registrada, por mais que, no futuro, isso me faça parecer um tolo. Minha visão bastante puritana é que qualquer gestor de investimentos, esteja ele atuando em corretagem, consultoria de investimentos, departamento fiduciário, sociedade de investimentos etc., deve estar disposto a afirmar inequivocamente o que está se determinando a conquistar e como se propõe a medir o grau de realização desse esforço.

ENSINAMENTOS COMPOSTOS

Pouco importa o quanto outros agentes do mercado estejam mudando seus critérios — pouco importa que eles estejam medindo muito raramente ou com muita frequência —, Buffett nos ensina a nunca alterar nossos próprios critérios. É o mercado que muda em torno da mentalidade estabelecida pelo investidor; o mercado nunca impera sobre nós.

Com exceção dos mercados especulativos em alta, Buffett acreditou que poderia derrotar o mercado por uma larga margem. Ele nos ensina a estabelecer medidas claras e consistentes para que o desempenho possa ser monitorado e avaliado de forma justa e precisa. Ele explicita de antemão exatamente aquilo que está se determinando a fazer e nos encoraja a testar regularmente nossos resultados em função desse critério.

Hoje, a medição de desempenho no setor de investimentos em ações tem sido amplamente corrompida e ofuscada por termos como *alfa, beta, índices de Sharpe, índices de Treynor* e assim por diante. Mas isso não deveria ser tão complicado. Os investidores que decidem seguir o caminho ativo precisam refletir sobre isso com antecedência e comprometer-se a aderir a um plano de medição. Quer você esteja investindo ativamente por sua própria conta ou com o auxílio de um profissional, monitore continuamente os resultados por um período de três a cinco anos. Quando surgir um mau desempenho crônico, na ausência de movimentos de mercados especulativos em alta, considere firmemente fazer uma mudança. O efeito do mau desempenho a longo prazo é muito dispendioso.

Isso torna a seleção de um novo e eventual gestor de investimentos muito importante, exigindo uma compreensão do poder dos incentivos sobre o provável comportamento do gestor. Ao estudar o modo pelo qual Buffett estruturou a sociedade, coisa que faremos a seguir, você verá as áreas de conflito potencial entre um investidor e um gestor de investimentos que, na medida do possível, deveriam ser minimizadas.

5. A sociedade: uma estrutura elegante

> "A nova sociedade representará toda a minha operação de investimentos em títulos negociáveis, de modo que meus resultados terão de ser diretamente proporcionais aos seus, sujeitos à vantagem que obterei se conseguirmos ficar acima dos 6%."[1]
>
> 22 de julho de 1961

O incentivo dita o comportamento. Quer estejamos falando sobre gestores de investimentos, sobre líderes empresariais ou políticos, as pessoas se comportarão frequentemente de acordo com as recompensas que estiverem recebendo. Ao compreender como e por que um gestor de investimentos é remunerado, você pode comparar seu comportamento esperado com seus próprios interesses. Apesar de a maioria das pessoas compreender a ideia de merecer uma recompensa por seus feitos, a magnitude da influência desse superpoder é, muitas vezes, subestimada. Como afirmou Charlie Munger:

"Acho que, por quase toda a minha vida adulta, estive entre os 5% da minha faixa etária que melhor compreenderam o poder dos incentivos, e, ainda assim, sempre subestimei esse poder. Não há um ano que passe que eu não seja surpreendido por algo que faça aumentar ainda mais meu apreço pelo superpoder do incentivo."

O caso da FedEx é um de seus exemplos favoritos. Como ele explica, a integridade do sistema FedEx depende muito da capacidade de retirada e da rápida recarga de encomendas em uma localização central, dentro de um prazo. Anos atrás, a empresa estava tendo um grande problema para fazer com que seus funcionários retirassem e recolocassem as caixas nos aviões a tempo. Eles tentaram várias formas diferentes que não funcionaram, até que alguém teve a brilhante ideia de remunerar os funcionários por turno, e não por hora. *Puf!*, o problema foi resolvido.[2]

O antigo sistema de remuneração por hora da FedEx recompensava aqueles que levavam mais tempo para realizar as tarefas. Os funcionários eram incentivados a demorar *mais*. Quando passaram a ser remunerados por turno, sentiram-se motivados a trabalhar mais rápido e a evitar equívocos, para que pudessem voltar para casa e continuar recebendo o pagamento por um turno completo. Para os funcionários, terminar mais cedo equivalia a uma remuneração por hora mais significativa. Ao alinhar os interesses do negócio com os incentivos ao empregado, a FedEx obteve o resultado tão desejado por todas as partes.

O negócio de gestão de investimentos não é diferente. "Se você quiser atrair as formigas, coloque açúcar no chão."[3] Se quiser que seu gestor de investimentos se comporte tendo em mente aquilo que é melhor para você, será preciso garantir que seus interesses estejam alinhados com os dele. Buffett estava magistralmente alinhado com seus investidores.

OS FUNDAMENTOS DA BUFFETT PARTNERSHIP

A sociedade seguiu o modelo da Graham-Newman, um dos primeiros fundos de cobertura do país. Graham foi o pioneiro na estruturação básica. A sociedade contava com um sócio geral (Buffett), o GP (na sigla em inglês), que era responsável pela gestão e ficava com uma percentagem dos lucros. Os sócios limitados (como a tia Alice), os LPs (na sigla em inglês), contribuíam com o capital, mas não tinham nenhuma influência na movimentação dos fundos. Eis aqui a descrição de Buffett sobre como a primeira sociedade se formou quando ele retornou a Omaha após ter passado pela Graham-Newman, aos 25 anos de idade:

> Eu não tinha planos de abrir uma sociedade, e nem mesmo de conseguir um emprego. Nada disso me preocupava, desde que eu conseguisse operar por conta própria. Certamente, eu não queria voltar a vender títulos para outras pessoas. Mas, por puro acidente, sete pessoas, incluindo alguns de meus parentes, me disseram: "Você costumava vender ações, e queremos que você nos diga o que fazer com nosso dinheiro." Eu respondi: "Não vou fazer isso de novo, mas vou formar uma sociedade como a que Ben e Jerry tinham, e se vocês quiserem se juntar a mim, tudo bem." Meu sogro, meu colega de faculdade, sua mãe, minha tia Alice, minha irmã, meu cunhado e meu advogado entraram na sociedade. Eu também contribuí com US$100. Foi assim que tudo começou — de forma totalmente acidental.[4]

A primeira sociedade foi fundada com pessoas com que ele se preocupava profundamente. Não há dúvida de que esses sentimentos influenciaram a maneira pela qual ele formulou as particularidades das estruturas tarifárias de cada sociedade. Mais dez sociedades distintas foram criadas entre 1956 e 1961.

Conforme elas foram surgindo, Buffett passou a oferecer condições diferentes, dependendo da tolerância ao risco de cada novo grupo. Ele conhecia pessoalmente a maioria dos novos acionistas. Muitos viviam em Omaha.

Em cada um dos casos, Buffett ficava com uma percentagem dos ganhos para além de certo nível de retorno, chamado de *provisão de dividendos*. Geralmente, quando ele próprio corria mais riscos, ficava com uma porcentagem maior do excedente. Nas onze parcerias, as provisões de dividendos variavam de 0% a 6%, e o que ultrapassasse esse valor era repassado ao sócio-geral. A primeira sociedade tinha uma provisão de partilha de prejuízos, em que Buffett concordava em absorver pessoalmente um percentual de todos os prejuízos. Ele era sistematicamente justo e flexível às necessidades e à tolerância ao risco dos diversos acionistas. Aqueles que estavam dispostos a correr mais riscos pagavam uma taxa de administração mais baixa. Quando ele assumia um risco adicional, cobrava mais.

UMA SÓ BPL

Embora Buffett tenha começado com US$105.100 e uma única sociedade, por volta de 1960 os ativos haviam subido para US$1,9 milhão, distribuídos em sete sociedades distintas, e a situação estava ficando um pouco complicada.

Pela primeira vez ele manifestou seu desejo de fundir as sociedades, reconhecendo o problema dos desempenhos desiguais entre elas:

> *[A] família está crescendo. Nenhuma das sociedades registrou um resultado permanentemente superior ou inferior em comparação com a média de nosso grupo, mas houve algumas variações de ano para ano, apesar de meus esforços para fazer com que todas as sociedades investissem nos mesmos títulos e praticamente nas mesmas proporções. Tais variações, é claro, poderiam ser eliminadas por meio da combinação das sociedades atuais em uma grande sociedade. Esse movimento também eliminaria muitas minúcias e uma quantidade significativa de despesas. Francamente, tenho esperança de fazer algo nessa linha nos próximos anos. O problema é que vários acionistas vêm expressando sua preferência por arranjos societários diversificados. Nada será feito sem o consentimento unânime dos acionistas.*[5]

Em 1962, a consolidação em uma única entidade, a Buffett Partnership, Ltd. (BPL), eliminou qualquer potencial de futuras variações de desempenho entre os acionistas. A mudança foi bem cronometrada, pois o total de ativos da sociedade mais do que triplicou em um único ano, para US$7.178.500. A cota individual de Buffett correspondia a 14,3% e, quando o interesse coletivo de seus familiares era incorporado, a família Buffett respondia por pouco mais de 25%. Trata-se de um percentual extremamente elevado, que se assemelhava mais a um escritório familiar do que a um fundo de cobertura ou a uma sociedade. Agora, Buffett não era apenas o sócio-geral que recebia as comissões; ele e sua família também tinham mais coisas em jogo do ponto de vista financeiro do que qualquer outro sócio limitado.

AS CONDIÇÕES DA BPL

Quando todas as sociedades foram consolidadas na BPL, todos os LPs foram convidados a migrar para as mesmas condições universais. Estabeleceu-se que a provisão de dividendos seria de 6% para todos, além da qual Buffett ficaria com 25% dos ganhos. Considerando-se que ele imaginava que o mercado subiria, em média, entre 5% e 7% ao ano, a provisão de dividendos foi fixada a um nível tal que ele não ganharia nada, a não ser que superasse o mercado. Havia, portanto, um "nível máximo da maré" — qualquer deficiência acumulativa abaixo de um ganho anual de 6% teria de ser recuperada antes que ele voltasse a receber sua comissão.

Alguns acionistas dependiam da sociedade para formar sua renda e pretendiam receber sua provisão de dividendos. Outros queriam que a quantidade máxima de capital permanecesse investida. A fim de apaziguar ambos os grupos, os 6% seriam distribuídos, 0,5% a cada mês, para quem quisesse. Aqueles que desejassem manter seus fundos totalmente investidos poderiam abrir mão de tais pagamentos, que seriam reinvestidos na sociedade no fim do ano.

Vamos analisar, agora, de que modo a estrutura de Buffett para a sociedade era um exemplo brilhante de como alinhar os incentivos ao gestor com os objetivos dos investidores. A capacidade de conceber estruturas de incentivo simples e de fácil compreensão se manteve como a principal fonte do sucesso de Buffett ao longo dos anos da sociedade e, em última instância, ao longo de toda a sua carreira.

MANEIRAS PELAS QUAIS OS GESTORES SÃO REMUNERADOS E OS INVESTIDORES NÃO

Geralmente, os fundos de cobertura e os fundos mútuos atuais cobram uma taxa de administração de cada investidor, calculada como um percentual fixo dos ativos sob gestão. Ela pode variar de 0,25% a 2% ou mais por ano, e a taxa é cobrada independentemente do desempenho.

Pelo fato de o negócio de gestão de ativos ser altamente escalável — um aumento nos ativos normalmente requer alguns custos adicionais —, quanto mais fundos estiverem sob sua gestão, mais o gestor de ativos lucrará. Embora o desempenho seja de fato um componente fundamental da capacidade de crescimento de um fundo, um grande esforço de marketing pode atrair novos investidores e fazer com que o crescimento dos ativos seja impulsionado ainda mais rapidamente. A maioria dos gestores de ativos — particularmente as empresas de fundos mútuos — recebe comissões e, portanto, é incentivada a maximizar o tamanho de seus ativos totais.

As comissões baseadas em um percentual fixo dos ativos sob gestão são um empecilho para que os gestores de ativos recusem os dólares suplementares do capital do investidor, mesmo que isso possa causar, claramente, um efeito negativo no desempenho. Quando o principal interesse de um investidor (ganhos percentuais anuais) não está em sintonia com o principal interesse do gestor (mais ativos, mais comissões), surge um conflito potencial.

Buffett não cobrava nenhuma taxa de administração. Ele era remunerado apenas em função de seu desempenho. Seu sistema era melhor, pois removia uma fonte de conflito potencial entre seu interesse e o interesse dos LPs.

COMISSÃO PELO MAU DESEMPENHO

Além de não cobrar uma taxa de administração, Buffett achava que deveria ser remunerado apenas pelo desempenho que ultrapassasse aquilo que um investidor que "não fizesse nada" conseguiria obter de qualquer maneira; ele só recebia uma comissão para além de um nível de retorno de 6%, que era o ponto intermediário de sua expectativa de retorno médio do mercado, entre 5% e 7%. Dessa forma, ficava ainda mais alinhado com os interesses de seus acionistas.

Os atuais fundos de cobertura tendem a cobrar o que é conhecido como "2 e 20"; 2% é a taxa de administração, e, em seguida, eles cobram um adicional de 20% de *todos* os lucros, sem um nível mínimo de retorno. Com isso, os gestores podem receber comissões elevadas, mesmo que obtenham retornos teoricamente positivos, mas que não sejam superiores aos do mercado. Esse tem sido o desagradável estado de coisas desde o fim da crise financeira, em que a indústria de fundos de cobertura como um todo não foi capaz de superar o índice global do mercado a cada ano (2008-2014). Como a analogia do pato feita por Buffett, tais fundos não conseguiram "levantar voo", mas quem investiu nesses produtos continuou sendo obrigado a pagar 20% dos seus "ganhos" a título de comissão. A estrutura de Buffett, de remuneração pelo desempenho, corresponde às suas próprias ideias sobre tratar as pessoas da maneira que ele gostaria de ser tratado caso suas posições estivessem invertidas.

CARA ELES GANHAM, COROA NÓS PERDEMOS

Em muitos casos, as participações individuais dos gestores de fundos não formam uma parcela significativa dos ativos sob gestão ou de seu patrimônio líquido pessoal. Isso pode resultar em uma dinâmica de "se der cara eles ganham, se der coroa nós perdemos". Nesse contexto, os gestores que se saem bem são muito bem remunerados, mas quando eles se saem muito mal, nós também nos saímos mal, com a diferença de que eles simplesmente dissolvem o fundo. Um gestor que tenha uma queda de 30% ao ano, mas que não tenha uma parcela significativa de seu patrimônio líquido no fundo, certamente deixará de receber uma comissão pelo desempenho. Ainda assim, terá uma perda pessoal menor em relação aos seus investidores. Se o fundo tiver de ser dissolvido, os investidores não perderão apenas 30% de seu capital; eles perderão o valor do nível máximo da maré, o que lhes dá a possibilidade de recuperar suas perdas antes de voltarem a pagar comissões pelo desempenho.

Buffett e sua família eram os principais acionistas da BPL. Com a maior parte do capital em jogo, ele estava alinhado com os interesses de todos os acionistas na maximização do desempenho. Precisava se concentrar nos riscos para proteger seu próprio capital, mas também nas recompensas, tanto para aumentar o capital investido na sociedade quanto para gerar comissões. Buffett atuava de forma bastante semelhante a muitos dos atuais fundos de cobertura, no sentido de que ele tinha certeza de que se sairia magnificamente bem se seus resultados fossem ótimos. O que o tornava único é que ele também se comprometia com o fato de que, se os resultados da sociedade fossem ruins, seu desempenho seria igualmente sofrível.

PROVISÕES DE LIQUIDEZ

Buffett configurou seu sistema de tal forma que os acréscimos e os resgates pudessem ser feitos apenas uma vez por ano, o que obrigava os investidores a analisar seu desempenho sob uma perspectiva de longo prazo. No entanto, os acionistas poderiam tomar emprestado até 20% de seu capital ou pré-financiar os acréscimos de fim de ano. Por esse privilégio, Buffett cobrava ou pagava, respectivamente, 6% de juros. Isso permitia que os LPs tivessem acesso aos fundos caso realmente precisassem deles, e compensava, mais do que razoavelmente, aqueles que desejassem fazer acréscimos ao seu investimento já existente.

Aqui, Buffett explicou seu peculiar recurso de contração/concessão de empréstimos a 6% "ao estilo Buffett":

> *Por que, então, a vontade de pagar 6% pela antecipação de crédito, quando se pode pegar dinheiro emprestado dos bancos comerciais a taxas substancialmente mais baixas? No primeiro semestre, por exemplo, obtivemos um empréstimo bancário substancial de seis prestações a 4%. A resposta é que, a longo prazo, esperamos um ganho superior a 6% (o sócio geral não terá direito a nada se não chegarmos lá, embora, em grande parte, seja uma questão de sorte atingir o índice de 6% em pouco tempo). Além disso, ao contrário*

do dinheiro emprestado a curto prazo, pode-se adotar uma atitude diferente no investimento de recursos que, em breve, tenderão a fazer parte de nosso capital social. Para nós, as antecipações de crédito têm a vantagem adicional de distribuir o investimento de dinheiro novo ao longo do ano, em vez de nos afetar de uma vez só em janeiro. Por outro lado, 6% é superior ao que nossos acionistas são capazes de obter, em dólares, em investimentos seguros a curto prazo, e, por esse motivo, considero que é algo mutuamente vantajoso.

Ao longo dos comentários e da descrição da estrutura da sociedade, Buffett oferece aos investidores várias lições importantes sobre como os incentivos a um gestor de investimentos podem estar em sintonia com os objetivos dos investidores. Podemos analisar a taxa de administração, a comissão pelo desempenho, ver o que está sendo colocado em jogo e quais são as provisões de liquidez, de modo a fazer nossa própria avaliação e escolher o gestor que esteja mais alinhado com as nossas metas.

Além disso, observar o mundo através das lentes dos incentivos é uma ferramenta valiosa sempre que estivermos tentando prever algum resultado que envolva seres humanos. Os incentivos fazem o mundo girar. É útil refletir sobre isso retrospectivamente e verificar por que os outros estão se saindo bem quando você não está; um óbvio sinal de alerta.

Se você estiver cogitando investir com um gestor ativo hoje, pode estar certo de que a maioria dos vendedores não chamará sua atenção para isso — você terá de descobrir por conta própria. Aqui, novamente, vemos a força do "superpoder dos incentivos" de Munger e a dificuldade para "contratar alguém que pense por você". Como ele afirmou, na maioria dos casos, isso não funciona. No entanto, você só poderá fazer o seu melhor, e caso esteja decidido a contratar um gestor externo, um bom ponto de partida é fazer uma comparação com a estrutura da Sociedade de Buffett e os vieses de incentivos que essa organização procurou evitar.

DAS CARTAS AOS ACIONISTAS: CARTA DE 1960, NA ÍNTEGRA, SOBRE A ESTRUTURA DA BPL

22 de julho de 1961

AOS MEUS ACIONISTAS:

No passado, os acionistas comentaram que uma carta por ano era "um tempo longo demais entre um drinque e outro", e que uma carta semestral seria uma boa ideia. Realmente, não deveria ser tão difícil encontrar algo a dizer duas vezes por ano; pelo menos, não está sendo difícil nesta ocasião. Por isso, esta carta será mantida nos próximos anos.

Durante o primeiro semestre de 1961, o ganho total do índice Dow Jones (DJIA, na sigla em inglês) foi de cerca de 13%, incluindo dividendos. Embora esse seja o período do ano em que, normalmente, deveríamos ter mais dificuldade em superar esse parâmetro, todas as sociedades que estiveram em operação ao longo desses seis meses apresentaram um resultado ligeiramente melhor do que o Dow. As sociedades formadas em 1961 obtiveram resultados equivalentes ou superiores ao Dow em relação à época de sua formação, dependendo, principalmente, de quanto tempo elas estavam em operação.

Deixe-me salientar, porém, dois pontos. Em primeiro lugar, um ano é um período muito curto para formar qualquer opinião sobre o desempenho dos investimentos, e medições semestrais se tornam ainda menos confiáveis. Um fator que tem causado alguma relutância de minha parte em escrever cartas semestrais é o medo de que os acionistas possam começar a pensar em termos de desempenho a curto prazo, o que pode ser ainda mais enganoso. Minha reflexão está muito mais orientada para o desempenho ao longo de cinco anos, de preferência com a realização de testes dos resultados relativos, tanto nos mercados fortes quanto nos fracos.

O segundo ponto que eu gostaria que todos entendessem é que, se o mercado continuar avançando no ritmo do primeiro semestre de 1961, não apenas duvido que consigamos continuar excedendo os resultados do DJIA, como também acho bastante provável que nosso desempenho fique aquém do índice.

Nossas participações acionárias, que sempre acreditei estarem do lado conservador em comparação com outros portfólios em geral, tenderão a crescer de forma mais conservadora à medida que o nível do mercado geral subir. Sempre procuro manter uma parte de nosso portfólio em títulos minimamente protegidos do comportamento do mercado, e essa parcela deverá aumentar conforme o mercado for aumentando. Por mais apetitosos que pareçam os resultados até mesmo para o cozinheiro amador (e, talvez, especialmente para o amador), verificamos que uma parcela substancial de nosso portfólio ainda não foi colocada no forno.

No mercado aberto, também começamos a adquirir um compromisso potencialmente crescente, e eu espero, é claro, que ele permaneça como está por pelo menos um ano em termos do mercado. Tal compromisso pode ser um obstáculo ao desempenho a curto prazo, mas é uma forte promessa de resultados superiores ao longo de vários anos, além de ter substanciais características defensivas.

Estamos progredindo para conjugar todos os acionistas no fim deste ano. Conversei sobre esse objetivo com todos os sócios que ingressaram durante o ano passado ou um pouco depois disso, e também estudei esses planos com os sócios mais representativos de todas as sociedades anteriores.
Eis aqui algumas das cláusulas:

A. Uma fusão de todas as sociedades, com base no valor de mercado no fim do ano, sob a condição de repartição adequada, entre os acionistas, das obrigações tributárias futuras, devido a ganhos não realizados no fim do ano. A fusão em si será isenta de impostos, e não provocará a aceleração da realização de lucros;

B. Uma divisão dos lucros entre os sócios limitados e o sócio-geral, reservando-se os primeiros 6% anuais aos sócios, com base no capital inicial no mercado, e todo o excedente sendo dividido da seguinte forma: um quarto para o sócio-geral e três quartos para todos os sócios, proporcionalmente ao capital investido. Eventuais deficiências nos lucros abaixo de 6% seriam imputadas ao exercício fiscal posterior contra ganhos futuros, mas não seriam ao exercício anterior. Atualmente, existem três acordos de partilhas de lucros opcionais aos novos acionistas:

	PROVISÃO DE DIVIDENDOS	EXCEDENTE PARA O SÓCIO-GERAL	EXCEDENTE PARA OS SÓCIOS LIMITADOS
(1)	6%	1/3	2/3
(2)	4%	1/4	3/4
(3)	Nenhum	1/6	5/6

C. Em caso de lucros, a nova divisão, obviamente, terá de ser melhor para os sócios limitados do que nos dois primeiros acordos. Quanto à terceira modalidade, o novo acordo a superará em até 18% ao ano; mas acima desse valor, os sócios limitados se sairiam melhor nos termos do regulamento atual. Cerca de 80% do total de ativos da sociedade optaram pelos dois primeiros acordos, e tenho esperança de que, se alcançarmos uma média superior a 18% ao ano, os acionistas que se encontram atualmente sob o terceiro acordo não se sentirão prejudicados sob o novo regulamento;

D. Em caso de perdas, elas não serão lançadas retroativamente contra valores que me foram creditados anteriormente como sócio-geral. Ao contrário, serão lançadas no exercício fiscal posterior contra ganhos excedentes futuros. Porém, minha esposa e eu teremos o maior investimento individual na nova sociedade, provavelmente em torno de um sexto do total de ativos, e, portanto, uma participação maior em dólares em termos de perda do que qualquer outro sócio ou agrupamento familiar; estou inserindo uma cláusula no regulamento da sociedade para proibir a compra, por mim ou por minha família, de quaisquer títulos negociáveis. Em outras palavras, a nova sociedade representará toda a minha operação de investimentos em títulos negociáveis, de modo que meus resultados terão de ser diretamente proporcionais aos seus, sujeitos à vantagem que eu obterei se conseguirmos superar a meta de 6%;

E. Uma provisão para pagamentos mensais à proporção de 6% ao ano, tendo por base o valor de mercado do capital no início do ano. Os acionistas que não desejarem retirar o dinheiro naquele momento poderão ter esse valor creditado de volta automaticamente como uma antecipação de crédito, sacando até 6% para adquirir uma participação acionária adicional na sociedade no fim do ano. Isso resolverá um obstáculo que, até aqui, tem dificultado a consolidação da trajetória, uma vez que muitos acionistas desejam fazer retiradas regularmente e outros querem reinvestir tudo o que têm;

F. O direito de contrair empréstimos durante o ano, em até 20% do valor de suas participações societárias, a 6%, devendo esses empréstimos serem liquidados no fim do ano ou antes desse prazo. Isso acrescentará um grau de liquidez para um investimento que, atualmente, só pode ser descartado no fim do ano. Não pretendemos investir qualquer outra coisa na sociedade, a não ser os fundos relativamente permanentes. Tampouco temos desejo algum de transformá-la em um banco. Pelo contrário, espero que essa seja uma cláusula relativamente pouco utilizada, disponível para o caso de algum imprevisto, e seria um transtorno ter de esperar até o fim do ano para liquidar uma parcela de todas as participações de um acionista;

G. Um acordo por meio do qual quaisquer ajustes relativamente pequenos de impostos que incidam sobre os retornos da sociedade nos últimos anos serão avaliados diretamente por mim. Dessa forma, não seremos confrontados com o problema de pedir a oitenta pessoas ou mais para alterar seus retornos anteriores em função de uma questão de pouca importância. Tal como está agora, uma pequena mudança, como decidir que um dividendo recebido pela sociedade tem 63% de rendimento de capital em vez de 68%, poderia ensejar uma enorme burocracia. Para evitar isso, qualquer alteração inferior a US$1 mil no valor dos impostos será de minha exclusiva responsabilidade.

Submetemos essa proposta de acordo a Washington, para que o parecer isentasse a fusão da incidência de impostos, e para que a sociedade recebesse tal tratamento de acordo com as legislações tributárias. Embora tudo isso represente uma quantidade significativa de trabalho, facilitará enormemente as coisas no futuro. Você pode guardar esta carta como uma referência, a ser lida em conjugação com o acordo que receberá no fim do ano.

Atualmente, o investimento mínimo para novos acionistas é de US$25 mil, mas logicamente isso não se aplica aos acionistas já existentes. Nosso método operacional permitirá que os acionistas façam acréscimos ou retiradas de quaisquer quantidades (em múltiplos de US$100) no fim do ano. Os ativos totais estimados da sociedade estarão em torno de US$4 milhões, o que nos permite considerar investimentos como aquele mencionado anteriormente nesta carta, e que teríamos sido obrigados a declinar há vários anos.

Esta carta acabou sendo mais detalhada do que a que envio anualmente. Caso tenha alguma dúvida, particularmente quanto a algo que não tenha ficado claro em minha discussão sobre o novo regulamento da sociedade, não hesite em me avisar. Se houver muitas dúvidas, escreverei uma carta suplementar para todos os acionistas, informando as questões que surgiram e suas respectivas respostas.

ENSINAMENTOS COMPOSTOS

Quando você começa a ver o mundo através das lentes dos incentivos, muitas decisões que seriam consideradas difíceis de tomar acabam ficando mais fáceis. Ao descobrir o que motiva as pessoas, praticamente sabemos como elas se comportarão. Os ensinamentos presentes na estrutura da Sociedade, portanto, vão muito além de como evitar cometer erros na escolha de seu próximo gestor de investimentos, embora eles também ajudem a tomar essa decisão.

Podemos perceber efetivamente o funcionamento dos incentivos quando começamos a avaliar as empresas e, particularmente, os gerentes de negócios. Como proprietários de negócios (acionistas), queremos entender os impulsos motivacionais daqueles que são responsáveis por nossos ativos. Estamos falando, aqui, da análise de títulos e da seleção de ações. Nossa próxima seção examina os três principais tipos de escolha de ações que Buffett utilizou em sua sociedade. Ele se referiu a essas três categorias como ações Gerais, arbitragens Cambiais e participações de Controle.

Parte 2

6. Ações gerais

"Nós apreciamos uma boa gestão — apreciamos uma indústria séria — apreciamos certa dose de 'fermento' em grupos de gestores ou de acionistas anteriormente apáticos. Mas exigimos valor."[1]

18 de janeiro de 1964

Como você define seu estilo de investimentos? Você se sente atraído por situações de alto valor? Você gosta de sair à caça das maiores barganhas, independentemente da qualidade intrínseca do negócio ou dos fundamentos existentes, acreditando que estará protegido por um preço de compra atraente, até que o poder de reversão à média esteja em seu favor? Essa era uma das abordagens centrais de Graham, e ela continua definindo o modo pelo qual muitos dos principais investidores operam hoje em dia. Ou talvez você prefira buscar grandes empresas de concessão, bem protegidas e com alto retorno, que possam gerar ganhos compostos a índices acima da média por longos períodos;

empresas que estejam em uma situação tal em que a concorrência, de alguma forma, venha sendo mantida a distância. Outro enorme grupo atual de investidores em valor gasta seu tempo especialmente nesse campo, à procura de grandes empresas a preços razoáveis.

Talvez você se sinta melhor como investidor quando está vasculhando o universo das empresas de microcapital, onde investidores institucionais não conseguem adentrar, ou, por outro lado, tenda a encontrar um valor maior em empresas de médio e grande capital com muitos seguidores, que negociam à vista de todos. Talvez você goste de descobrir as oportunidades "desconhecidas" por conta própria, ou esteja mais propenso a esperar que investidores bastante conceituados e bem-informados façam esse trabalho primeiro e, em seguida, "pegue uma carona" nas ideias deles. Talvez você esteja interessado até em influenciar por si mesmo as equipes de gestão corporativa, acumulando uma parcela significativa das ações em circulação de uma empresa. Com as empresas de microcapital, alguns indivíduos terão essa opção adicional ao seu alcance.

Qual desses estilos poderíamos dizer que era o estilo de Buffett nos anos da sociedade, quando ele trabalhava com um capital relativamente modesto? A resposta é que eram todos os estilos acima. Você também pode optar por qualquer um deles. Não há absolutamente nenhuma necessidade de se enquadrar em determinado estilo. Você precisará, porém, descobrir o que funcionará e o que não funcionará no seu caso. Talvez você esteja capacitado ou inclinado a operar em algumas das áreas acima e não em outras. Não há respostas corretas. Nenhuma abordagem é necessariamente melhor do que a outra, embora algumas possam ser melhores *para você do que outras*. Quando você compreender sua situação, poderá simplesmente ir aonde as oportunidades estão.

Ao percorrer a curva e a diversidade dos estilos de investimento de Buffett, e ao entender por que ele transferiu seu foco dos altos valores de Graham para um interesse maior em qualidade, podemos adotar os métodos que funcionarão melhor para nós em nossos próprios esforços de investimento. Vamos começar com as ações gerais, ou títulos geralmente subavaliados, porque eles eram, e continuam sendo, os investimentos genéricos básicos em ações, que sempre definiram o investimento em valor.

Para Buffett, as ações gerais eram um portfólio altamente reservado e concentrado de ações ordinárias subavaliadas que produziam a maior parte dos ganhos globais da sociedade. Buffett era um exímio artesão na arte da seleção de ações, e essa era a principal área em que ele exercia seu ofício. Nenhuma ação geral jamais foi mencionada explicitamente, com uma exceção, a Commonwealth Trust Company, que Buffett divulgou somente depois de a operação de investimento ter sido concluída e as ações não fazerem mais parte dos bens da sociedade. Ele fez essa revelação com o intuito de ilustrar os tipos de ação que vinha comprando nessa categoria. Fora isso, os investimentos individuais eram considerados segredos comerciais.

Usando os manuais da Moody's e outras fontes primárias de dados estatísticos, Buffett vasculhou o setor para encontrar ações que estavam sendo negociadas a preços extremamente baixos. Muitas vezes, eram empresas pequenas, obscuras e incógnitas, negociando abaixo de seu valor de liquidação. Especialmente nos primeiros anos, a sociedade era suficientemente pequena para agir, em grande parte, sem quaisquer restrições, permitindo uma abordagem estática, do tipo "não fazer nada", semelhante à da maioria dos investidores individuais de hoje em dia. Conforme a sociedade foi crescendo, as empresas menores se tornaram progressivamente menos atraentes para os investimentos; quando a BPL ficou grande demais, mesmo que pudesse ter adquirido uma quantidade significativa das ações em circulação dessas empresas, o investimento em dólares que estava em jogo seria muito pequeno para alterar alguma coisa nos resultados globais da sociedade.

Independentemente do tamanho, todos nós, investidores, podemos seguir o exemplo de Buffett e ir à carga quando encontramos uma boa ideia que atenda realmente às nossas necessidades. Ao longo dos anos da sociedade, Buffett comprometeu, normalmente, entre 5% a 10% de seus ativos totais em cinco ou seis ações gerais, com outras posições menores variando de 10% a 15%.[2] Concentrar-se nas melhores ideias foi um componente fundamental de seu sucesso. Podemos vê-lo levando esse conceito ainda mais longe em 1965, quando alterou as regras básicas para permitir que até 40% do portfólio fossem investidos em uma única ação geral.

Como você deve se lembrar, os ensinamentos da Parte I mostraram que o foco principal do investidor deve estar em fazer uma análise de negócios e uma avaliação corretas, e não em tentar descobrir o momento em que elas produzirão resultados. Muitas das ações gerais permaneceram no portfólio por anos. Conforme a sociedade foi crescendo e novos capitais foram sendo incorporados, Buffett também foi reforçando as posições existentes cujos preços continuavam atraentes. Ele confiava em seu método a tal ponto que não se deixava afetar pelos caprichos do dia a dia do mercado; acreditava que, mais cedo ou mais tarde, o mercado recompensaria seus esforços de análise e de avaliação.

Com um portfólio de títulos de alto valor, os investidores devem esperar que alguns deles "funcionem" — com o preço aumentando mais rapidamente do que o mercado global —, enquanto outros fiquem ociosos ou, até mesmo, apresentem queda. Irving Kahn, contemporâneo de Buffett e ex-professor auxiliar de Graham, tinha a melhor das analogias para essa situação. Ele ensinava que um portfólio de investimentos é como um pomar de árvores frutíferas. Não se pode esperar que todas as espécies de árvores produzam frutos todos os anos. Cada uma amadurecerá de acordo com sua própria programação genética, normalmente incognoscível.[3] No cômputo geral, porém, um portfólio de ações gerais adequadamente selecionadas deveria render mais do que o mercado depois de algum tempo. No caso da sociedade, Buffett esperava que seu portfólio conseguisse superar o mercado em cerca de 10%.

Às vezes, elas produzem resultados com extrema rapidez; algumas vezes, isso leva anos. É difícil, no momento da compra, identificar qualquer razão específica para que elas devam ter seu preço valorizado. No entanto, em função dessa falta de charme ou de qualquer iminência que possa gerar uma ação favorável imediata do mercado, elas estão disponíveis a preços muito baixos. Pode-se obter um alto valor em relação ao preço pago. Esse excesso substancial de valor cria uma margem confortável de segurança em cada transação. E essa margem individual de segurança, juntamente com uma diversidade de compromissos, cria um dos mais atraentes pacotes de segurança e valorização potenciais. Ao longo dos anos, nosso momento oportuno para comprar tem sido consideravelmente melhor do que nosso momento oportuno para vender. Não optamos por essas ações gerais com o intuito de obter o último centavo, mas, de modo geral, ficamos bastante contentes em vendê--las para um proprietário privado em algum nível intermediário entre nosso preço de compra e o que consideramos um valor justo.[4]

Muitas das ações gerais foram adquiridas com descontos elevados em relação à avaliação de seus valores intrínsecos, usando o método do proprietário privado — aquilo que um comprador privado bem informado pagaria por toda a empresa. Tais empresas costumavam ser muito menores, e, caso o preço de suas ações permanecesse adormecido por tempo suficiente, Buffett acabaria conquistando uma participação grande o suficiente para ter algo a dizer sobre a forma como elas estavam sendo administradas. Na verdade, ele mesmo estava disposto a se tornar o "comprador privado bem-informado". Por meio desse processo, várias empresas que começaram como ações gerais se tornaram investimentos controlados pela sociedade, e, portanto, uma categoria inteiramente distinta de investimentos, que exploraremos mais adiante nesta seção.

Ocasionalmente, outros proprietários privados — terceiros, não Buffett — adquiririam as participações da sociedade em uma ação geral, de modo a obter o controle por si mesmos. Isso tornava o método de investimento do proprietário privado menos arriscado, já que as ações se valorizariam por conta própria, ou Buffett (ou alguma outra terceira parte) adquiriria ações suficientes para, pelo menos, influenciar e, por vezes, assumir o controle total das empresas. Normalmente, isso levava as empresas a tomar as medidas necessárias para compreender o valor inerente ao seu negócio. Desde que estivessem corretas em sua análise e o valor de fato estivesse presente, a chance de uma perda permanente nesses tipos de investimentos seria mínima.

Mais tarde, Buffett ampliou esse método do proprietário privado para a seleção de ações gerais e começou a adquirir as ações de empresas que ele considerava grandes demais para um único proprietário privado adquirir, mas que ainda estavam subavaliadas em relação ao nível então negociado por outras empresas similares. Para diferenciar esse grupo, ele subdividiu as ações gerais. As ações gerais que estivemos discutindo até agora passaram a ser chamadas, a partir desse momento, de "ações gerais — Proprietário Privado", e a nova categoria foi denominada "ações gerais — relativamente subavaliadas".

Esse novo método de investimento era um pouco mais arriscado, pois não havia nenhum potencial para que a sociedade de Buffett ou que qualquer outro proprietário privado assumisse o controle de tais empresas; ele atenuava alguns desses riscos oferecendo-lhes cobertura, ou seja, quando comprava uma empresa, vendia a descoberto* a empresa similar mais cara. Por exemplo, ao comprar uma ação negociada a dez vezes o valor dos lucros, e, simultaneamente, ao vender a descoberto uma empresa similar negociada a vinte vezes o valor dos lucros, Buffett reduzia o risco de pagar a mais pela empresa que o agradava, pois se ela tivesse uma queda de, digamos, oito vezes, seria de se esperar que as ações da empresa que ele estava vendendo a descoberto (a vinte vezes) diminuíssem ainda mais.

---

*Uma posição que se beneficia de uma queda no preço.

Ambas as categorias de ações gerais são mais sensíveis ao ciclo do mercado do que as arbitragens cambiais e as participações de controle. Como afirmou Buffett:

> *Só porque algo está barato, não significa que não cairá ainda mais. Durante movimentos descendentes abruptos do mercado, esse segmento pode muito bem apresentar uma queda em termos percentuais equivalente à do índice Dow. Depois de alguns anos, acredito que as ações gerais superarão o Dow, e durante os anos de forte aceleração (...) essa é a parte de nosso portfólio que trará os melhores resultados. Naturalmente, também é a mais vulnerável em um mercado em queda.*[5]

Pelo fato de o mercado tender a subir com o tempo, isso não representa uma desvantagem tão grande a longo prazo, mas é possível que haja impactos nos índices de desempenho de ano para ano. Se a sociedade tivesse investido apenas em ações gerais, seu histórico ano a ano não teria sido nem de longe tão estável quanto foi.

Os métodos essenciais envolvidos no investimento em ações gerais podem ser resumidos em fazer um bom trabalho de avaliação, e em fazê-lo de forma sistemática. Estima-se o valor intrínseco de várias maneiras distintas. A maior parte delas é uma derivação de uma avaliação do valor 1) dos ativos de uma empresa ou 2) de sua capacidade de gerar receitas. Cada um dos métodos, baseado em ativos ou receitas, pode ser útil em momentos diferentes, e, na verdade, eles estão interligados; o valor de qualquer ativo sempre estará relacionado às receitas que ele é capaz de produzir. No entanto, dependendo da situação, uma dessas abordagens será normalmente a mais prática.

O atual nível de lucro de qualquer empresa em relação aos seus ativos poderá ajudá-lo a chegar à escolha apropriada; muitas vezes, tanto a abordagem baseada nas receitas quanto a baseada nos ativos podem ser usadas para comparar os dois dados. As cartas dão exemplos de ambos os métodos utilizados por Buffett.

Em algumas situações, Buffett comprava empresas que não eram muito lucrativas, mas que possuíam ativos valiosos. Quando uma empresa não está conseguindo gerar lucros suficientes em relação ao valor de seus ativos, uma abordagem de valor de liquidação, que estima o valor de revenda ou o valor de leilão realizáveis dos ativos, pode ser a melhor escolha. Graham é mais conhecido por essa abordagem. Ele se empolgava ao se deparar com empresas superbaratas que possuíam ativos circulantes líquidos (estamos falando aqui de caixa no banco, estoques não vendidos ou recebíveis) que, em conjunto, mesmo depois de subtraídos todos os passivos do negócio, valiam mais do que o valor de mercado da empresa. Observamos que Buffett também utilizava essa abordagem, especialmente nos primeiros anos.

Em outros casos em que as empresas apresentavam lucros considerados saudáveis, vemos Buffett utilizando a avaliação baseada em receitas. Talvez esse seja o caminho a ser adotado quando se espera que o negócio continue sobretudo "como está". É uma simples estimativa do valor atual de todos os potenciais ganhos futuros.

Conforme mencionado, a Commonwealth Trust de Union City, Nova Jersey, foi a primeira e única ação geral mencionada nas cartas, e isso nos dá uma ideia a respeito de seus métodos. Buffett avaliou o valor da empresa usando a abordagem de receitas. A Commonwealth lucrava cerca de US$10 por ação, o que, em seu entender, era algo sólido e positivo. Como ele mesmo descreveu, Buffett percebeu que o valor intrínseco de tal fluxo de lucros era de US$125 por ação,* e sua expectativa era a de que esse valor aumentasse ao longo do tempo. Portanto, não é de surpreender que, quando as ações foram oferecidas a US$50, ele tenha colocado de 10% a 20% dos diversos acionistas de 1957 em tais ações. Em 1958, ele as vendeu a US$80, para poder avançar em outras ações que apreciava ainda mais.

É possível obter ótimas percepções sobre os investimentos a partir do estudo cuidadoso das ações gerais de Buffett. Ele costumava avaliar constantemente o valor do maior número possível de ações que conseguia encontrar, procurando aquelas em que considerava ter uma razoável compreensão do negócio, a fim de chegar a uma estimativa de seu valor. Com uma memória prodigiosa e muitos anos de estudo intensivo, ele construiu um extenso banco de dados, repleto de tais apreciações e opiniões sobre um grande número de empresas. Então, quando o Sr. Mercado lhe oferecia uma empresa com um desconto suficientemente atraente em relação ao valor avaliado, ele a comprava; muitas vezes, concentrava-se firmemente em algumas das mais atraentes. O excelente trabalho de avaliação e o temperamento adequado sempre foram dois pilares fundamentais de seu sucesso como investidor.

Buffett era um comprador altamente disciplinado, especialmente nos primeiros anos. Em muitos casos, uma ação com a qual ele estava envolvido se valorizava antes

---

*Apesar de Buffett nunca ter exposto claramente suas contas, o valor de US$10 em lucros anuais a um índice de crescimento de 2% é de US$125, quando descontado até o valor atual a um índice de 10%.

que pudesse comprar a quantia total desejada. Em algumas ocasiões, ele lamentou essas oportunidades perdidas, pois sabia que — mesmo que os acionistas pudessem ficar satisfeitos com os índices de desempenho que essas posições de "guimba de cigarro" produziriam a médio prazo — se aquelas ações não tivessem se valorizado tão rapidamente, teria conseguido adquirir mais, e os resultados finais para a sociedade teriam sido melhores. Isso aconteceu em 1966:

> *Embora quaisquer ganhos pudessem ter parecido particularmente bons no ambiente de mercado que se desenvolveu profundamente em 1966, você pode estar certo de que eu não fico contente em sair por aí transformando montanhas em montinhos. O montinho, é claro, se refletiu nos resultados de 1966. No entanto, sob uma perspectiva de longo prazo, estaríamos em uma posição muito melhor se os resultados de 1966 tivessem sido 5% piores e tivéssemos continuado a comprar quantidades substanciais de ações a preços reduzidos, que, conforme se esperava, poderiam ter prevalecido no ambiente do mercado este ano.*[6]

POR QUE AS AÇÕES GERAIS FUNCIONAM

Em 17 de maio de 1984, o quinquagésimo aniversário da primeira edição de *Securities Analysis*, em uma de suas palestras seminais, intitulada "Os Superinvestidores de Graham-e-Doddsville", Buffett explicou o motivo do sucesso do investimento em valor. Os "Superinvestidores" que ele identificou eram um grupo relativamente pequeno de alunos e discípulos de Graham, incluindo ele e Charlie Munger, e todos tinham um longo histórico de investimentos em ações gerais. Para Buffett, o desempenho superior coletivo desse grupo comprovava a validade do método de investimento em valor e deixava claro um grande equívoco na hipótese do mercado eficiente.

Buffett encorajava os ouvintes a pensar no quão improvável seria que dez finalistas de um hipotético concurso nacional de cara ou coroa proviessem da mesma cidade. Se o sucesso nos investimentos tinha tudo a ver com sorte e aleatoriedade (como sugeria a teoria do mercado eficiente) — tal qual a brincadeira de cara ou coroa —, como seria possível que todos os melhores jogadores do país fossem oriundos da mesma cidade, Graham-e-Doddsville, Estados Unidos, em que todos usavam os mesmos métodos? Os Superinvestidores de Graham e os incríveis resultados de Doddsville representavam um contrassenso estatístico sob o sistema do mercado eficiente, cujas previsões atestariam que os investidores bem-sucedidos deveriam estar distribuídos aleatoriamente por todo o país.

Depois de apresentar os excepcionais históricos desse grupo anômalo, Buffett expôs seu método unificador, que deveria soar familiar:

> *Apesar de diferirem muito em estilo, esses investidores, mentalmente, estão sempre comprando o negócio, e não as ações (ênfase de Buffett). (...) Sua atitude, estejam comprando a totalidade ou uma minúscula parcela de um negócio, é a mesma. Alguns deles têm portfólios com dezenas de ações; outros se concentram em algumas poucas. Mas to-*

dos exploram a diferença entre o preço de mercado de uma empresa e seu valor intrínseco.

Os métodos dos investidores em valor são altamente atípicos sob um aspecto importante. Normalmente, quando uma nova ideia ou um sistema de negociação baseado em regras é apresentado e sua eficácia é comprovada, os operadores do mercado o copiam, e, ao fazer isso, o excesso de retorno da nova ideia passa a ser "arbitrado a distância". A simples compra de ações baratas, porém, tem se mantido uma estratégia extraordinariamente eficaz, apesar do fato de sua eficácia ter sido bem documentada ao longo de décadas. Buffett conclui sua famosa palestra abordando essa anomalia:

> Só posso lhes dizer que o segredo está aí há cinquenta anos, desde que Ben Graham e David Dodd escreveram Security Analysis, mas não observei nenhuma tendência em direção ao investimento em valor nos últimos 35 anos em que venho colocando-o em prática. Parece haver alguma característica humana perversa que gosta de dificultar as coisas mais fáceis. O mundo acadêmico, de alguma forma, realmente se afastou da doutrina do investimento em valor ao longo dos últimos trinta anos. É provável que continue assim. Os navios cruzarão o mundo, mas a Sociedade da Terra Plana continuará florescendo. Continuará havendo grandes discrepâncias entre preço e valor no mercado, e aqueles que lerem Graham e Dodd continuarão a prosperar.

E a multidão vai à loucura... O texto completo da palestra está disponível no site da Columbia.

O MÉTODO DO ALTO VALOR

Em uma carta enviada em 1946 aos investidores da Graham-Newman — que certamente foi lida por Buffett —, Graham falava sobre como sua empresa de investimentos estava focada, primordialmente, na compra de "títulos a preços inferiores ao seu valor intrínseco, conforme foi decidido a partir de uma análise cuidadosa, com ênfase especial na compra de títulos a preços inferiores ao seu valor de liquidação".[7] A origem dessa abordagem estava fundamentada na história de seu criador.

O mentor de Buffett tinha sido aniquilado na quebra da bolsa de 1929; a própria mãe de Benjamin Graham fora assolada na crise anterior àquela. Não é de surpreender que Graham focasse em ativos tangíveis líquidos e em valores de liquidação, a fim de garantir a existência de uma significativa proteção de valor que limitasse o risco de uma perda permanente em um investimento.

Como seu foco principal era não perder dinheiro, Graham gostava de "olhar para baixo antes de olhar para cima". Ele preferia adquirir empresas que pudessem (caso necessário) ser fechadas, em que todos os ativos pudessem ser vendidos e todas as dívidas e obrigações extintas e, mesmo assim, depois de concluída toda essa atividade, ainda restasse uma quantidade residual como lucro acima do preço de mercado. Tais empresas, literalmente, valiam mais mortas (em processo de liquidação) do que vivas (em funcionamento). Isso não significa que as empresas fossem realmente liquidadas com tanta frequência assim, embora às vezes isso acontecesse — a questão é que havia valor nas participações acionárias, mesmo em caso de liquidação. O sistema de Graham não apenas gerava retornos saudáveis como também era uma garantia de que ele nunca quebraria novamente.

Buffett também vinha comprando esses tipos de ações para a sociedade, conhecidas pela abreviatura de "líquidos-líquidos". Nessas situações, muitas vezes ele descobria alguma combinação de grande soma de recursos, títulos no banco, dívidas comerciais ou estoque vendável. O valor de liquidação coletivo desses ativos isolados era "liquidificado" contra todos os passivos da empresa. Quando o que restava ainda valia mais do que o preço de mercado da empresa, ele obtinha uma ampla margem de segurança.

Compradores como Graham e Buffett (e o outrora lendário Ned "Líquido-Rápido" Evans, cujo nome, em sua época, era tão conhecido quanto o de Buffett é hoje) definiram uma era de investimento nesse tipo de situação. Quer escolhessem encerrar o negócio com lucro, quer insistissem em sua recuperação por conta própria, eles geralmente compravam abaixo do valor de liquidação, recebendo o valor intrínseco do negócio sem custo algum ou, até mesmo, a um valor *negativo*.

Pense nisso. Vejamos um exemplo simplificado de uma empresa com um valor de mercado de US$45, sem nenhuma dívida, com caixa e títulos no banco valendo US$65. A única maneira de o preço de mercado fazer sentido é se houver expectativa de o negócio básico da empresa produzir uma perda significativa ou um fluxo contínuo de perdas no futuro. De que outra forma um negócio poderia ter um valor atual negativo de US$20? Se a empresa simplesmente fosse liquidada, o comprador que tivesse desembolsado US$45 continuaria tendo de receber o valor integral de US$65 em caixa e títulos, perfazendo um ganho de 45% (US$20), antes de computar os outros ativos e o custo de dissolução.

Evidentemente, se a empresa registra prejuízos e a expectativa é de que essa margem negativa se prolongue indefinidamente, isso acabará por corroer quaisquer eventuais excedentes que possam estar presentes. Nesses casos, algo tem de ser feito para preservar o valor, seja pela ação de um gestor motivado, seja por meio de ações tomadas pelos acionistas. Afinal de contas, os acionistas — os proprietários da empresa — têm a palavra final. Eles elegem o conselho de administração, que, por sua vez, contrata o gestor e define a estratégia.

Conforme a descrição de Buffett, as ações gerais que também ofereciam o potencial de uma participação majoritária representavam uma "situação de 'carta na manga', na qual deveríamos chegar à valorização dos preços de mercado a partir de fatores externos ou em função da aquisição de uma posição de controle em uma empresa a um preço de ocasião. Enquanto a primeira possibilidade ocorre na esmagadora maior parte dos casos, a última representa uma apólice de seguro que a maioria das operações de investimento não possui".[8] Em outras palavras, Buffett estava disposto a tomar as medidas cabíveis para realizar o valor em investimentos líquidos-líquidos, caso necessário. Na década de 1980, essa abordagem era chamada de "pilhagem corporativa", mas hoje em dia é mais educadamente conhecida como ativismo. Buffett estava disposto a assumir a gestão, se isso fosse necessário para criar valor.

Melhor ainda era quando ele observava outras pessoas fazendo esse trabalho em nome de todos os acionistas e se sentia à vontade para acompanhar o fluxo. Investir ao lado delas, mas sem participar diretamente do ativismo, era chamado de "pegar carona". Qualquer um pode fazer isso. Comprar os títulos logo após um ativista preencher um formulário 13D — um documento formal da Comissão de Valores Mobiliários (SEC, na sigla em inglês) que sinaliza a intenção de um investidor de tentar influenciar as decisões corporativas — é uma estratégia que vem superando significativamente o mercado ao longo do tempo.[9]

Hoje, as ações gerais superbaratas sob inspiração de Graham tendem a surgir em títulos menores e obscuros. Esses títulos frequentemente contrabalançam as maiores bolsas de valores do mundo, e seus preços, de modo geral, são publicados apenas periodicamente, ao contrário das principais emissões listadas nos jornais diariamente. Muitas vezes, essas empresas não são cobertas pelas entidades financeiras de Wall Street. Buffett e seus contemporâneos tinham de sair à sua caça — e eles adoravam caçar.

Esse é um terreno fértil para os investidores pequenos e com espírito empreendedor. Em primeiro lugar, familiarize-se com todos os investimentos líquidos-líquidos disponíveis no mercado. Se Buffett folheava página por página o manual da Moody, hoje em dia existe uma abundância de filtros de ações gratuitos na internet para ajudá-lo a começar. Então, à medida que for avançando, vá riscando da lista aquelas em que você encontrar algum critério desqualificador, como um passivo oculto ou um processo judicial que faça com que a ação esteja listada como um líquido-líquido, mesmo não sendo.

Um aviso: é muito improvável que alguém venha a lhe apresentar essas oportunidades de investimento; você precisará encontrá-las sozinho. Seja particularmente cético em relação a promotores de ações nessa área do mercado. Se você se encontrar em uma situação em que alguém esteja querendo "convencê-lo a comprar" uma ação desse tipo, segure firme sua carteira e saia correndo!

Um exemplo atual de um investimento líquido-líquido é a Nam Tai Property Inc.,[10] uma empresa de microcapital fechado listada nos Estados Unidos (símbolo NTP), cujo ramo de negócios deixou de ser a produção de componentes eletrônicos e foi alterado para o desenvolvimento de bens imobiliários na China. Atualmente, o valor total de mercado da empresa é de cerca de US$219 milhões, ou US$5,52 por cada uma dos 39,62 milhões de ações em circulação. Hoje, com US$250 milhões, ou US$6,15 por ação de caixa líquido no banco, um investidor pode comprar as notas de dólar da Nam Tai no banco por US$0,90 cada, além de obter gratuitamente todos os outros ativos da empresa, em sua maioria bens imobiliários chineses, que, acredito, devem ter um valor substancial.

O preço superbarato da Nam Tai é, em grande parte, uma anomalia, mas ele pode ser parcialmente compreendido por vários fatores importantes: em primeiro lugar, é uma empresa muito pequena. Com um total inferior a US$250 milhões no mercado de capitais, a maioria dos investidores profissionais a considerará pequena demais para justificar os esforços de investimento. Em segundo lugar, ela está passando pelo processo de alteração de seu modelo de negócios, da manufatura para o desenvolvimento de bens imobiliários, e, por esse motivo, é difícil dizer com precisão qual o nível de lucro que será capaz de produzir no futuro. Em terceiro lugar, hoje não existe um analista sequer de Wall Street que esteja publicando alguma pesquisa sobre a empresa. Por fim, suas operações estão todas na China, e o país, atualmente, vem perdendo aceitação.

A NOVA IDEIA

Originalmente, todos os "superinvestidores" discípulos de Graham eram instruídos a pular de ações baratas em ações baratas. Os resultados eram tipicamente fabulosos, e as chances de perda eram pequenas. Mais uma vez, a maioria desses negócios não é boa, mas quase sempre eles são sedutoramente baratos, e é praticamente certo que quem compra um portfólio com esses títulos terá bons retornos, levando-se em conta os preços que foram pagos. Analisando os 12 anos da sociedade, Buffett afirmou: "Ao longo dos anos, essa foi nossa melhor categoria, medida pelo retorno médio, e a que também manteve, de longe, o maior percentual de transações lucrativas. Foi com essa abordagem que eu aprendi a negociar, e, antigamente, ela representava grande proporção de todas as nossas ideias de investimento. Durante os 12 anos de história da BPL, nossos resultados individuais totais nessa categoria superaram, provavelmente, em cinquenta vezes ou mais nossas perdas totais."

A partir de então, Buffett passou a chamar toda a categoria de líquidos-líquidos e outras ações superbaratas de suas "guimbas de cigarro molhadas". Até hoje ele descreve essas empresas muitas vezes modestamente lucrativas como bastante toscas e repugnantes do ponto de vista dos negócios, mas, durante algum tempo, ele se saiu muito bem investindo nelas, pois elas ofereciam uma "baforada gratuita" (lucro) com pouco risco de perda permanente. Hoje, uma participação minoritária em uma situação como a da Nam Tai Property, ainda que a empresa toda valha US$220 milhões, seria de pouco interesse para Buffett, pois seu foco agora são os investimentos multibilionários. Para ele, a Nam

Tai simplesmente não faz nenhuma diferença, mesmo que pudesse comprar a empresa inteira pelo preço atual.

Durante os anos da sociedade, conforme seus ativos iam crescendo e seu modo de pensar evoluía, Buffett continuou a se mover em direção a uma definição mais abrangente do real significado de "valor", tornando-se cada vez mais disposto a ampliar o escopo do que aceitaria como proteção contra a queda. Ele começou a levar mais em consideração a qualidade da empresa, a fim de determinar o quão sustentáveis, e, portanto, valiosos, seriam seus lucros, afastando-se progressivamente da abordagem de avaliação de ativos estatisticamente baratos, usada para os investimentos líquidos-líquidos do tipo "guimba de cigarro".

Para os acionistas, Buffett oferecia o mais explícito reconhecimento dessa transição evolutiva na carta enviada no outono de 1967. Como ele disse naquela ocasião,

> *a avaliação de títulos e empresas para fins de investimento sempre envolveu uma mistura de fatores qualitativos e quantitativos. Em um extremo, o analista exclusivamente orientado por fatores qualitativos diria: "Compre a empresa certa (com as corretas perspectivas, condições inerentes ao setor, gestão etc.) e o preço cuidará de si mesmo." Por outro lado, o porta-voz quantitativo diria: "Compre pelo preço certo e a empresa (e as ações) cuidará de si mesma." Como acontece frequentemente com os agradáveis resultados no mundo dos títulos, pode-se ganhar dinheiro com ambas as abordagens. E, claro, qualquer analista combinará as duas abordagens em alguma medida — sua classificação em qualquer escola dependeria do peso relativo que ele atribuiria aos diferentes fatores, e não por privilegiar um grupo de fatores em detrimento do outro grupo.*

Curiosamente, embora eu me considere principalmente da escola quantitativa (e, enquanto escrevo isto, ninguém voltou do recreio — talvez eu seja o único que tenha ficado dentro de sala de aula), as ideias de fato sensacionais que tive ao longo dos anos foram fortemente ponderadas pelo lado qualitativo, em que tive uma "percepção intuitiva das altas probabilidades". Isso é o que realmente faz a caixa registradora tilintar. No entanto, é algo raro, como geralmente acontece com as percepções intuitivas, e, é claro, nenhuma percepção intuitiva é necessária no lado quantitativo — os índices deveriam impactá-lo como se fossem um taco de beisebol. Assim, uma fortuna verdadeiramente considerável tende a ser acumulada pelos investidores que tomam as decisões qualitativas corretas, mas, pelo menos em minha opinião, a fortuna mais estável tende a ser alcançada com base nas decisões quantitativas mais óbvias.

Enquanto você lê os comentários de Buffett, lembre-se de que, apesar de os líquidos-líquidos e as ações superbaratas terem, em grande parte, desaparecido em 1967, e apesar de sentir que, no tocante à sua abordagem quantitativa dos investimentos, ele "talvez fosse o único que tivesse ficado dentro da sala de aula", aquele era apenas um fenômeno passageiro. As oportunidades quantitativas estão quase sempre disponíveis, particularmente em ciclos de queda no mercado. Embora os casos extremos de investimentos líquidos-líquidos superbaratos tenham se tornado menos frequentes de ciclo para ciclo, os investidores em valor da tendência mais quantitativa, com padrões modestamente mais baixos para aquilo que se entende por barato, ainda conseguem se sair muito bem com as barganhas que encontram.

Ele continuava, na carta de 1967:

Outubro de 1967

Tais barganhas estatísticas tendem a desaparecer ao longo dos anos. Talvez isso se deva à constante combinação e recombinação de investimentos que ocorreram durante os últimos vinte anos, sem uma convulsão econômica como a da década de 1930, capaz de criar um viés negativo em relação às participações acionárias e de produzir centenas de novos títulos a preços de ocasião. Talvez isso se deva à nova e crescente aceitação social e, portanto, ao uso (é possível que seja ao contrário — deixarei os behavioristas descobrirem isso) das ofertas públicas de aquisição, com sua natural tendência para se concentrar na questão dos preços de ocasião. Talvez isso se deva ao aumento exponencial de analistas de títulos oferecendo um intenso escrutínio de tais emissões, muito além do que existia há alguns anos. Seja qual for a causa, o resultado tem sido o virtual desaparecimento da emissão de barganhas conforme entendidas pela abordagem quantitativa — e, portanto, do nosso ganha-pão. Talvez ainda apareçam algumas de tempos em tempos. Também haverá o eventual título a respeito do qual me sentirei realmente capacitado para fazer uma importante análise qualitativa. Isso propiciará nossa melhor oportunidade para grandes lucros. Tais circunstâncias, no entanto, serão raras. Grande parte de nosso bom desempenho durante os últimos três anos tem sido fruto de uma única ideia desse tipo.[11]

Aqui, podemos ver dois fatores distintos operando simultaneamente. Em primeiro lugar, conforme o mercado em alta ia amadurecendo, tornava-se cada vez mais difícil encontrar ações baratas — um fenômeno típico de cada ciclo. Mas, em segundo lugar — e isso é o mais interessante, porque independia do ciclo do mercado —, nota-se a crescente valorização de Buffett das qualidades que tornam um negócio "bom", em oposição a meramente barato. Quando ele afirmou que "grande parte de nosso bom desempenho durante os últimos três anos tem sido fruto de uma única ideia desse tipo",[12] estava se referindo à significativa posição que passara a ocupar na American Express, um negócio de concessão de alta qualidade que não era estatisticamente barato no sentido de Graham, mas que tinha uma enorme potencialidade de ganhos futuros. Era um negócio de concessão. À medida que foi conquistando ativos, não teve escolha a não ser abdicar da estratégia da "guimba de cigarro"; ele a deixou para trás em termos financeiros.

Vamos avançar até a carta escrita por Buffett em 2014, na Berkshire, na qual ele analisa retrospectivamente esse momento de sua vida e os méritos da estratégia inicial da "guimba de cigarro":

> *Minha estratégia da guimba de cigarro funcionou muito bem enquanto eu estava administrando pequenas quantias. Na verdade, as muitas dezenas de baforadas gratuitas que obtive nos anos 1950 fizeram com que aquela década fosse, de longe, a melhor fase da minha vida, tanto em termos de desempenho relativo quanto absoluto. (...)*
>
> *Mas um dos principais problemas dessa abordagem foi se tornando gradativamente evidente: o investimento na*

guimba de cigarro só era escalável até certo ponto. Com grandes somas, ele nunca funcionaria bem.

Além disso, embora as empresas marginais compradas a preços baratos possam parecer atraentes como investimentos a curto prazo, elas são o alicerce errado para se erguer um empreendimento grande e sólido. A seleção de um cônjuge exige, claramente, critérios mais rigorosos do que o namoro (a Berkshire, deve-se observar, teria sido um "namoro" bastante satisfatório: se tivéssemos aceitado [a oferta de compra apresentada], o retorno anual ponderado da BPL sobre seu investimento na Berkshire teria sido de cerca de 40%).

O MÉTODO DA COMPOSIÇÃO DA QUALIDADE

Como você deve se lembrar, a lenta evolução de Buffett — no sentido de se afastar das barganhas estatísticas, dos investimentos líquidos-líquidos e das guimbas de cigarro e se voltar para negócios mais interessantes — o levou a dividir a categoria para acomodar algumas de suas novas ideias. A nova subcategoria de ações gerais foi denominada "Ações gerais — relativamente subavaliadas". Aqui, Buffett também romperia com Graham em alguns outros aspectos, em grande parte como resultado da influência de Munger. Como afirmava Buffett na continuação da carta em que fazia uma análise retrospectiva: "Foi Charlie Munger quem me levou a abandonar meus hábitos de guimbas de cigarro e preparar o caminho para construir um negócio que pudesse combinar tamanho grande com lucros satisfatórios. (...) O modelo que ele me ofereceu era simples: esqueça o que você sabe sobre a compra de empresas justas a preços maravilhosos; em vez disso, compre empresas maravilhosas a preços justos."

O próprio Munger também entrou na discussão naquela carta, analisando retrospectivamente a evolução de seu pensamento, e afirmando:

> *Tendo começado como discípulos de Graham — o que, aliás, funcionava muito bem —, nós gradualmente fomos ganhando o que eu chamaria de uma percepção mais refinada. E constatamos que algumas empresas que estavam negociando por um valor equivalente a duas ou três vezes seu valor contábil ainda poderiam ser uma enorme barganha, em função da dinâmica implícita de sua posição, por vezes combinada com uma habilidade gerencial incomum, presente claramente em alguns indivíduos ou outros, ou em algum sistema ou outro.*
>
> *E, tendo conseguido superar o obstáculo de reconhecer que uma coisa poderia estar baseada em medidas quantitativas que teriam horrorizado Graham, começamos a pensar em negócios mais interessantes. (...) A Buffett Partnership, por exemplo, adquiriu a American Express e a Disney quando elas sofreram um rebaixamento.*[13]

Buffett apresentou essa nova categoria aos acionistas em 1964, o mesmo ano em que adquiriu uma grande participação acionária na American Express. Um escândalo em uma de suas subsidiárias havia criado um passivo potencialmente elevado, e, segundo se avaliou, isso poderia ameaçar a reputação e o valor da marca — as ações tinham sido afetadas. Quando Buffett percebeu que as emissões eram recuperáveis, e que a American Express poderia sobreviver ao escândalo com sua marca, reputação e fundamentos de negócios ainda intactos, ele foi à carga. A beleza da American Express, como muitas outras empresas na categoria de Ações gerais — relativamente subavaliadas, era que ela produzia lucros magníficos ano após ano. Ele poderia mantê-los por um longo período, enquanto a maioria dos investimentos do tipo Ações gerais — proprietário privado, com sua única baforada gratuita, exigiriam um gigantesco esforço.

A American Express dominaria o portfólio da sociedade em vários de seus últimos anos. Essas foram as ações que levaram Buffett a alterar as regras básicas, de modo que ele pudesse investir até 40% do fundo na empresa. Os US$13 milhões investidos produziram colossais US$20 milhões em lucros, mais do que qualquer outro investimento da BPL jamais produzira em um único título.

Outra aquisição importante para essa nova categoria de ações gerais foi a Walt Disney Company. Em 1965, depois que ele e Munger dissecaram o negócio durante um passeio pelo parque nas férias com seus familiares, Buffett comprou 5% da empresa por US$4 milhões.[14] Ele avaliou que teria uma proteção mais discreta, menos tangível, mas igualmente valiosa no valor da videoteca, que, segundo seu entendimento, justificaria por si só o preço das ações, com os parques e o estúdio "sendo oferecidos de graça". De certa forma, estava fazendo uma opção de compra e venda de ações de qualidade em detrimento dos ativos tangíveis do tipo guimba de cigarro. Hoje, Buffett fala em comprar grandes empresas por um preço justo — e aquelas eram grandes empresas por um preço excelente. Mantendo-se fiel ao seu princípio inicial de nunca revelar os nomes das empresas individuais nas quais a sociedade havia investido,

Buffett nunca contou aos seus acionistas que eles eram os substanciais proprietários de ambas as empresas.

O QUE VOCÊ DEVERIA FAZER?

Vamos voltar à questão com a qual abrimos este capítulo: supondo que você seja um investidor operando com quantias modestas, você deveria seguir uma abordagem mais parecida com a de Graham e com a que Buffett adotou inicialmente, que prioriza o valor estatístico, ou deveria enfatizar a qualidade, conforme o modelo de investimento que Buffett passou a seguir nos últimos anos da sociedade?

Você deveria focar nas coisas mais estáveis, em barganhas orientadas pelo balanço patrimonial, ou seria melhor procurar pelas grandes e sólidas empresas de alta qualidade que se tornaram a marca distintiva da estratégia de aquisição da Berkshire, mais ou menos a partir de 1967? Pode-se defender firmemente um ou outro método, como fizeram muitos investidores conceituados. Ambos podem funcionar, mas o mais indicado para o seu caso dependerá do tamanho dos fundos com os quais você estiver trabalhando, de sua personalidade, de sua própria habilidade para fazer um bom trabalho de avaliação, e de sua capacidade de definir objetivamente os limites máximos de sua própria competência.

Tobias Carlisle, autor do livro *Deep Value*, publicado em 2014, surge como um bom exemplo de um purista ao estilo de Graham. Sua pesquisa mostra que quanto piores os fundamentos de uma empresa barata, maiores serão as chances de as ações apresentarem um bom resultado. Com sua orientação profundamente quantitativa, Tobias desenvolveu algo que ele chama de "Múltiplo do Comprador"[15] para identificar e sistematicamente tomar boas decisões de investimento. Ele parece ter encontrado algo que consegue compreender, e que funciona bem para ele. Observe que ele literalmente se esquiva da qualidade em sua abordagem de busca de valor.

Os retornos abaixo da média em um determinado setor tendem a fazer com que os concorrentes sejam afugentados. Os gestores motivados a restabelecer um retorno minimamente condizente com seu tempo e seu dinheiro geralmente mudam de estratégia, aprimoram seus processos ou dissolvem o negócio que está lhes fazendo perder dinheiro. Comprar ações baratas quando as empresas estão passando por dificuldades dá ao investidor a oportunidade de ser recompensado duplamente: a primeira, pela melhoria nos resultados dos negócios, e depois novamente, pelo aprimoramento da avaliação de mercado, em consonância com os melhores resultados obtidos nos negócios. As escolhas de Tobias estão disponíveis em sua página na internet.

Ao mesmo tempo que Tobias foi inteligente por ter encontrado algo que funcionava no seu caso, ele foi ainda mais perspicaz por evitar o que não funcionava. É *claro* que ele preferiria comprar uma grande empresa em vez de uma empresa ruim *se* pudesse ter certeza de que ela conseguiria preservar seus altos índices de retorno por um bom tempo no futuro. No entanto, ele ainda não encontrou uma maneira de identificar as empresas com as características necessárias para proteger esses altos índices de retorno em relação à concorrência, pelo menos de forma sistemática, e por isso as evita.

Em um sistema de livre mercado, naturalmente, os negócios com altos índices de retorno atrairão os concorrentes que desejam entrar em ação. Na ausência de barreiras à sua entrada, tais concorrentes continuarão a adentrar o setor, até que todos os generosos retornos tenham sido equiparados. Essa dinâmica é o motor de nosso sistema econômico e a razão que explica as décadas de enormes ganhos de produtividade das corporações norte-americanas, além de ser a razão pela qual os retornos sobre as participações societárias terem oscilado constantemente em torno de 12% a 14%. Isso era verdadeiro na década de 1950 e ainda é hoje em dia. Com raras exceções, a concorrência tende a reduzir os retornos positivos. Aqueles que optarem por encontrar valor em empresas altamente lucrativas terão de esbarrar com os que adotarão esse mesmo caminho.

Tom Gayner, o veterano gestor de investimentos da Markel Corporation, é um maravilhoso exemplo de um investidor contemporâneo, com um profundo viés de qualidade. Propondo-se a avaliar a capacidade que uma empresa de alta qualidade tem de manter sua solidez, ele busca empresas estabelecidas e com altos índices de retorno, com um forte histórico de sucesso em ciclos de negócios anteriores, administradas por gestores com doses equivalentes de talento e integridade. Seu desejo é que as empresas reinvistam seus lucros em projetos de alto potencial de retorno quando estes estiverem disponíveis e devolvam os lucros restantes aos acionistas quando não estiverem. Finalmente, ele procura um valor de aquisição razoável. Com esse seu sistema, encontrou uma forma de superar os resultados dos índices por décadas seguidas.

Tom enfatiza que é preciso escolher corretamente apenas um número muito pequeno de empresas para que esse tipo de estratégia funcione de fato. As empresas corretamente escolhidas mobilizarão o poder de composição e crescerão até minimizar os erros. Seu argumento é que os investidores que fazem mais ou menos vinte aquisições sensatas ao longo da vida observarão que uma ou duas delas crescerão até se tornarem um percentual significativo de seu patrimônio líquido.

Tom dá um grande exemplo desse fenômeno, e que também nos lembra que não devemos classificar Ben Graham puramente como um investidor em altos valores. Graham pagou pela qualidade quando comprou a companhia de seguros GEICO — ele acabou lucrando mais com esse único investimento do que com todas as suas outras atividades combinadas.[16]

A estratégia de Tom é quase oposta à de Tobias, mas ele a compreende e ela funciona no seu caso. Nenhum dos dois está "certo" ou "errado"; ambos desenvolveram um sistema de valores que funciona para cada um. O que é certo em termos de investimento é o que funciona para aquele indivíduo.

Outros renomados investidores contemporâneos, igualmente sem quaisquer restrições quanto ao tamanho de sua base de capital, conseguem investir utilizando ambas as categorias. O professor Joel Greenblatt, um brilhante gestor de investimentos, obteve um dos melhores históricos de todos os tempos ao investir em situações especiais e sem ter compreendido plenamente as empresas de microcapital. Hoje em dia, ele usa um sistema que identifica ações de alta qualidade negociadas a valores atraentes, batizado por ele de fórmula mágica, e que também tem funcionado excepcionalmente bem.

Como você pode perceber, há muitas maneiras pelas quais os investidores contemporâneos vêm utilizando com sucesso os vários métodos empregados nos anos da sociedade, até mesmo aqueles que o próprio Buffett já deixou de usar há muito tempo. Quando surgiram à sua frente, ele se saiu maravilhosamente bem com os líquidos-líquidos e as guimbas de cigarro que Tobias agora privilegia. Alguns anos com os maiores índices de retorno foram alcançados na década de 1950, quando ele estava investindo em situações especiais com as quais, mais tarde, Greenblatt obteria ótimos resultados. Quando seus fundos cresceram de tal forma que essas atividades ficaram pequenas demais para fazer alguma diferença em seu desempenho, ele passou a adotar o estilo de investimento ao qual Tom Gayner se ateve por muito tempo. Todos eles funcionam. A questão importante é saber, de fato, o que funcionará no seu caso.

Aqui, mais uma vez, como você provavelmente já adivinhou a essa altura, estamos falando de conhecer a si mesmo, o que Buffett posteriormente chamaria de o círculo de competência. Permanecer dentro do círculo é um dos elementos decisivos do sucesso de Buffett. Ele vem demonstrando sistematicamente que, ao encontrar algo de que gosta e que é capaz de compreender, seja sobre um investimento líquido-líquido ou uma composição, ele se lança avidamente a isso, abrindo mão de qualquer outra coisa que pareça estar fora do círculo.

Em uma palestra feita em 2007 para alguns estudantes, Buffett deu o seguinte conselho, que resume a ideia de como você deve investir em ações gerais, tendo em mente seu círculo de competência:

Tenho três caixas de correio no meu escritório — ENTRA-DA, SAÍDA e MUITO DIFÍCIL. Brinquei com os alunos do MIT que eu deveria ter um escaninho MUITO DIFÍCIL e eles me deram um de presente, e é por isso que eu o tenho agora e o utilizo. Só vou me deixar afetar por coisas que eu realmente aprecie. Se vocês fizerem isso dez vezes em suas vidas, ficarão ricos. Vocês deveriam abordar o investimento como se tivessem um cartão perfurado com vinte espaços picotados, um para cada negociação de suas vidas.[17]

Buffett prosseguia na palestra ministrada aos estudantes:

Acho que as pessoas estariam em uma situação melhor se tivessem apenas dez oportunidades para comprar ações durante suas vidas. Sabem o que aconteceria? Elas se certificariam de que cada compra fosse a melhor possível. Fariam pesquisas intensivas antes de efetivarem a compra. Não é preciso ter muitas oportunidades de quadruplicar o crescimento para ficar rico. Não é preciso fazer muitas coisas, mas o ambiente o impulsiona a se sentir compelido a fazer algo o tempo todo.[18]

Eis aqui uma relação de itens para avaliar um investimento potencial em uma ação geral: 1) Oriente-se: que instrumentos ou conhecimentos especiais são necessários para entender a situação? Eu os tenho? 2) Analise: quais são os aspectos econômicos inerentes ao negócio e ao setor? Como eles se relacionam com minhas expectativas de lucros e fluxos de caixa a longo prazo? 3) Inverta a questão: quais são os modos mais prováveis de eu estar errado? Se eu estiver errado, quanto posso vir a perder? 4) Qual é o valor intrínseco atual do negócio? Qual é sua velocidade de crescimento ou de retração? E, finalmente, 5) Compare: o desconto sobre o valor intrínseco, devidamente ponderado em relação ao risco de perda e ao ganho potencial de valor, é favorável quando comparado com todas as outras opções disponíveis?

AS REGRAS BÁSICAS DE WARREN BUFFETT | 145

Se você se sentir incapaz de ir até o fim dessa relação de itens, então anote em um único parágrafo os méritos do investimento. Se você se atrapalhar ao longo do caminho, empenhe-se mais um pouco ou, simplesmente, descarte essa ideia, coloque-a na pilha do "muito difícil" e passe adiante. Apesar de Buffett ter feito muitos investimentos ao longo de sua extensa carreira, apenas alguns poucos foram responsáveis por grande parte da fortuna que ele conseguiu acumular. Reconhecendo isso, Buffett incentiva os investidores a fazer um cartão perfurado, para, em seguida, usá-lo somente quando se encontrarem dentro de seus próprios círculos de competência. Considere isso ao ler o seguinte estudo de caso da primeira Ação Geral de Buffett, a Commonwealth Trust Company, de Union City, Nova Jersey, onde ele colocou 20% dos primeiros ativos da sociedade:

ESTUDO DE CASO DA BPL:
A COMMONWEALTH TRUST

---

11 de fevereiro de 1959

Situação típica

Para que você possa entender melhor nosso método operacional, acho que seria interessante rever uma atividade específica de 1958. No ano passado, fiz referência ao nosso maior portfólio de ações, que compreendia de 10% a 20% dos ativos das diversas sociedades. Salientei que tínhamos interesse na queda dessas ações, ou em que permanecessem relativamente estáveis, para que pudéssemos adquirir uma posição ainda maior, e que, por esse motivo, tais títulos provavelmente restringiriam nosso desempenho comparativo em um mercado em alta.

Essas ações eram a Commonwealth Trust Co., de Union City, Nova Jersey. No momento em que começamos a adquirir o lote, ele possuía um valor intrínseco de US$125 por ação, sob uma estimativa conservadora. No entanto, por boas razões, ele não pagava nenhum dividendo em dinheiro, apesar dos lucros de cerca de US$10 por ação, o que, em grande parte, provocava a redução do preço em cerca de US$50 por ação. Portanto, tínhamos aqui um banco muito bem gerenciado, com lucros substanciais, vendendo agressivamente com um desconto significativo sobre o valor intrínseco. Na qualidade de novos acionistas, a gerência mantinha uma relação amigável conosco, e os riscos de perdas efetivas pareciam mínimos.

Um percentual de 25,5% da Commonwealth pertencia a um banco maior (a Commonwealth possuía ativos de aproximadamente US$50 milhões — cerca da metade do tamanho do First National, de Omaha), que vinha desejando promover uma fusão havia muitos anos. A fusão emperrara por questões pessoais, mas havia evidências de que essa situação não se estenderia indefinidamente. Assim, tínhamos uma combinação de:

- Características defensivas muito fortes;
- Um valor sólido e confiável, evoluindo a um ritmo satisfatório;
- Evidências de que, em última análise, esse valor seria destravado, embora isso pudesse acontecer dentro de um ou dez anos. Caso o último cenário fosse verdadeiro, o valor, presumivelmente, teria

aumentado para uma cifra consideravelmente maior, digamos, US$250 por ação.

Durante um período de mais ou menos um ano, fomos bem-sucedidos, obtendo cerca de 12% do banco a um preço médio de cerca de US$51 por ação. Obviamente, para nós, seria definitivamente mais vantajoso manter o preço das ações adormecido. Nosso lote de ações ia aumentando de valor conforme seu tamanho crescia, sobretudo depois de nos tornarmos o segundo maior acionista com poder de voto suficiente para aprovar as consultas a respeito de qualquer proposta de fusão.

A Commonwealth contava somente com cerca de trezentos acionistas e, em média, fazia provavelmente duas ou mais negociações por mês; logo, você conseguirá entender quando afirmo que a atividade do mercado de ações, de modo geral, tinha muito pouco efeito no movimento de preços de algumas de nossas ações.

Infelizmente, enfrentamos certa concorrência na hora da compra, o que elevou o preço para cerca de US$65, posição em que já não éramos nem compradores nem vendedores. Ordens de compra muito pequenas são capazes de gerar variações de preços dessa magnitude em ações inativas, o que explica a importância de não haver qualquer "vazamento" acerca de nosso portfólio de ações.

No fim do ano, tivemos êxito e encontramos uma situação especial, por meio da qual poderíamos nos tornar os maiores acionistas a um preço atraente, de modo que vendemos nosso lote da Commonwealth, obtendo US$80 por ação, embora as cotações de mercado estivessem cerca de 20% inferiores naquele momento.

É óbvio que ainda poderíamos estar esperando sentados, com nossas ações a US$50, comprando pacientemente a conta-gotas, e eu ficaria muito feliz com um programa como esse, embora nosso desempenho relativo diante do mercado pudesse ter parecido pior no ano passado. Identificar o ano em que uma situação como a da Commonwealth resultará em um lucro realizado é, em grande medida, uma questão de sorte. Assim, nosso desempenho em qualquer ano específico é bastante limitado como base de estimativa para resultados a longo prazo. No entanto, acredito que um programa de investimentos em tais títulos subavaliados e bem protegidos ofereça o meio mais seguro de lucros a longo prazo quando se trata de títulos.

Eu poderia mencionar que quem comprou as ações a US$80 poderá contar com ótimos resultados nos próximos anos. Porém, a relativa subavaliação a US$80 com um valor intrínseco de US$135 é muito diferente de um preço de US$50 com um valor intrínseco de US$125, e me parecia que nosso capital estaria mais bem empregado na situação para a qual migramos. Essa nova situação é um pouco mais ampla do que a da Commonwealth, e representa cerca de 25% dos ativos das diversas sociedades. Embora o grau de subavaliação não seja maior do que em muitos outros títulos que possuímos (ou, antes, do que em alguns), somos o maior acionista. Isso muitas vezes traz vantagens substanciais na determinação do prazo necessário para corrigir a subavaliação. Nesse portfólio de ações específico, temos praticamente assegurado um desempenho superior ao do índice Dow Jones, durante todo o período em que esses títulos estiverem conosco.

A SITUAÇÃO ATUAL

Quanto maior o nível do mercado, menores serão os títulos subavaliados, e estou encontrando alguma dificuldade em definir um número adequado de investimentos atraentes. Eu preferiria aumentar o percentual de nossos ativos em arbitragens cambiais, mas elas são muito difíceis de encontrar nas condições ideais.

Na medida do possível, portanto, estou tentando criar minhas próprias arbitragens cambiais por meio da aquisição de grandes posições em vários títulos subavaliados. Essa política deveria levar à concretização de meu prognóstico anterior — um desempenho acima da média em um mercado em queda. É com base nisso que espero ser julgado. Se você tiver alguma dúvida, não hesite em me perguntar.

Warren E. Buffett, 11/02/59

DAS CARTAS AOS ACIONISTAS: AS AÇÕES GERAIS

---

18 de janeiro de 1964

"Ações gerais" — uma categoria de ações geralmente subavaliadas, determinadas principalmente pelos padrões quantitativos, mas com considerável atenção voltada também para o fator qualitativo. Muitas vezes, existe pouca coisa ou nada que indique a melhoria imediata do mercado. As emissões não têm o menor charme nem o patrocínio do mercado. Sua qualificação principal é um preço de ocasião; ou seja, uma avaliação global da empresa substancialmente inferior ao valor que seria indicado por uma análise cuidadosa a um aspirante a proprietário privado. Mais uma vez, deixe-me enfatizar que, apesar de o quantitativo vir em primeiro lugar e ser essencial, o qualitativo também é importante. Nós apreciamos uma boa gestão — apreciamos uma indústria séria — apreciamos certa dose de "fermento" em grupos de gestores ou de acionistas anteriormente apáticos. Mas exigimos valor. (...)

24 de janeiro de 1962

Ao longo dos anos, essa tem sido nossa maior categoria de investimentos, e fizemos mais dinheiro aqui do que nas outras categorias. Normalmente, temos posições bastante elevadas (de 5% a 10% de nossos ativos totais) em cada uma das cinco ou seis ações gerais, com posições menores em outras dez ou quinze.

Às vezes, elas produzem resultados com extrema rapidez; mas muitas vezes isso leva anos. É difícil, no momento da compra, identificar qualquer razão específica para que elas devessem ter seu preço valorizado. No entanto, em função dessa falta de charme ou de qualquer iminência que possa gerar uma ação favorável imediata do mercado, elas estão disponíveis a preços muito baixos. Pode-se obter um alto valor em relação ao preço pago. Esse excesso substancial de valor cria uma margem confortável de segurança em cada transação. Juntamente com uma diversidade de compromissos, isso cria um dos mais atraentes pacotes de segurança e valorização potenciais. Ao longo dos anos, nosso momento oportuno para comprar tem sido consideravelmente melhor do que nosso momento oportuno para vender. Não optamos por essas ações gerais com o intuito de obter o último centavo, mas, de modo geral, ficamos bastante contentes em vendê-las para um proprietário privado em algum nível intermediário entre nosso preço de compra e o que consideramos um valor justo. As ações gerais tendem a se comportar, em termos de mercado, em estreita sintonia com o Dow. Só porque algo está barato, não significa que não cairá ainda mais. Durante movimentos descendentes abruptos do mercado, esse segmento pode muito bem apresentar uma queda em termos percentuais equivalente à do índice Dow. Depois de alguns anos, acredito que as ações gerais superarão o Dow, e durante os anos de forte aceleração, como 1961, essa é a parte de nosso portfólio que trará os melhores resultados. Naturalmente, também é a mais vulnerável em um mercado em queda.

18 de janeiro de 1963

Muitas vezes, as ações gerais representam uma forma de "pegar carona". Sentimos que o grupo acionista dominante tem planos de converter os ativos não lucrativos ou subutilizados, a fim de obter um aproveitamento melhor. Nós mesmos fizemos isso na Sanborn e na Dempster, mas se todos os demais fatores permanecerem inalterados, preferimos deixar que outras pessoas se encarreguem dessa tarefa. Obviamente, não apenas os valores têm de ser amplos em um caso como esse, mas também temos de ter o cuidado de saber com quem estamos pegando essa carona.

18 de janeiro de 1965

Muitas vezes, temos nessa categoria a desejável situação de "carta na manga", na qual deveríamos chegar à valorização dos preços de mercado a partir de fatores externos ou em função da aquisição de uma posição de controle em uma empresa a preço de ocasião. Enquanto a primeira possibilidade ocorre na esmagadora maioria dos casos, a última representa uma apólice de seguro que a maioria das operações de investimento não possui. Continuamos a ampliar as posições nas três empresas descritas em nosso relatório divulgado na metade de 1964, nas quais somos os maiores acionistas. As três empresas estão aumentando seu valor fundamental a um índice bastante satisfatório, e estamos completamente passivos em duas dessas situações, e ativos em uma escala muito discreta na terceira. É improvável que, algum dia, tenhamos uma participação verdadeiramente ativa na formulação de políticas em qualquer uma das três empresas, mas nos prontificamos a fazer isso, caso seja necessário.

20 de janeiro de 1966

Nosso maior investimento no fim de 1964 nessa categoria foi descartado em 1965, por força de uma oferta de compra. (...) O conceito fundamental inerente à categoria de Ações gerais — proprietário privado está demonstrado no caso anterior. Um proprietário privado estava bastante disposto (e, em nossa opinião, com muita sabedoria) a pagar um preço pelo controle do negócio que compradores isolados de ações não estavam dispostos a pagar por minúsculas frações do negócio. Essa tem sido uma condição bastante comum nos mercados de títulos há muitos anos, e embora as aquisições nessa categoria funcionem satisfatoriamente em termos de comportamento geral do mercado de ações, existe a possibilidade de um lucro espetacular, por conta das ações corporativas tal como a mencionada anteriormente.

25 de janeiro de 1967

Em meados de 1965, começamos a comprar um título de capital aberto e muito atraente, que estava sendo vendido a um preço muito abaixo de seu valor por um proprietário privado. Esperávamos que, dentro de dois ou três anos, poderíamos investir US$10 milhões ou mais, com a prevalência dos preços favoráveis. Os vários negócios que a empresa operava eram compreensíveis e poderíamos examinar minuciosamente os pontos competitivos fortes e fracos com os concorrentes, distribuidores, clientes, fornecedores, ex-funcionários etc. As condições de mercado peculiares a essas ações nos deram a esperança de que, com a devida paciência, poderíamos comprar quantidades substanciais de ações sem afetar o preço.

No fim de 1965, tínhamos investido US$1.956.980, e o valor de mercado de nossas participações acionárias era de US$2.358.412, de modo que US$401.432 foram acrescentados ao desempenho durante 1965. Teríamos preferido, é claro, que o mercado permanecesse abaixo do custo, já que nosso interesse estava em fazer novas compras, e não na venda. Isso moderaria o desempenho da Buffett Partnerships, Ltd. em 1965 e, talvez, reduzido a euforia dos sócios limitados (psiquicamente, o resultado líquido para todos os acionistas teria sido um empate, uma vez que o sócio-geral estaria em posição flutuante), mas teria reforçado o desempenho a longo prazo. O fato de que as ações tenham subido um pouco acima de nosso custo já tinha abrandado nosso programa de aquisições e, consequentemente, reduzido o lucro final.

Um exemplo ainda mais dramático do conflito entre o desempenho a curto prazo e a maximização dos resultados a longo prazo ocorreu em 1966. Um outro grupo, que até então eu desconhecia completamente, emitiu uma oferta de compra que extinguia as futuras possibilidades de aquisições vantajosas. Tomei a decisão de que o mais sensato a fazer (talvez não fosse) era descartar nossas participações acionárias, e foi assim que realizamos um lucro total de US$1.269.181 em fevereiro, dos quais US$867.749 eram atribuíveis a 1966.

Embora quaisquer ganhos pudessem ter parecido particularmente bons no ambiente de mercado que se desenvolveu profundamente em 1966, você pode estar certo de que eu não fico contente em sair por aí transformando montanhas em montinhos. O montinho, é claro, se refletiu nos resultados de 1966. No entanto, sob uma perspectiva de longo prazo, estaríamos em uma posição muito melhor se os resultados de 1966 tivessem sido 5% piores e tivéssemos continuado a comprar quantidades substanciais de ações a preços reduzidos, que, conforme se esperava, poderiam ter prevalecido no ambiente do mercado este ano.

Se as boas ideias fossem abundantes, um fim precoce como esse não teria sido tão desagradável. Há algo a ser dito, é claro, sobre uma operação comercial em que alguns fracassos produzem lucros moderados. Porém, examinando nosso investimento médio na categoria Proprietário Privado, podemos perceber o quanto é difícil desenvolver novas ideias — acabamos ficando sem nada durante o restante do ano, mesmo com os preços mais baixos das ações, o que, em tese, teria sido a condição propícia para encontrar tais oportunidades.

22 de janeiro de 1969

Ações gerais — proprietário privado

Ao longo dos anos, essa foi nossa melhor categoria, medida pelo retorno médio, e a que também manteve, de longe, o maior percentual de transações lucrativas. Foi com essa abordagem que eu aprendi a negociar, e, antigamente, ela respondia por uma grande proporção de todas as nossas ideias de investimento. Durante os 12 anos de história da BPL, nossos lucros totais individuais nessa categoria superaram, provavelmente, em cinquenta vezes ou mais nossas perdas totais. Em 1968, a caixa registradora só tilintou em função de uma única ideia (implementada sob várias formas) nessa área do mercado. Recebemos até mesmo uma comissão substancial (incluída em Outras Receitas na auditoria) por alguns trabalhos realizados nesse setor.

18 de janeiro de 1965

Em cartas anuais anteriores, sempre utilizei três categorias para descrever as operações de investimentos que realizamos. Agora, sinto que seria mais adequado fazer uma divisão em quatro categorias. O acréscimo de uma nova seção — "ações gerais relativamente subavaliadas" — reflete parcialmente minha análise mais aprofundada das diferenças essenciais que sempre existiram, em certa medida, em nosso grupo de "ações gerais". Por outro lado, trata-se de um reflexo da crescente importância adquirida por aquilo que já foi uma pequena subcategoria, mas que agora é uma parte muito mais significativa de nosso portfólio total. Até o momento, essa maior relevância tem sido acompanhada por excelentes resultados, justificando o tempo e o esforço consideráveis que empenhamos para encontrar novas oportunidades nessa área. Por fim, isso reflete em parte o desenvolvimento e a implementação de uma técnica nova e um tanto original de investimentos, destinada a melhorar a expectativa e a coerência das operações nessa categoria.

18 de janeiro de 1965

"Ações gerais — relativamente subavaliadas": essa categoria consiste em títulos vendidos a preços relativamente baratos, em comparação com títulos da mesma qualidade geral. Exigimos alterações substanciais nos critérios de avaliação vigentes, mas (normalmente por causa de sua grande dimensão) não acreditamos que o valor, no caso do proprietário privado, seja um conceito relevante. Evidentemente, o que é importante nessa categoria é que as maçãs sejam comparadas com maçãs — e não com laranjas. Trabalhamos arduamente para alcançar esse fim. Na grande maioria dos casos, simplesmente não conhecemos bem o setor ou a empresa para fazer avaliações sensatas — e, sendo assim, nós desistimos.

Conforme mencionado anteriormente, essa nova categoria tem crescido e tem produzido resultados muito satisfatórios. Recentemente, começamos a implementar uma técnica que promete reduzir substancialmente o risco de uma alteração global nos critérios de avaliação; por exemplo, se compramos algo que está sendo negociado a 12 vezes o valor dos lucros, quando empresas de qualidade comparável ou inferior estão negociando a vinte vezes o valor dos lucros, e, em seguida, ocorre uma grande reavaliação, então essas empresas terão negociado a dez vezes o valor dos lucros.

Esse risco sempre nos incomodou bastante, em função da posição impotente na qual poderíamos nos submeter, em comparação com as categorias "ações gerais — proprietário privado" ou "arbitragens cambiais". Diminuindo esse risco, acreditamos que essa categoria terá um futuro promissor.

20 de janeiro de 1966

Nossa seção final é "ações gerais — relativamente subavaliadas". Essa categoria tem crescido em importância relativa, conforme as oportunidades nas outras categorias vão se tornando menos frequentes.

Francamente, operar nesse setor é, de alguma forma, mais etéreo do que operar nas outras três categorias, e eu simplesmente não sou do tipo etéreo. Por isso, sinto que, aqui, as conquistas são menos sólidas e, talvez, menos relevantes para as projeções futuras do que nas outras categorias. Ainda assim, nossos resultados em 1965 foram muito bons no grupo "Relativamente Subavaliadas", em parte devido à implementação da técnica mencionada na carta do ano passado, que contribui para reduzir os riscos e aumentar potencialmente os ganhos. Ela deveria reduzir os riscos em todos os anos, e, definitivamente, aumentou os ganhos em 1965. É preciso salientar que os resultados nessa categoria foram profundamente afetados para melhor com apenas dois investimentos.

25 de janeiro de 1967

Uma palavra final sobre a categoria de "ações gerais — relativamente subavaliadas". Nessa seção, também tivemos uma experiência que ajudou a melhorar os resultados de 1966, mas que prejudicou nossas perspectivas de longo prazo. Em 1966, surgiu apenas uma ideia nova realmente importante nessa categoria. Começamos a fazer as aquisições no fim da primavera, mas havíamos atingido um valor aproximado de apenas US$1,6 milhão (a aquisição teria de ser feita de forma estável, mas apenas a um ritmo moderado) quando as condições externas fizeram com que o preço das ações subisse até um ponto em que elas deixaram de ser relativamente atraentes. Embora nosso ganho total tivesse sido de US$728.141 em um período médio de posse de seis meses e meio em 1966, teria sido muito mais desejável que as ações tivessem se mantido estáveis por longo período de tempo, enquanto acumulávamos uma posição realmente substancial.

ENSINAMENTOS COMPOSTOS

Em seus comentários sobre as ações gerais, observamos que Buffett começa ensinando os *princípios* e que, agora, ele passa a ensinar os *métodos*. Enquanto os princípios não mudam nunca — eles são atemporais —, os métodos podem e, muitas vezes, devem mudar em função de um determinado ambiente de investimento. Percebemos que Buffett utilizou diversos métodos em várias fases da sociedade e em várias fases do ciclo do mercado, para que pudesse agir da forma mais compatível com seus princípios. Apesar de seu estilo ter se deslocado do valor à qualidade, o que ele nos oferece são inúmeros métodos para nossos próprios esforços de investimento.

As ações gerais — proprietário privado e as ações gerais — relativamente subavaliadas são os dois primeiros instrumentos que ele nos ofertou, e eles são capazes de propiciar uma ampla variedade de escolhas potenciais no mercado. Podemos sair à caça de barganhas ou de grandes empresas. Em suas reflexões sobre as Arbitragens Cambiais e as Participações de Controle, nossos próximos dois capítulos, continuaremos a adicionar ferramentas à nossa caixa, e analisaremos de que modo Buffett faz suas escolhas.

7. Arbitragens cambiais

"Dê um peixe a um homem e você o alimentará por um dia. Ensine-o a fazer arbitragem cambial e você o alimentará para sempre."[1]

Relatório anual de 1988
da Berkshire Hathaway

Quando era garoto, Buffett pagou US$0,25 por um engradado de seis latinhas de Coca-Cola na loja de seu avô, e, logo depois, vendeu as latas separadas por US$0,05 cada, conseguindo 20% em cada engradado "arbitrado" de seis latinhas. Buffett realizara um truque financeiro chamado de arbitragem cambial — uma prática que segue uma fórmula simples: compra-se algo por X, adiciona-se o valor ou assume-se algum risco, e, em seguida, vende-se por X mais um lucro.

Em uma arbitragem tradicional ou "isenta de riscos", os lucros são obtidos quando dois itens idênticos ou praticamente idênticos são negociados a preços diferentes em lugares diferentes ao mesmo tempo. Por exemplo, quando as ações de uma empresa (idênticas em todos os sentidos) são negociadas em Nova York por um preço mais baixo do que em Londres, os arbitragistas podem comprar ações em uma cidade e vendê-las na outra, capturando a margem de lucro bruto. Considerando-se que isso pode ser feito em um nanossegundo (o pregão eletrônico permite que as ações sejam adquiridas em Londres e vendidas em Nova York em frações de segundos), a operação geralmente é considerada isenta de riscos. Pelo fato de a "arbitragem isenta de riscos" produzir dinheiro livre, as oportunidades tendem a ser raras.

Buffett, por exemplo, efetuou a primeira arbitragem para Graham aos 24 anos de idade. Ela não era completamente isenta, embora fosse de baixo risco. Eis como ele a descreveu:

> *A Rockwood & Co., uma empresa de produtos de chocolate de rentabilidade limitada, sediada no Brooklyn, havia adotado o método de avaliação de estoque LIFO [último que entra, primeiro que sai, na sigla em inglês] em 1941, quando o cacau estava sendo vendido a 5¢ por libra. Em 1954, uma escassez temporária de cacau fez com que o preço subisse para mais de 60¢. Consequentemente, a Rockwood queria se desfazer de seu valioso estoque — rápido, antes que o preço despencasse. Mas se o cacau fosse simplesmente liquidado, a empresa passaria a dever um imposto de cerca de 50% sobre a arrecadação.*
>
> *O Código Tributário de 1954 a socorreu. Ele continha uma cláusula misteriosa que abolia o imposto normalmente devido sobre os lucros obtidos com o LIFO, caso o estoque fosse distribuído aos acionistas como parte de um plano de redução do escopo do negócio de uma corporação. A Rockwood decidiu dissolver uma de suas empresas, a de*

venda de manteiga de cacau, e afirmou que 6 mil toneladas de seu estoque de grãos de cacau eram imputáveis a tal atividade. Assim sendo, a empresa se ofereceu para recomprar suas ações em troca dos grãos de cacau dos quais já não precisava mais, pagando 36 quilos de grãos por cada ação. Durante várias semanas, fiquei ocupado comprando ações, vendendo grãos e fazendo visitas periódicas ao Schroeder Trust para trocar certificados de ações por recibos de armazém. Os lucros eram bons, e meus únicos gastos eram as fichas de metrô.

Na arbitragem da Rockwood, contanto que os diversos preços não oscilassem muito, podia-se auferir lucros com facilidade. As ações eram compradas a US$34 e trocadas por grãos que valiam US$36, que eram vendidos por dinheiro e produziam um lucro de US$2. Enquanto o preço do cacau continuasse subindo, o lucro de US$2 seria certo. Cada transação gerava um retorno de 5,8% sobre o capital empregado. Um investimento de US$100 aplicado na arbitragem da Rockwood poderia ter gerado US$58 por ano se conseguisse atravessar todo o processo dez vezes (sem composição). Lamentavelmente, tais arbitragens de baixo risco não aparecem com tanta frequência assim. De modo geral, os arbitragistas precisam subir mais um degrau na escala de riscos para encontrar um número suficiente de oportunidades.

ARBITRAGEM DE FUSÕES

Para a BPL, isso significava uma categoria de investimentos que Buffett chamava de "Arbitragens Cambiais" — hoje em dia, mais comumente conhecidas como arbitragens de fusões ou arbitragens de risco —, que envolvia apostas na probabilidade de que uma negociação anunciada (geralmente uma empresa comprando outra) estivesse realmente prestes a ser fechada. Quando uma empresa anuncia sua intenção de adquirir outra empresa de capital aberto, as ações da que está sendo vendida normalmente são negociadas a um nível próximo, embora não equivalente, ao preço de compra anunciado. A margem de lucro bruto entre o preço de oferta e o preço das ações reflete o risco de que algo atrapalhe a negociação, assim como o valor temporal do dinheiro entre o momento presente e o fechamento esperado. É aí que reside a oportunidade de arbitragem. O objetivo de Buffett era arbitrar transações em que a margem de lucro bruto fosse suficientemente ampla e a probabilidade de fechar o negócio fosse bastante alta.

Esse pode ser um negócio fantástico, e certamente era para Buffett. Como muitas outras de suas atividades na BPL, ele aprendera essa técnica com Graham. Analisando os históricos da Graham-Newman, da BPL e da Berkshire Hathaway nos 65 anos até 1988, Buffett percebeu que o retorno desalavancado médio no negócio da arbitragem era de cerca de 20% ao ano. No relatório anual daquele ano, ele afirmou: "Dê um peixe a um homem e você o alimentará por um dia. Ensine-o a fazer arbitragem cambial e você o alimentará para sempre." É verdade. Sabemos o que 65 anos a um índice de 20% de composição média anual são capazes de fazer: eles convertem US$100 em US$14 milhões.

Os resultados tendem a ser potencializados em ambas as direções, pois normalmente o dinheiro emprestado é utilizado em paralelo com o capital do sócio, com o intuito de obter posições mais amplas. O limite autoimposto por Buffett quanto ao uso de dinheiro emprestado para as arbitragens era de 25% do capital da sociedade. Não era um montante qualquer. O segredo nesse negócio é não errar com muita frequência. Considerando-se o uso da alavancagem, a rentabilidade real para os investidores era ainda maior.

No entanto, para fazer dinheiro com a arbitragem de fusões, as negociações têm de ser concluídas. Enquanto a maioria delas prossegue tal como previsto, algumas naufragam devido a leis desfavoráveis de defesa da concorrência, regulamentações tributárias, desaprovação dos acionistas etc. É o que Buffett chamava de "entornar o caldo"; quando isso acontece, as ações-alvo tendem a reverter rapidamente para seu preço de pré-aquisição do controle acionário da empresa. Na eventualidade de o negócio ser rentável, Buffett o descreveria como "ficar com os últimos US$0,05 depois que a outra parte já conquistou os primeiros US$0,95". Estar do lado errado em uma arbitragem fracassada pode sair caro. Você não apenas deixará de ganhar seus US$0,05, como também poderá perder uma parte significativa dos US$0,95. Buffett provavelmente fazia os cálculos na maioria das negociações, mas era altamente seletivo quanto àquelas em que decidia participar. As arbitragens cambiais são um negócio que não acomoda muitos equívocos.

Concentrar os dólares de investimento era uma característica típica de todas as operações de Buffett. Embora muitos negócios de arbitragem de fusões tendam a distribuir seus investimentos por muitas empresas ao mesmo tempo, normalmente a BPL focava em dez a quinze de cada vez, ao contrário de um arbitragista típico, que poderia investir em cinquenta ou mais. Pelo fato de se concentrar em algumas poucas empresas, os equívocos nas arbitragens cambiais de Buffett eram dolorosamente óbvios. Eis aqui o que Buffett afirmou em um ano particularmente difícil para as arbitragens cambiais:

> *Em 1967, o (nosso) caldo entornou por todos os lados. Com isso, em um investimento médio de US$17.246.879, nosso ganho total foi de US$153.273. Para aqueles cuja régua de cálculo não chega a tais insultuosas profundidades, isso representa um retorno de 0,89% a 1%. Embora eu não tenha os dados completos, duvido que tenhamos tido um resultado inferior a 10% em qualquer ano antes desse. Assim como em outras seções, tendemos a concentrar nossos investimentos na categoria de arbitragem cambial em apenas algumas situações a cada ano. Essa técnica propicia mais variação nos resultados anuais do que se utilizássemos uma abordagem genérica. Acredito que nossa abordagem gerará uma boa (ou melhor) rentabilidade a longo prazo, mas não é possível demonstrar isso em 1967.*[2]

Em 1988, em sua carta aos acionistas da Berkshire, Buffett apontou as quatro questões necessárias para avaliar uma arbitragem cambial: 1) qual é a chance de a negociação ir adiante, 2) quanto tempo ela demorará para ser fechada, 3) qual é a probabilidade de que alguém faça uma oferta ainda melhor, e (4) o que acontecerá se a negociação fracassar?

A CONTRAPARTIDA DO DESEMPENHO

A longo prazo, esperava-se que as arbitragens cambiais alcançassem resultados tão bons quanto as ações gerais (10 pontos acima do mercado, ou de 15% a 17% por ano, em média). Elas não apenas produziam retornos sólidos e relativamente estáveis, mas seu sucesso era majoritariamente independente do índice Dow, de modo que o desempenho geral da BPL ficava protegido nos mercados em queda. Na maioria dos anos, elas consumiam de 30% a 40% dos ativos. A alocação servia como um importante meio de alternância para Buffett. Logo na primeira carta, ele avisava aos acionistas que a BPL tenderia a montar seu portfólio com base nas ações gerais quando o mercado estivesse em queda, e nas arbitragens cambiais quando o mercado estivesse em alta. Alguns anos depois, as participações de controle se juntariam às arbitragens cambiais como mais um negócio com atitude agnóstica em relação ao mercado. Buffett se referia a isso como um fator "do acaso" que, às vezes, ajudava o desempenho e, às vezes, o continha:

> *Para dar um exemplo de como o acaso é importante na divisão entre essas categorias, deixe-me citar o exemplo dos últimos três anos. Usando um método de cálculo inteiramente diferente do utilizado para medir o desempenho da BPL como um todo, em que incluímos o investimento médio mensal por categoria ao valor de mercado e excluímos o dinheiro emprestado, as despesas operacionais do escritório etc. (isso oferece uma base mais adequada para comparações entre os grupos, embora não reflita os resultados totais da BPL), as ações gerais (com suas duas categorias atuais conjugadas), as arbitragens cambiais e o índice Dow assumiram a seguinte forma:*

ANO	AÇÕES GERAIS	ARBITRAGENS CAMBIAIS	ÍNDICE DOW
1962	−1,0%	14,6%	−8,6%
1963	20,5%	30,6%	18,4%
1964	27,8%	10,3%	16,7%

Obviamente, as arbitragens cambiais (juntamente com as participações de controle) salvaram a nossa pele em 1962, e se tivéssemos sido discretos nessa categoria naquele ano, nosso resultado final teria sido muito pior, embora ainda bastante respeitável, considerando as condições do mercado durante o ano. Da mesma forma, poderíamos ter tido um percentual muito menor de nosso portfólio em arbitragens cambiais naquela ocasião; foi a disponibilidade quem decidiu, pois eu não tinha nenhuma noção de como o mercado se comportaria. Portanto, é importante perceber que, em 1962, tivemos simplesmente muita sorte em relação à combinação das categorias.

Em 1963, tivemos uma arbitragem cambial sensacional que influenciou bastante os resultados, e as ações gerais também impressionaram, resultando em um ano excepcional. Se as arbitragens cambiais tivessem permanecido em um nível normal (digamos, mais próximas de 1962), pareceríamos muito mais fracos em comparação com o Dow. Aqui, não foi a nossa combinação que nos trouxe tudo isso, mas sobretudo as excelentes situações que encontramos.

Finalmente, em 1964, as arbitragens cambiais foram um grande obstáculo ao desempenho. De qualquer modo, isso seria normal durante um ano bastante positivo para o Dow, como 1964, mas elas foram um obstáculo ainda maior do que o esperado, em função da experiência medíocre que tivemos. *Analisando retrospectivamente, teria sido mais aprazível se tivéssemos investido integralmente em ações gerais, mas esse jogo não pode ser jogado retrospectivamente.*

Espero que a tabela anterior deixe bem clara a questão de que os resultados em determinado ano estão sujeitos a muitas variáveis — e, sobre algumas delas, temos pouco controle ou percepção. Consideramos todas as categorias bons negócios e estamos muito felizes por poder confiar em várias delas, e não em apenas uma. Isso contribui para um maior discernimento no interior de cada categoria e reduz as chances de encerrarmos por completo nossas operações em função da supressão de oportunidades em uma única categoria.[3]

VAMOS COMEÇAR A ARBITRAR

Pronto para começar a arbitrar negociações? Ansioso para ter 20% de retornos anuais médios sem alavancagem? Vá com cuidado. O sucesso de Buffett nessa categoria pode fazê-la parecer mais simples do que ela realmente pode ser — quase sempre o diabo está nos detalhes dessas transações, e posicionar-se do lado errado em uma situação de arbitragem de fusões pode custar caro. Como em qualquer outra das três categorias de investimentos de Buffett, aja apenas quando você estiver dentro de seu círculo de competência — você precisa entender o que está fazendo antes de fazer. Pelo fato de os retornos desalavancados e não anuais serem modestos, o intervalo de confiança tem de ser extremamente alto para executar esse tipo de coisa.

A menos que a oportunidade de arbitragem esteja óbvia, é melhor que esses tipos de operações sejam deixados de lado. Enquanto você estiver lendo o exemplo do estudo de caso da Texas Nacional Petroleum, pergunte-se quão qualificado você estaria para avaliar a probabilidade de a natureza filantrópica da Universidade do Sul da Califórnia ser um problema para a Receita Federal e se a estrutura de financiamento ABC seria permitida nesse caso.

ESTUDO DE CASO DA BPL: TEXAS NATIONAL PETROLEUM, CARTA DE FIM DE ANO DE 1963

18 de janeiro de 1964

Essa foi uma situação habitual de arbitragem cambial, decorrente da principal fonte de arbitragem cambial nos últimos anos — as vendas, por canal indireto, das empresas produtoras de petróleo e gás ao cliente final.

A TNP era uma produtora relativamente pequena, que eu conhecia vagamente havia alguns anos.

No início de 1962, ouvi rumores sobre sua venda, pelo canal indireto, à Union Oil of California. Nunca agi com base nessas informações, mas, nesse caso, elas eram verdadeiras, e poderíamos ter feito uma quantidade substancialmente maior de dinheiro se tivéssemos agido na fase dos boatos, e não na fase em que as negociações vieram a público. No entanto, esse não é um problema meu.

No início de abril de 1962, os termos gerais da negociação foram anunciados. A TNP tinha três classes de títulos em circulação:

1. 6,5% de debêntures resgatáveis a US$104,25, com juros que seriam incorporados até que a venda fosse efetivada, momento em que seriam resgatadas. Havia US$6,5 milhões em circulação, e adquirimos US$264 mil do montante principal antes de a venda ser fechada.
2. Cerca de 3,7 milhões de ações ordinárias, das quais cerca de 40% pertenciam aos executivos e diretores. A declaração de procuração estimava que a arrecadação proveniente da liquidação chegaria a US$7,42 por ação. Compramos 64.035 ações durante os cerca de seis meses transcorridos entre o anúncio da operação e seu fechamento.
3. 650 mil garantias para a compra de ações ordinárias, a US$3,50 por ação. Usando a estimativa da declaração de procuração de US$7,42 para a arbitragem das ações ordinárias, chegávamos a US$3,92 para a arbitragem das garantias. Conseguimos comprar 83.200 garantias, ou cerca de 13% de toda a emissão, em seis meses.

O risco de desaprovação dos acionistas era nulo. O acordo foi negociado pelos acionistas controladores, e o preço era bom. Qualquer transação como essa está sujeita a verificações dos títulos de propriedade, pareceres jurídicos etc., mas esse risco também poderia ser considerado praticamente nulo. Não havia problemas com leis de defesa da concorrência. Essa ausência de problemas jurídicos ou com a defesa da concorrência não é, de modo algum, usual.

O único senão era a obtenção da necessária regulamentação tributária. A Union Oil estava usando um método de financiamento do tipo ABC para o pagamento de produção volumétrica. A Universidade do Sul da Califórnia era a credora do pagamento de produção volumétrica, e houve algum atraso devido à sua natureza filantrópica.

Isso suscitou um novo problema para a Receita Federal, mas entendemos que a USC estava disposta a abrir mão de sua natureza filantrópica, que ainda lhe permitia ficar com um lucro considerável, mesmo depois de contrair um volumoso empréstimo bancário para obter o dinheiro. Apesar de a resolução dessa questão ter gerado um atraso, ela não ameaçou a negociação.

Quando conversamos com a empresa em 23 e 24 de abril, sua estimativa era a de que a negociação seria concluída em agosto ou setembro. A declaração de procuração foi enviada em 9 de maio, afirmando que a venda "será consumada durante o verão de 1962, e que, no prazo subsequente de alguns meses, a maior parte da arrecadação será distribuída aos acionistas liquidantes". Conforme mencionado anteriormente, a estimativa era de US$7,42 por ação. Bill Scott compareceu ao encontro com os acionistas em 29 de maio, em Houston, onde se afirmou que o fechamento continuava previsto para 1º de setembro.

A seguir, excertos de algumas das conversas telefônicas que tivemos com os executivos da empresa nos meses seguintes:

Em 18 de junho, o secretário afirmou: "A Union foi informada de que houve um parecer favorável da Receita Federal, mas que ele deve ser reencaminhado a outros membros do órgão. Continuamos aguardando o parecer para o mês de julho."

Em 24 de julho, o presidente disse que esperava que o parecer da Receita Federal fosse divulgado "no início da próxima semana".

Em 13 de agosto, o tesoureiro nos informou que as equipes da TNP, da Union Oil e da USC estavam todas em Washington, tentando chegar a um acordo em relação ao parecer.

Em 18 de setembro, o tesoureiro nos informou: "Nenhuma notícia, embora a Receita Federal diga que o parecer possa estar finalizado na próxima semana." A estimativa de reembolso ainda era de US$7,42.

O parecer foi recebido no fim de setembro, e a venda foi fechada em 31 de outubro. Nossos títulos foram resgatados em 13 de novembro. Pouco depois, convertemos nossas garantias em ações ordinárias e recebemos pagamentos por essas ações no valor de US$3,50 em 14 de dezembro de 1962, US$3,90 em 4 de fevereiro de 1963, e US$0,15 em 24 de abril de 1963. Provavelmente, receberemos mais US$0,04 em um ano ou dois. Com 147.235 ações (após o exercício das garantias), até mesmo US$0,04 por ação é algo significativo.

Isso ilustra o padrão habitual: 1) as negociações demoram mais tempo do que o inicialmente previsto; e 2) a média dos reembolsos tende a ser ligeiramente melhor do que as estimativas. Com a TNP, foram precisos mais alguns meses até que recebêssemos alguns percentuais extras.

Os resultados financeiros da TNP foram os seguintes:

1. Nas obrigações, investimos US$260.773 e as detivemos por um período médio ligeiramente inferior a cinco meses. Recebemos juros de 6,5% sobre nosso dinheiro e realizamos um ganho de capital de US$14.446. Isso significa um índice de retorno total de aproximadamente 20% ao ano.

2. Nas ações e garantias, realizamos um ganho de capital de US$89.304 e temos posições de guimbas de cigarro atualmente avaliadas em US$2.946. A partir de investimentos ou dos US$146 mil em abril, nossas participações acionárias saltaram para US$731 mil em outubro. Considerando-se o tempo em que o dinheiro esteve empregado, o índice de retorno foi de cerca de 22% ao ano.

Em ambos os casos, o índice de retorno é calculado exclusivamente sobre os investimentos em ações. Definitivamente, acho que um pouco de dinheiro emprestado está protegido contra um portfólio de arbitragens cambiais, mas achar é uma prática muito perigosa quando se trata de ações gerais.

Não estamos apresentando a TNP como se fosse um triunfo arrasador. Tivemos arbitragens cambiais em que nos saímos muito melhor e algumas em que não fomos bem. É algo normal em nosso tipo de operação básica. Tentamos apurar todos os fatos possíveis, continuar acompanhando a evolução e avaliar tudo isso em termos da nossa experiência. Certamente não entramos em todas as negociações que aparecem — há uma variação considerável em sua capacidade de atração. Quando uma arbitragem cambial fracassa, a retração no valor de mercado resultante é substancial. Portanto, não podemos nos dar ao luxo de cometer muitos erros, embora compreendamos plenamente que eles ocorrerão de vez em quando.

ENSINAMENTOS DAS CARTAS AOS ACIONISTAS: ARBITRAGENS CAMBIAIS

24 de janeiro de 1962

Nossa segunda categoria consiste em "arbitragens cambiais". Trata-se de títulos cujos resultados financeiros dependem mais da ação corporativa do que de fatores ligados à oferta e à demanda, forjados por compradores e vendedores de títulos. Em outras palavras, são títulos com um cronograma, no qual podemos prever, dentro de limites razoáveis de erro, quando receberemos determinados valores e o que é capaz de entornar o caldo. Eventos corporativos, tais como fusões, liquidações, reorganizações, cisões etc., levam a arbitragens cambiais. Nos últimos anos, uma das principais fontes de arbitragens cambiais tem sido as vendas, por capital indireto, das produtoras de petróleo a grandes empresas petrolíferas integradas.

Essa categoria produzirá ganhos razoavelmente estáveis de ano para ano, em grande medida, independentemente dos rumos do índice Dow. Obviamente, se operarmos ao longo de um ano com uma grande parcela de nosso portfólio investida em arbitragens cambiais, pareceremos extremamente bem se for um ano de queda do Dow, ou muito mal se for um ano de forte aceleração. Com o passar do tempo, as arbitragens cambiais se tornaram nossa segunda maior categoria. A qualquer momento, podemos trabalhar com cerca de dez a quinze arbitragens; algumas apenas na fase inicial e outras na última fase de seu desenvolvimento. Acredito na utilização de dinheiro emprestado para compensar uma parte de nosso portfólio de arbitragens cambiais, uma vez que existe um alto grau de segurança nessa categoria tanto em termos dos eventuais resultados quanto do comportamento provisório do mercado. Excluindo os benefícios derivados do uso de dinheiro emprestado, os resultados geralmente ficam na faixa de 10% a 20%. Meu limite autoimposto em relação aos empréstimos é de 25% do patrimônio líquido da sociedade. Muitas vezes, não devemos dinheiro algum, e, quando tomamos emprestado, trata-se apenas de uma compensação contra as arbitragens cambiais.

18 de janeiro de 1965

Em uma perspectiva de longo prazo, espero que as arbitragens cambiais alcancem o mesmo tipo de margem sobre o Dow do que a atingida pelas ações gerais.

24 de janeiro de 1968

Assim como em outras categorias, tendemos a concentrar nossos investimentos na categoria de arbitragem cambial em apenas algumas situações a cada ano. Essa técnica propicia maior variação nos resultados anuais do que se utilizássemos uma abordagem genérica. Acredito que nossa abordagem gerará uma boa (ou melhor) rentabilidade a longo prazo, mas não é possível demonstrar isso em 1967.

18 de janeiro de 1964

(...) Nessa categoria, não estamos nos referindo a boatos nem a "informações privilegiadas" a respeito de tais desenvolvimentos, mas a atividades divulgadas publicamente. Aguardamos até poder ler a notícia no jornal. O risco não se refere especialmente ao comportamento geral do mercado (apesar de que, às vezes, ambos estejam articulados em algum grau), mas sobretudo a algo que está entornando o caldo, de modo que o desenvolvimento esperado não esteja conseguindo se concretizar.

(...) Em muitas arbitragens cambiais, os lucros brutos parecem muito pequenos. Um amigo se refere a isso como ficar com os últimos US$0,05 depois que a outra parte já conquistou os primeiros US$0,95. No entanto, a previsibilidade, combinada com um curto período de posse, produz índices de retorno anuais bastante razoáveis. Essa categoria gera lucros absolutos mais estáveis de ano para ano do que as ações gerais. Em anos de mercado em queda, ela faz com que acumulemos grande vantagem; em mercados em alta, é um obstáculo ao desempenho. Em uma perspectiva de longo prazo, espero que ela alcance o mesmo tipo de margem sobre o Dow do que a atingida pelas ações gerais.

Como já mencionei em outras ocasiões, a divisão de nosso portfólio entre as três categorias é amplamente determinada pelo acaso ou pela disponibilidade. Portanto, em um ano negativo do Dow, o fato de nos concentrarmos primordialmente em ações gerais ou em arbitragens cambiais será quase uma questão de sorte, mas tal circunstância terá uma grande influência em nosso desempenho relativo diante do Dow. Essa é uma das muitas razões pelas quais o desempenho em um único ano tenha pouca importância e, bom ou mau, ele nunca deveria ser levado muito a sério.

Se fosse possível apontar alguma tendência, eu esperaria que nossos ativos crescessem na direção das participações de controle, que, até aqui, têm sido nossa menor categoria. Posso estar enganado quanto a essa expectativa — grande parte disso depende, é claro, do comportamento futuro do mercado, no qual seu palpite será tão bom quanto o meu (não tenho nenhum palpite). No momento em que escrevo estas linhas, a maior parte de nosso capital está investida em ações gerais; as arbitragens cambiais ocupam o segundo lugar; e as participações de controle vêm na terceira posição.

ENSINAMENTOS COMPOSTOS

As arbitragens cambiais e outras formas de arbitragem podem ser, por si sós, uma área verdadeiramente atraente para os lucros. Elas têm o benefício adicional de diversificar as fontes de ganhos anuais, de forma a proteger os resultados totais nos mercados em queda. Elas permitiram também que Buffett extravasasse suas energias quando o mercado global estava em alta — não fazer nada quando não há "nada a fazer" pode ser um desafio para os investidores vigorosos. Alguns anos depois, quando Buffett abdicou das arbitragens cambiais, Charlie Munger diria: "Tudo bem, pelo menos isso o afastará dos bares."[4] Para Buffett, elas significavam um retorno médio anual de 20%. Quando os preços das ações subiam, as arbitragens cambiais respondiam por grande parte do capital. Quando as oportunidades de investimentos em ações gerais se mostravam abundantes, o percentual em arbitragens cambiais diminuía.

Todos podem se beneficiar da diversificação que as arbitragens cambiais oferecem, mas elas não são algo com que todos se sentirão confortáveis. Para esse último grupo de pessoas, existem outras oportunidades de investimentos, capazes de produzir altos índices de retorno, e que também não estão intimamente comprometidas com a direção geral do mercado no dia a dia. Se você acha que as arbitragens cambiais não são o melhor para você, as empresas privadas podem ser a solução. Vamos debater mais sobre esse outro formato, chamado de participações de controle, no capítulo seguinte.

8. Participações de controle

"Não queremos nos tornar ativos apenas por uma questão de ser ativos. Se todos os demais fatores permanecerem inalterados, eu preferiria deixar que outras pessoas se encarregassem disso. No entanto, quando um papel ativo se fizer necessário para otimizar o emprego do capital, você pode estar certo de que não ficaremos parados nos bastidores."[1]

20 de janeiro de 1966

Imagine um grupo de homens velhos e indigestos trabalhando como membros do conselho de administração de uma pequena empresa de capital aberto no fim dos anos 1950. Esse grupo vinha se reunindo por vários anos para *discutir* e *analisar* os negócios (uma descrição generosa de suas atividades), com seus refinados charutos. Para eles, tratava-se de uma tarefa bastante agradável — era um negócio simples de gerenciar e fácil de entender, e ninguém fazia muitas perguntas nem lhes criava muito trabalho extra.

Além disso, eles se remuneravam generosamente. Na lista de prioridades, o valor destinado ao acionista era baixo, se é que ele estava na lista. Então, tudo mudou quando eles souberam que alguém de quem nunca tinham ouvido falar havia adquirido 20% das ações em circulação e que, agora, tinha o controle efetivo sobre outros 20% da empresa. Quem era esse cara? Controlando um número suficiente de ações para ter um substancial poder de decisão sobre suas operações dali para frente, o que ele estaria planejando fazer?

É assim que eu gosto de imaginar o início da saga da Sanborn Map, o primeiro investimento de participação de controle da sociedade. Apenas imagine as expressões dos diretores quando Buffett apareceu pela primeira vez em uma reunião, em 1959. Eles devem ter ficado chocados *pelo menos* duas vezes: a primeira, quando viram Buffett, já que ele ainda estava com seus 20 e tantos anos de idade, e, depois, novamente, quando ele exigiu uma distribuição do enorme portfólio de títulos da Sanborn, que, sozinho, valia US$65 por ação (líquido), US$20 a mais do que o valor de mercado de toda a empresa. Sem dúvida, aquelas pessoas da Sanborn não tinham a menor ideia do que iriam enfrentar com Buffett... no início. Em breve, elas descobririam.

Eis aqui toda a história, extraída da carta de Buffett datada de 30 de janeiro de 1961. Enquanto você a lê, é preciso ter duas coisas em mente: em primeiro lugar, essa era uma empresa pequena. O patrimônio contábil era de apenas US$4,3 milhões, o equivalente a US$35 milhões em 2015. Em segundo lugar, Buffett investira mais de um terço da sociedade nessas ações.

ESTUDO DE CASO DA BPL: SANBORN MAP COMPANY

30 de janeiro de 1961

No último ano, mencionamos um investimento que representaria uma proporção muito elevada e incomum (35%) de nossos ativos líquidos, e eu também comentei que tinha alguma esperança de que esse investimento fosse efetivado em 1960. Essa esperança se concretizou. A história de um investimento dessa magnitude talvez seja de seu interesse.

A Sanborn Map Co. se dedica à publicação e à contínua atualização de mapas extremamente detalhados de todas as cidades dos Estados Unidos. Os volumes referentes ao mapeamento de Omaha, por exemplo, pesariam, talvez, 22,5 quilos, e ofereceriam detalhes minuciosos sobre cada uma de suas estruturas. O mapa seria atualizado pelo método da sobreposição, mostrando novas construções, mudanças na destinação dos imóveis, novas instalações de proteção contra incêndios, alterações em materiais estruturais etc. Essas atualizações seriam feitas aproximadamente todos os anos, e um novo mapa seria publicado a cada vinte ou trinta anos, quando sobreposições adicionais se revelassem impraticáveis. O custo de atualização do mapa giraria em torno de US$100 por ano para cada consumidor de Omaha.

Essas informações detalhadas — mostrando o diâmetro de adutoras situadas abaixo das ruas, a localização de hidrantes, a composição dos telhados etc. — eram especialmente úteis para as companhias de seguros contra incêndios. Seus departamentos de subscrição, localizados em um escritório central, poderiam avaliar os negócios realizados por cada um de seus agentes em nível nacional. A teoria era a de que uma imagem valia mais do que mil palavras, e essa avaliação decidiria se o risco estava devidamente classificado, qual o grau de exposição à conflagração em determinada área, qual o procedimento de resseguros recomendável etc. A Sanborn concentrava seus negócios em cerca de trinta companhias de seguros, embora os mapas também fossem vendidos para clientes alheios à indústria de seguros, tais como serviços públicos, companhias hipotecárias e autoridades fiscais.

Durante 75 anos, o negócio operou de forma mais ou menos monopolista, com lucros realizados todos os anos, acompanhados de uma imunidade quase total à recessão e da ausência de necessidade de qualquer esforço de vendas. Nos primeiros anos do negócio, temendo que os lucros da Sanborn se tornassem estratosféricos, a indústria de seguros implantou os mais eminentes corretores de seguro no conselho de administração da Sanborn, para que eles exercessem a função de fiscalizadores.

No início dos anos 1950, um método competitivo de subscrição conhecido como "cardagem" fez algumas incursões nos negócios da Sanborn, e com isso os lucros após impostos do negócio de mapas caíram de um nível médio anual de mais de US$500 mil no fim dos anos 1930 para menos de US$100 mil em 1958 e 1959. Considerando-se o viés de alta na economia durante aquele período, isso equivalia à eliminação quase completa de uma outrora considerável e sólida capacidade de gerar receitas.

Nos primeiros anos da década de 1930, porém, a Sanborn começara a acumular um portfólio de investimentos. Não havia requisitos de capital para participar do negócio, de modo que quaisquer lucros retidos poderiam ser empregados nesse projeto. Com o tempo, foram investidos aproximadamente US$2,5 milhões, cerca de metade em obrigações e metade em ações. Assim, particularmente na última década, o portfólio de investimentos floresceu, enquanto as operações do negócio de mapas definhavam.

Gostaria de deixar clara a extrema discrepância entre esses dois fatores. Em 1938, quando o índice Dow Jones estava na faixa de 100-120 pontos, a Sanborn vendia cada uma de suas ações a US$110. Em 1958, com a média em torno de 550, cada ação da Sanborn saía a US$45. Ainda assim, durante o mesmo período, o valor do portfólio de investimentos da Sanborn aumentou de cerca de US$20 por ação para US$65 por ação. Isso significa, efetivamente, que quem comprou as ações da Sanborn em 1938 estava fazendo uma avaliação positiva de US$90 por ação no negócio de mapas (US$110 menos US$20, correspondentes ao valor dos investimentos não relacionados com o negócio de mapas), em um ano de conjuntura desfavorável para os negócios e o mercado de ações. No clima incrivelmente mais vigoroso de 1958, o mesmo negócio de mapas foi avaliado em US$20 negativos, com o comprador de ações não se mostrando disposto a pagar mais de US$0,70 pelo portfólio de investimentos, e o negócio de mapas sendo oferecido de graça.

Como isso aconteceu? Tanto em 1958 quanto em 1938, a Sanborn possuía uma profusão de informações de valor substancial para a indústria de seguros. Replicar as informações detalhadas que eles haviam conseguido reunir ao longo dos anos teria custado dezenas de milhões de dólares. Apesar da "cardagem", mais de

US$500 milhões em prêmios de seguros contra incêndios estavam subscritos por empresas de "mapeamento". No entanto, a própria metodologia de venda e distribuição do produto da Sanborn, a informação, permanecera inalterada ao longo do ano e, finalmente, essa inércia se viu refletida nos lucros.

O simples fato de que o portfólio de investimentos tinha apresentado resultados tão bons servia para minimizar, na visão da maioria dos diretores, a necessidade de rejuvenescimento do negócio de mapas. A Sanborn tinha um volume de vendas de cerca de US$2 milhões por ano, e possuía aproximadamente US$7 milhões em títulos negociáveis. As receitas do portfólio de investimentos eram substanciais, o negócio encontrava-se livre de possíveis preocupações financeiras, as companhias de seguros estavam satisfeitas com o preço pago pelos mapas, e os acionistas continuavam recebendo dividendos. Porém, esses dividendos foram reduzidos em cinco vezes em oito anos, apesar de eu nunca ter encontrado nenhum registro de sugestões relativas ao corte de salários ou das comissões do diretor-executivo e do conselho de administração.

Antes da minha entrada no conselho, dos 14 diretores, nove eram eminentes figuras da indústria de seguros que, em conjunto, possuíam 46 ações do montante de 105 mil ações em circulação. Apesar de suas altas posições em grandes empresas, o que sugeriria a existência de recursos financeiros para ensejar ao menos um modesto compromisso, o maior bloco de ações nesse grupo era de apenas dez ações. Em vários casos, as companhias de seguros gerenciadas por eles eram proprietárias de pequenos estoques de ações, mas esses estoques eram investimentos simbólicos em relação aos portfólios dos quais faziam parte. Na última década, em todas as operações envolvendo as ações da Sanborn, as companhias de seguros atuaram apenas como vendedoras.

O décimo diretor era o advogado da empresa, e ele possuía dez ações. O 11º era um banqueiro, também com dez ações; ele reconhecia os problemas da empresa e os salientava energicamente, e, mais tarde, faria alguns acréscimos às suas participações acionárias. Os próximos dois diretores eram os principais executivos da Sanborn, e detinham, ao todo, cerca de trezentas ações. Os executivos eram capazes, conscientes dos problemas do negócio, mas se mantinham em um papel subserviente diante do conselho de administração. O último membro de nosso elenco era filho de um ex--presidente da Sanborn, já falecido. A viúva detinha cerca de 15 mil ações.

No fim de 1958, descontente com os rumos do negócio, o filho pleiteou o comando da empresa. A solicitação foi indeferida, e ele apresentou sua renúncia ao cargo, que foi aceita. Pouco tempo depois, lançamos uma oferta ao lote de ações de sua mãe, que também foi aceita. Na época, havia outras duas grandes participações acionárias, uma com cerca de 10 mil ações (distribuídas entre os clientes de uma corretora) e outra em torno de 8 mil ações. Essas pessoas estavam bastante insatisfeitas com a situação, e desejavam que o portfólio de investimentos se separasse do negócio de mapas, assim como nós.

Posteriormente, por meio de compras no mercado aberto, nossas participações acionárias (incluindo as dos associados) aumentaram para cerca de 24 mil ações, e o total representado pelos três grupos subiu para 46 mil ações. Esperávamos dissociar os dois negócios, realizar o valor justo pelo portfólio de investimentos e trabalhar para restabelecer a capacidade de gerar receitas do negócio de mapas. Parecia haver uma oportunidade concreta de multiplicação dos lucros provenientes dos mapas, utilizando o abundante material bruto da Sanborn e conjugando-o com os meios eletrônicos de conversão dessas informações para um formato mais funcional para o cliente.

Houve uma considerável oposição do conselho a qualquer tipo de mudanças, especialmente quando propostas por um estranho, embora a administração estivesse de pleno acordo com nosso plano e um plano semelhante tivesse sido sugerido pela Booz, Allen & Hamilton (especialistas em gestão). Para evitar uma guerra de procurações (que, muito provavelmente, não seriam autorizadas e que certamente venceríamos), além de evitar que boa parte do dinheiro da Sanborn continuasse comprometida por muito tempo com ações de primeira linha cujos preços praticados não me pareciam interessantes, elaboramos um plano para nos desfazer de todos os acionistas que desejassem se afastar por um valor justo. A SEC emitiu um parecer favorável quanto à razoabilidade do plano. Cerca de 72% das ações da Sanborn, envolvendo 50% dos 1.600 acionistas, foram trocados por títulos do portfólio pelo valor justo. O negócio de mapas obteve mais de US$1,25 milhão em obrigações federais e municipais como fundo de reserva, e um imposto potencial sobre ganhos de capital corporativo, de mais de US$1 milhão, foi eliminado. Para os demais acionistas, o resultado foi um valor patrimonial dos ativos ligeiramente superior, ganhos substancialmente mais elevados por ação e uma melhor taxa de dividendos.

Necessariamente, esse pequeno melodrama é uma descrição muito abreviada de toda a operação de investimento. No entanto, ele aponta para a necessidade de sigilo sobre as operações em nosso portfólio, bem como a inutilidade de medir nossos resultados ao longo de um curto intervalo de tempo, como um ano, por exemplo. Tais situações de participações de controle são muito raras. Nosso negócio básico é comprar títulos subavaliados e vendê-los quando a subavaliação for corrigida, além de investir em situações especiais, em que o lucro dependa da corporação, e não de uma ação do mercado. À medida que os fundos societários continuem a crescer, é possível que mais oportunidades surjam nas "situações de participações de controle".

ENSINAMENTOS DAS PARTICIPAÇÕES DE CONTROLE

Depois da Sanborn, Buffett continuou a efetuar transações com participações de controle ao longo de todos os anos restantes da sociedade, e analisou outros dois casos, o da Dempster Mill e o da Berkshire Hathaway. Cada um deles oferece percepções importantes para os investidores de hoje; cada um deles tem sua própria forma de esclarecer a relação entre o valor de um título e o valor de um negócio, ajudando a avaliar o verdadeiro valor econômico dos índices contábeis.

Talvez você já tenha ouvido outras pessoas alegando que o termo *investimento em valor* é redundante, já que todos os investimentos se baseiam em valores — ninguém, intencionalmente, irá se propor a pagar a mais por ações. Isso se parece um pouco com a ideia de "investir" em um negócio, em vez de estar naquele negócio. As ações são simplesmente um canal por meio do qual possuímos os ativos de uma empresa. Quando investimos nosso capital em ações de uma empresa, entramos em seu negócio particular. Em 1960, um terço da sociedade estava empregado nas ações da Sanborn, ou seja, um terço da sociedade se dedicava ao negócio de vender mapas de seguros e administrar um portfólio de títulos. Em suas discussões sobre as participações de controle, Buffett nos ensina a não pensar que estamos "investindo em uma ação", mas, antes, a pensar que "estamos em um negócio".

Esteja você administrando ou avaliando um negócio, uma questão singular continua sendo primordial: *qual é o seu valor*, tanto em termos dos ativos envolvidos quanto dos ganhos produzidos, e, depois, como isso pode ser maximizado? A habilidade para responder essas perguntas determina o sucesso tanto dos investidores quanto dos gestores de negócios. Os ensinamentos de Buffett, ministrados através das lentes de seus comentários sobre as participações de controle, iluminam profundamente o assunto. Graham foi o primeiro a afirmar, e Buffett muitas vezes repete isso — *o investimento é mais inteligente quando feito da mesma forma que um negócio, e os negócios são mais inteligentes quando são feitos da mesma forma que um investimento.*

Vamos observar esses ensinamentos em ação — no nascimento de uma participação de controle. Como você deve se lembrar das ações gerais que examinamos, elas muitas vezes eram ações compradas com um desconto sobre seu valor de mercado particular, com a ideia de que seriam mantidas até que se valorizassem e pudessem, então, ser vendidas no momento oportuno. Como ele afirmou: "Não optamos por essas ações gerais com o intuito de obter o último centavo, mas, de modo geral, ficamos bastante contentes em vendê-las para um proprietário privado em algum nível intermediário entre nosso preço de compra e o que consideramos um valor justo." No entanto, em certos casos, o preço de uma ação geral definharia por tempo suficiente para que a BPL passasse a deter a maioria das ações em circulação da empresa, normalmente por meio da compra continuada, durante vários anos. Em situações desse tipo, as ações gerais podem se tornar participações de controle.

Buffett não fazia nenhuma objeção a se tornar o acionista majoritário da empresa, e encarava isso como uma extensão natural de sua abordagem, baseando-se no que um proprietário privado sensato pagaria pela empresa inteira. A probabilidade de se tornar esse proprietário privado simplesmente aumentava seu nível de liberdade. Essa era, afinal, a vantagem da "carta na manga" que, antes de mais nada, tornava a categoria das ações gerais — proprietário privado tão atraente, e que ajudou a singularizar a sociedade. Enquanto o preço pago pela ação geral oferecia uma atraente margem de segurança por si só, o grau de risco do investimento era ainda mais reduzido pela probabilidade de assumir o controle.

Muitas vezes, como já discutimos, as participações de controle exigiam que Buffett arregaçasse as mangas e se tornasse combativo, de modo análogo, em alguns aspectos, ao que vemos os investidores ativistas fazendo hoje em dia. Talvez seja por isso que, finalmente, ele tenha desistido dessa categoria (seu período ativista se limitou à época em que administrava a BPL). Por exemplo: ele teve de ameaçar o conselho da Sanborn Map com uma guerra de procurações (uma batalha jurídica) para levá-lo a agir. Interagir com um conselho que não estava focado no valor para o acionista fazia o sangue de Buffett ferver.[2] Na Dempster Mill, veremos que ele precisou despedir o diretor-executivo e nomear seu próprio representante, Harry Bottle. Juntos, eles liquidaram uma boa fatia do negócio para poder restaurar a saúde financeira da empresa. Buffett foi vilipendiado em um jornal local por fazer isso.[3] Ao extirpar as partes podres, ele se considerava um salvador do negócio, mas os críticos só conseguiam enxergar os postos de trabalho perdidos. Nos primeiros dias da Berkshire, ele teve de demitir o diretor-executivo e pisar no freio dos gastos de capital em produtos têxteis, antes de redirecionar o foco da empresa para seguros e serviços bancários. Nem sempre foi fácil, e, muitas vezes, tratava-se de uma tarefa estressante, mas quando uma ação era necessária, ele agia. Como afirmou: "Se todos os demais fatores permanecerem inalterados, eu preferiria deixar que outras pessoas se encarregassem disso. No entanto, quando um papel ativo se fizer necessário para otimizar o emprego do capital, você pode estar certo de que não ficaremos parados nos bastidores."[4]

Buffett estava disposto não apenas a se mostrar ativo, exercendo sua capacidade de controlar uma empresa, mas também pronto para se concentrar firmemente nisso. Podendo opinar sobre o modo pelo qual a empresa estava sendo gerenciada, as perdas seriam minimizadas. O valor dos títulos, por si só, praticamente garantia que ele ganharia dinheiro. Quando se deparava com uma situação altamente favorável como a da Sanborn, em que os ganhos eram significativos e o risco de perda era pequeno, Buffett não tinha medo de ir à carga e apostar alto. Em 1959, essa posição respondeu por 35% da sociedade. Claramente, o valor estava presente. Tudo o que ele tinha a fazer era extraí-lo.

Na Sanborn, Buffett era, de longe, o maior acionista, mas ele não era o acionista *majoritário* — outros acionistas, coletivamente, ainda detinham mais da metade da empresa.

Em outros casos, porém, a sociedade detinha a participação majoritária, o que significava o controle total. Aqui, Buffett não poderia ser ignorado. Observamos isso, inicialmente, na Dempster Mill, uma empresa de implementos agrícolas adquirida ao longo de cinco anos e que, em 1961, saiu da categoria das ações gerais para a das participações de controle. Quando passou a controlar 70% das ações em circulação, Buffett sinalizou rapidamente que suas "próprias movimentações em tal mercado poderiam afetar drasticamente o preço estipulado". O mesmo aconteceu quando ele passou a deter a maioria dos ativos da Berkshire. Com um mercado tão restrito nessas duas ações, até mesmo uma pequena ação de compra e venda poderia provocar um impacto dramático sobre o preço estipulado. Adquirida posteriormente pela sociedade, a Diversified Retailing Company (DRC) era uma empresa privada que nunca havia tido uma ação negociada na bolsa de valores. O valor teve de ser estimado nas três empresas.

"Quando detemos uma participação controladora, possuímos um negócio em vez de uma ação; por isso, é recomendável fazer uma avaliação do negócio."[5] Na ausência de um valor de mercado confiável para determinar o peso das participações de controle na empresa no fim do ano, Buffett não tinha outra escolha a não ser fazer sua própria avaliação. Ela poderia ser altamente positiva nos mercados em queda, pois protegeria o valor contábil da posição (e da BPL) dos caprichos do mercado; em mercados em forte aceleração, a abordagem de avaliação frearia os resultados. De qualquer maneira, não era mais o Sr. Mercado quem estava no comando — o valor de cada participação de controle era ditado apenas por uma avaliação permanente do valor de mercado particular do negócio, realizada por Buffett e confirmada anualmente pelos auditores.

As avaliações de fim de ano eram apreciações atualizadas e conservadoras, e não o que ele achava que as participações de controle *iriam* valer no futuro. Como afirmou aos seus acionistas: "O valor estimado não deveria ser aquilo que nós esperamos que ele valha, ou o que poderia valer para um comprador voraz etc., mas o que eu estimaria que nossas participações renderiam se fossem vendidas nas condições atuais, em um prazo razoavelmente curto."[6]

Lembre-se de que os acionistas só poderiam fazer acréscimos ou retiradas de capital uma vez por ano, e, portanto, essa avaliação, especialmente por responder por um terço ou mais dos ativos da sociedade, era muito importante. Pelo fato de o mercado determinar a avaliação anual da posição da sociedade nas ações gerais e nas arbitragens cambiais, era muito simples e muito fácil auferir o valor de tais categorias. Por outro lado, para avaliar as participações de controle, era necessário um valor estimado, algo muito diferente do valor de mercado. As avaliações das participações de controle estão sujeitas à interpretação e aos litígios; não existe uma resposta correta. Se Buffett superestimasse uma participação de controle, isso inflaria seu desempenho (e sua comissão pelo desempenho), o que seria prejudicial para todos os seus acionistas. Aqueles que abandonassem a sociedade em um ano em que o valor estimado fosse muito alto também seriam beneficiados à custa dos demais acionistas. Em contrapartida, se Buffett fosse muito conservador em sua avaliação, os acionistas que estivessem fazendo acréscimos de capital se beneficiariam à custa dos que estivessem se afastando ou que não estivessem, eles mesmos, acrescentando uma quantidade proporcional de fundos à sociedade. Buffett era muito cuidadoso para assegurar que suas avaliações fossem justas tanto para os acionistas que estivessem fazendo acréscimos quanto para os que estivessem se retirando da sociedade, e os resultados eram auditados pela empresa de contabilidade que, mais tarde, se tornaria a KPMG.

A carta de novembro de 1966 dava um relato mais detalhado da mecânica de suas avaliações:

> *Os fatores dominantes que afetam as avaliações das participações de controle são a capacidade de gerar receitas (passadas e futuras) e os valores dos ativos. A natureza dos negócios que estão sob nosso controle, a qualidade dos ativos envolvidos e o fato de que a base tributária da Receita Federal incidente sobre os ativos líquidos excede substancialmente nossas avaliações nos levam a atribuir um peso consideravelmente maior ao fator do valor dos ativos do que seria a norma na maioria das avaliações de negócios. (...) O regulamento da sociedade me outorga a responsabilidade de estabelecer o valor justo para as participações controladoras, e isso significa ser justo tanto com os acionistas que continuam fazendo acréscimos quanto com os que estão se retirando em um momento específico. Obviamente, mudanças drásticas nas avaliações de mercado sobre o valor acordado das ações produzirão, a certa altura, reflexos na avaliação dos negócios, embora esse fator seja muito menos importante quando os fatores referentes aos ativos (particularmente quando os ativos atuais são significativos) ofuscam considerações sobre a capacidade de gerar receitas no processo de avaliação. (...)*[7]

Observe que, aqui, Buffett afirma que a natureza das participações de controle da BPL o levou a "atribuir um peso consideravelmente maior ao fator do valor dos ativos do que seria a norma na maioria das avaliações de negócios". A Sanborn, a Dempster e a Berkshire tinham tudo a ver com a manipulação de ativos. O valor de seus ativos, excetuando-se todos os passivos, excedia em muito o preço de mercado das ações. Elas não eram bons negócios, não geravam retornos adequados ou melhores em relação aos ativos aplicados e não podiam ser prontamente avaliadas com base nos ganhos existentes. Se tais condições estivessem asseguradas, um estudo adequado dos ganhos passados e futuros daqueles negócios desempenharia um papel mais relevante.

AVALIANDO UM NEGÓCIO COM BASE NOS ATIVOS

Muitas das participações de controle de Buffett estavam gerando poucos ganhos ou perdendo dinheiro. Essas primeiras "guimbas de cigarro" exigiam que Buffett empregasse o método de Graham para ajustar os valores contábeis dos ativos conforme descritos nos balanços patrimoniais das empresas, e, assim, descobrir seu verdadeiro valor. Embora estivesse baseado principalmente em dados estatísticos, o ajuste ainda demandaria um certo pacto entre arte e ciência.

O capítulo 43 do livro *Securities Analysis* estabelecia com perfeição os fundamentos desse método. De acordo com Graham, "o balanço patrimonial de uma empresa não traz informações precisas quanto ao valor que está sendo liquidado, mas fornece outras pistas ou dicas que podem ser úteis. A primeira regra no cálculo do valor de liquidação é que os passivos são reais, mas o valor dos ativos deve ser questionado. Isso significa que todos os passivos reais mostrados nos livros de contabilidade devem ser descontados pelo seu valor nominal. O valor a ser atribuído aos ativos, no entanto, irá variar de acordo com seu caráter".[8] Quanto às movimentações da liquidação, Graham aconselhava, como regra geral, atribuir US$1 ao caixa, US$0,80 aos recebíveis, US$0,67 ao estoque (com uma ampla margem, dependendo do negócio) e US$0,15 aos ativos fixos.

À medida que mergulharmos nos relatos detalhados de Buffett sobre a Sanborn Map, e, posteriormente, sobre a Dempster Mill e a Berkshire Hathaway, exploraremos como Buffett procedia para atribuir valores aos ativos de cada empresa. A Sanborn tinha um "ativo oculto" em seu portfólio de títulos que valia muito mais do que o balanço patrimonial sugeriria (à época, a convenção era registrar o valor dos títulos pelo seu custo, e não pelo preço de mercado, de modo que o valor tinha de ser "maximizado"). Os ativos da Dempster Mill, descontados todos os passivos, estavam registrados no balanço patrimonial em valores significativamente mais elevados do que o valor total de suas ações no mercado. Os valores contábeis eram bastante evidentes. A pergunta que Buffett se fazia era: quanto valiam *realmente* os ativos? Na Berkshire, a pergunta era: como o capital investido no negócio poderia ser redistribuído para um melhor aproveitamento?

Para Buffett, a "arte", assim como para todos os outros investidores, é avaliar o "caráter" dos ativos corretamente, pensar sobre isso e fazer os ajustes necessários quando eles se afastarem dos valores contábeis — valores que apenas refletem as circunstâncias que levaram o negócio em si a pagar o que pagou pelos ativos e o desgaste (a depreciação) desde que eles foram adquiridos.

AJUSTANDO O VALOR DOS ATIVOS: PARA CIMA OU PARA BAIXO?

Um exemplo simplificado pode ajudar a esclarecer como o processo funciona. Imagine um agenciador de ingressos que comprou cinco bilhetes para a World Series (série final do campeonato de beisebol da Major League) por US$1 mil (US$200 cada), válidos apenas para o Yankee Stadium. Se os Yankees avançarem na Series, os bilhetes valerão muito. Se não avançarem, os bilhetes serão inúteis. Em termos de contabilidade, nosso agenciador de ingressos segue as convenções e registra cada bilhete no balanço patrimonial como um ativo, por seu preço de custo. Agora, vamos dizer que tudo isso seja colocado à venda um mês antes da temporada de beisebol. O que você diria que vale a pena? Para facilitar, vamos supor que os cinco bilhetes sejam os únicos ativos do negócio, e que um empréstimo de US$300 foi levantado para ajudar a adquiri-los. Tudo o que você acha que os ativos valem, descontada a dívida, será sua avaliação da empresa.

Como o professor Greenblatt gosta de dizer aos seus alunos da Columbia Business School (que continua sendo o centro intelectual do investimento em valor): "Se vocês fizerem um bom trabalho de avaliação e estiverem certos, o Sr. Mercado os reembolsará."[9] O processo percorrido para avaliar o agenciador de ingressos, ou qualquer outro negócio, determinará a qualidade dos seus resultados de investimentos, e isso está no cerne do processo de investimento em valor.

A pergunta inicial é sempre a mesma: você consegue estimar o que *esses* ativos valem? Ou, como diria Buffett, você está dentro de seu círculo de competência? Se a resposta for não, esqueça e siga adiante, para avaliar alguma outra coisa. Não há nada de errado nisso; na verdade, você deve se orgulhar por saber quem você é e aquilo que não é capaz de avaliar. Esse autoconhecimento é o que distingue os grandes investidores. Evitar os erros é tão importante quanto executar um bom trabalho na seleção dos vencedores. Buffett coloca a maioria dos investimentos potenciais na pilha do "muito difícil de avaliar", e, simplesmente, segue em frente.

O que constatamos nas finanças do nosso agenciador de ingressos? Sabemos que os passivos são fixos — essa é sempre a parte fácil —, temos uma dívida de US$300. Sabemos, também, que os bilhetes foram comprados por US$1 mil e, por isso, serão registrados como ativos no balanço patrimonial, pelo preço de custo. Ou seja: US$1 mil em ativos menos US$300 de dívida deixa um saldo de US$700 de "patrimônio líquido", ou "valor patrimonial".

Só porque os ativos foram comprados por US$1 mil não significa que esse seja seu valor atual. As circunstâncias podem ter mudado. Tudo o que o balanço patrimonial mostra é o que aconteceu no passado. Quando você faz seu trabalho de avaliação, os ativos (os bilhetes, em nosso exemplo) valem sempre o valor pelo qual eles poderão ser vendidos, e assume-se que os passivos sejam sempre devidos em sua totalidade. Essa é a diferença entre o valor contábil e o valor econômico, ou o verdadeiro valor *intrínseco*.

Em alguns casos, particularmente quando o negócio é de má qualidade, os ativos valerão menos do que seu valor contábil. Lembre-se: Graham aconselhou atribuir US$1 ao caixa, US$0,80 aos recebíveis, US$0,67 ao estoque (com uma ampla margem, dependendo do negócio) e US$0,15 aos ativos fixos. Essa é apenas uma regra geral; você precisa fazer sua própria avaliação racional.

Logicamente, você não pagaria um centavo além de US$200 pelo negócio de agenciamento de ingressos se os Yankees fossem eliminados da disputa a dez partidas do término do campeonato, e o StubHub estivesse vendendo bilhetes semelhantes por US$100 cada, fazendo com que os cinco ingressos do agenciador valessem US$500 no total. Na Dempster Mill, Buffett encontrou uma situação exatamente idêntica. Em 1961, o patrimônio líquido contábil da empresa era de US$76, fazendo com que as ações parecessem ridiculamente baratas, a US$28, pelo menos no papel. Acompanhar como Buffett desvalorizou habilmente os ativos da Dempster é uma boa oportunidade de vê-lo em ação, à medida que ele vai avaliando conservadoramente os valores de mercado reais, linha por linha. Aqui, mesmo depois das desvalorizações que promoveu, Buffett descobriu que as ações ainda eram extremamente baratas.

Em outros casos, geralmente quando se trata de um bom negócio, os dados do balanço patrimonial subestimam significativamente o valor econômico dos ativos. Voltando ao nosso exemplo do agenciador de ingressos, e se os Yankees estivessem com seu lugar garantido na Series e o StubHub estivesse anunciando bilhetes semelhantes por US$500 cada (US$2.500 no total)? Ainda que o valor contábil seja sempre de US$700 em ambas as situações, o valor de liquidação real, nesse caso, seria de US$2.200. Foi isso que Buffett percebeu na Sanborn Map: que havia adquirido um portfólio de títulos que estavam sendo registrados nos livros de contabilidade pelo seu preço de custo (e não pelo seu valor de mercado). Pelo fato de os títulos terem se valorizado, eles valiam muito mais do que a soma refletida no balanço patrimonial. Com o exemplo da Sanborn, temos a oportunidade de ver a reestruturação que Buffett promoveu nas finanças, demonstrando como ele encontrou ações pelas quais poderia pagar US$0,70 em um portfólio de títulos, e, de quebra, recebendo de graça o restante do negócio.

A ATIVIDADE DOS NEGÓCIOS ESTÁ DIRETAMENTE LIGADA AO VALOR

Estimar o valor econômico ou o valor real dos ativos, em vez de confiar nos valores contábeis, no preço de mercado ou nas opiniões dos outros, é a arte de investir em ações gerais e participações de controle. O processo é o mesmo, quer você esteja avaliando uma fatia de um negócio (ações) ou a coisa toda. Porém, quando você é acionista minoritário, estará à mercê da atual gestão e do conselho de administradores. Embora o trabalho deles seja agir em prol do que é melhor para os acionistas, nem sempre eles assumem suas responsabilidades. Esse é o custo potencial do agenciamento que deve ser suportado quando não se tem o controle acionário, e a razão pela qual uma avaliação da gestão pode ser uma parte muito importante da sua decisão de investimento.

Com o controle acionário, surge a capacidade adicional de assumir o comando, o que é uma vantagem concreta quando mudanças se fazem necessárias. Ao transformar as ações gerais em participações de controle, Buffett conseguiu mudar o comportamento das empresas. Ele pôs fim às atividades que estavam destruindo o valor na Dempster e na Berkshire; e ainda consertou a desequilibrada estrutura de capital na Sanborn Map. Por meio das participações de controle, podemos perceber não apenas como Buffett passou a reconhecer os títulos subavaliados, mas também como ele valorizou os negócios, melhorando o rendimento do capital (ativos) investido nessa categoria. Em um negócio perfeitamente bem gerenciado, o valor do controle para um investidor é zero. O direito de exercer uma pressão pela mudança vale somente quando algo precisa ser consertado. As três participações de controle ofereciam oportunidades significativas de melhoria.

PEGANDO CARONA

Algumas das melhores situações surgem quando você encontra uma ação geral na qual possa fazer um investimento significativo por conta própria e algum outro investidor esteja se esforçando para aprimorar o processo de tomada de decisão da gestão. Os ativistas de hoje em dia continuam pressionando os gestores para melhorar suas operações. Na verdade, essa se tornou uma estratégia muito popular, que vem chamando muita atenção; os fundos dedicados a tal atividade atraíram muitos ativos. Os investidores Carl Icahn, Nelson Peltz, Dan Loeb e Bill Ackman, entre outros, adquiriram um *status* praticamente equivalente ao de estrelas do rock. Porém, não vale a pena seguir todos eles, e Buffett se referiu com desdém aos ativistas contemporâneos na reunião de 2015 da Berkshire, afirmando que muitas coisas que observa hoje "passam do ponto", significando que interpreta suas demandas como não sendo necessariamente benéficas aos interesses dos acionistas de longo prazo.[10]

Na época da sociedade, por vezes, Buffett era nitidamente mais influente do que os ativistas contemporâneos, pois ele controlava uma quantidade muito maior de ações. As empresas com as quais estava envolvido também eram menores e muito mais baratas. Hoje, diversos ativistas investem em participações muito menores em empresas muito maiores, e defendem mudanças em cartas abertas à gerência e outros meios de maior visibilidade, esperando conquistar o amplo apoio dos acionistas.

Porém, tanto naquela época quanto agora, a questão fundamental é saber qual seria o *potencial* de valor adicional que poderia ser atribuído a um título, para além daquele que está sendo atribuído pelo mercado, e, então, fazer algo para preencher essa lacuna. Do mesmo modo que vimos nos investimentos da sociedade, tais situações podem, de modo geral, se tornar agressivas. Hoje, basta observar investidores ativos, como Nelson Peltz e a épica batalha de seu fundo Trian com a DuPont. Esses dois grupos estão em uma luta bastante pública e de alto risco. O capital do Trian, e, provavelmente, o cargo de diretor-executivo da DuPont estão em jogo. O Trian está em busca de grandes iniciativas de redução de custos e, potencialmente, do desmembramento da empresa. O diretor-executivo da DuPont deseja manter a atual estratégia. Os investidores têm de decidir sozinhos quem está com a razão. Aqui, Graham diria: "O público deve aprender a julgar tais controvérsias por seus méritos, conforme demonstrados pela exposição dos fatos e por argumentos fundamentados. Ele não deve se deixar influenciar por meras denúncias ou por personalidades irrelevantes."[11]

Hoje, os investidores podem fazer um estudo cuidadoso dos ativistas contemporâneos e de seus históricos. Então, quando você observar um ativista fazendo algum movimento, julgue por si mesmo os méritos de seus argumentos. Se você estiver de acordo, pegar uma carona pode ser uma ótima estratégia. Ao pegar carona com um ativista, muitas vezes, pode-se criar valor muito mais rapidamente do que se o *status quo* fosse mantido. No caso da DuPont, por exemplo, a empresa logo "descobriu" uma quantidade substancial de redução de custos, encontrada por conta própria (foi o que eles disseram), imediatamente após o Trian ter começado a divulgar sua campanha. Às vezes, a mera presença de um ativista é suficiente para que uma equipe de gestão se sinta estimulada a fazer mudanças que promovam a criação de valor. Os ativistas que trabalham defendendo o que é melhor para todos os acionistas a longo prazo desempenham um papel importante na redução dos custos de agenciamento, que surgem naturalmente em equipes de gestão formadas por não proprietários. Deveríamos ficar contentes com o fato de que alguém esteja disposto a assumir esse papel. Se todos os demais fatores permanecerem inalterados, Buffett prefere deixar que outras pessoas se encarreguem disso. Mas, como ele mesmo disse, "temos de ter o cuidado de saber com quem estamos pegando essa carona".

Buffett nunca se envolveu em uma transação agressiva após o término da sociedade. A convicção geral é a de que seus fundos ficaram grandes demais ou que ele encontrou uma estratégia melhor, com possibilidade de mais retornos. Acho que havia mais do que isso. Seus fundos não cresceram mais do que o maior dos atuais fundos de ativistas (em dólares constantes), até muitos anos depois de a BPL ter fechado. Ele também afirmou que os métodos que utilizava durante a época da BPL ainda funcionariam muito bem hoje, e os retornos atuais obtidos pelos ativistas são evidências que confirmam essa tese.

Embora seja inegável que Buffett tenha preferido deter um negócio inteiro em vez de partes dele (quem não preferiria?), seus textos sugerem que ele desistiu dos controles do tipo guimba de cigarro mais por não gostar disso do que por ter encontrado uma rentabilidade maior para seus dólares de investimento. Na verdade, abrir mão das guimbas de cigarro provavelmente lhe abateu alguns pontos em seus retornos anuais nos primeiros anos — uma escolha com a qual ele parecia mais do que reconfortado. Por que ele negociaria uma pequena migalha em nome de um ou dois pontos extras de retorno quando já estava rico? Acredito que seja possível perceber isso nos comentários posteriores que ele fez na sociedade, não muito tempo antes de decidir dissolver a BPL:

> *A natureza satisfatória de nossas atividades em empresas que estão sob nosso controle é uma razão secundária para os objetivos moderados de investimento discutidos na carta de 9 de outubro. Quando estou lidando com pessoas de quem eu gosto, em negócios que considero estimulantes (qual negócio não é?), e alcançando um apreciável rendimento total sobre o capital empregado (por exemplo, de 10% a 12%), parece uma tolice ficar pulando de situação em situação para ganhar mais alguns pontos percentuais. Também não me parece sensato trocar relações pessoais agradáveis e já estabelecidas com pessoas de alto nível, com um índice razoável de retorno, pela possível irritação, aborrecimento ou coisa pior, com retornos potencialmente maiores.*[12]

Para usar uma frase de Munger, não há nada de errado com o investimento ativista, "desde que você consiga suportar a depilação". Feito convenientemente, isso parece render "mais alguns pontos percentuais" de retorno anual para os ativistas de hoje em dia, assim como rendeu para Buffett no passado. Distinguir o ativista correto, que apresenta um argumento convincente em uma situação em que seu foco se faz necessário, pode ser uma maravilhosa estratégia de investimento. Apenas certifique-se de refletir sobre isso por conta própria. Não siga os outros irrefletidamente. Mais uma vez, tenha o cuidado de saber com quem você está pegando essa carona.

ENSINAMENTOS DAS CARTAS AOS ACIONISTAS: PARTICIPAÇÕES DE CONTROLE

---

24 de janeiro de 1962

A última categoria são as situações de "participações de controle", em que assumimos o controle da empresa ou obtemos uma posição bastante significativa e tentamos influenciar as políticas da empresa. Definitivamente, tais operações deveriam ser medidas durante vários anos. Em determinado ano, elas podem não produzir nada, já que, normalmente, é vantajoso que as ações fiquem estagnadas em termos de mercado por um longo período enquanto estivermos adquirindo-as. Além disso, tais situações têm relativamente pouco em comum com o comportamento do Dow. Às vezes, é claro, compramos uma ação geral considerando que ela possa evoluir para uma situação de participação de controle. Se o preço continuar suficientemente baixo por um longo período, há uma grande chance de isso acontecer. Se ele subir antes de termos um percentual substancial das ações da empresa, vendemos em volumes maiores e damos por encerrada uma operação geral bem-sucedida. No momento, estamos adquirindo ações que possam se tornar situações de participação de controle daqui a vários anos.

18 de janeiro de 1964

A menos que comecemos com a compra de um lote considerável de ações, as participações de controle nascem da categoria das ações gerais. Elas são o resultado de situações em que um título barato permanece com o preço estagnado por um período tão longo de tempo que conseguimos comprar um percentual significativo das ações da empresa. Nesse ponto, provavelmente estaremos em condições de assumir algum grau de controle, ou talvez o controle completo das atividades da empresa; a essa altura, nos tornar ativos ou permanecer relativamente passivos dependerá de nossa avaliação do futuro da empresa e das habilidades da gerência. As ações gerais que viemos comprando mais agressivamente nos últimos meses são muito bem gerenciadas, seguindo uma política que parece fazer muito sentido para nós. Se no futuro nossa compra continuada nos colocar em uma posição de controle, provavelmente continuaremos bastante passivos em relação à operação desse negócio. Não queremos nos tornar ativos apenas por uma questão de ser ativos. Se todos os demais fatores permanecerem inalterados, eu preferiria deixar que outras pessoas se encarregassem disso. No entanto, quando um papel ativo se fizer necessário para otimizar o emprego do capital, você pode estar certo de que não ficaremos parados nos bastidores.

Seja a posição ativa ou passiva, deveria haver um lucro embutido em uma situação de participação de controle. A condição *sine qua non* dessa operação é um preço de compra atraente. Uma vez alcançado o controle, o valor do investimento é determinado pelo valor da empresa, e não pelas frequentes irracionalidades do mercado.

Nossa vontade e nossa habilidade financeira para assumir uma posição controladora nos possibilita elasticidade em muitas das compras realizadas em nosso grupo de ações gerais. Caso o mercado mude sua opinião para melhor, os títulos subirão de preço. Se isso não acontecer, continuaremos a adquirir ações até que possamos olhar para o negócio em si mesmo, e não para o mercado, em busca de justificativas para nossa avaliação.

Os resultados do investimento na categoria de participação de controle têm de ser medidos, pelo menos, durante vários anos. A compra correta exige tempo. Se for necessário, deve-se fortalecer a gestão, reorientar a utilização do capital, efetuar, talvez, uma venda satisfatória ou uma fusão etc., e todos esses fatores também fazem com que esse negócio deva ser medido em anos, e não em meses. Portanto, nas participações de controle, estamos à procura de altas margens de lucro — se eles parecem muito restritos, nós desistimos.

Na fase de compra, as participações de controle se movimentam, em grande parte, de acordo com o Dow. Nos estágios mais avançados, seu comportamento é mais parecido com o das arbitragens cambiais.

---

18 de janeiro de 1964

Se fosse possível apontar alguma tendência, eu esperaria que nossos ativos crescessem na direção das participações de controle, que, até aqui, têm sido nossa menor categoria. Posso estar enganado quanto a essa expectativa — grande parte disso depende, é claro, do comportamento futuro do mercado, no qual seu palpite será tão bom quanto o meu (não tenho nenhum). No momento em que escrevo estas linhas, a maior parte do nosso capital está investida em ações gerais; as arbitragens cambiais ocupam o segundo lugar; e as participações de controle vêm na terceira posição.

18 de janeiro de 1965

Uma operação de investimento que dependa de um péssimo negócio realizado pelo comprador final (em Wall Street, eles chamam isso de "Teoria do Grande Idiota") é, na verdade, uma operação fraca. É muito mais satisfatório comprar a verdadeiros preços de ocasião, de modo que uma mera posição intermediária possa trazer resultados interessantes.

20 de janeiro de 1966

A seção "participações de controle" de nosso negócio recebeu um sócio transferido de nossa categoria de "proprietário privado". Desde novembro de 1962, as ações da Berkshire Hathaway vinham sendo adquiridas seguindo praticamente a mesma linha de raciocínio que havia prevalecido nos títulos mencionados acima. No caso da Berkshire, porém, acabamos comprando ações suficientes para assumirmos, nós mesmos, uma posição controladora, ao contrário da situação mais habitual de vender nossas ações no mercado ou para outro comprador único.

Começamos a adquirir participações da Berkshire em 1962, ao preço de US$7,60 por ação. Esse valor refletia, parcialmente, as grandes perdas causadas pela gerência anterior, ao fechar algumas das fábricas que haviam se tornado obsoletas devido às novas condições existentes na indústria têxtil (que a antiga gerência demorara muito a reconhecer). No período pós-guerra, a empresa escorregou ladeira abaixo, depois de ter atingido o pico em 1948, quando apresentou cerca de US$29,5 milhões de lucros antes dos impostos e cerca de 11 mil trabalhadores estavam empregados. Tais números refletiam a produção de 11 fábricas.

No momento em que adquirimos o controle, na primavera de 1965, a Berkshire se resumia a duas fábricas e cerca de 2.300 funcionários. Foi uma ótima surpresa descobrir que as unidades restantes contavam com uma excelente equipe de gestão, e não foi necessário contratar nenhum executivo sequer alheio à operação. Em relação ao nosso custo inicial de aquisição, de US$7,60 por ação (o custo médio, porém, foi de US$14,86 por ação, refletindo compras muito pesadas no início de 1965), a empresa apresentava, em 31 de dezembro de 1965, um capital circulante líquido isolado (antes de atribuir qualquer valor às fábricas e aos equipamentos) de cerca de US$19 por ação.

É um prazer ser dono da Berkshire. É inegável que a situação da indústria têxtil é o fator dominante na determinação da capacidade de o negócio gerar receitas, mas temos mais sorte ainda pelo fato de Ken Chace administrá-lo de forma exemplar, e também por contarmos com vários dos melhores vendedores nesse ramo, chefiando, com o mesmo efeito positivo, suas respectivas divisões.

Ainda que dificilmente a Berkshire venha a se tornar tão rentável quanto a Xerox, a Fairchild Camera ou a National Video em meio a um mercado muito tensionado, é muito agradável possuir uma empresa como essa. Como diz o meu filósofo da Costa Oeste: "A melhor dieta é a que equilibra farinha de aveia com profiteroles."

Em função de nossa participação controladora, nosso investimento na Berkshire é avaliado, com fins de auditoria, como um negócio, e não como um título negociável. Se a Berkshire subir US$5 por ação no mercado, isso não trará nenhum benefício à BPL — nossas participações acionárias não serão colocadas à venda. Da mesma forma, se ela cair US$5 por ação, não será algo relevante para nós. O valor de nossas participações acionárias é determinado diretamente pelo valor do negócio. Não recebi nenhuma inspiração divina para chegar a essa avaliação de nossas participações acionárias (talvez os proprietários das três maravilhosas ações mencionadas anteriormente tenham recebido uma mensagem desse tipo quanto às suas participações — sinto que, com os preços atuais, eu precisaria de algo ao menos igualmente confiável para dormir bem). Tento fazer uma avaliação conservadora com base em meus conhecimentos de ativos, da capacidade de gerar receitas, das condições da indústria, da posição competitiva etc. Não venderíamos nossas participações acionárias com base nesses índices, mas também não venderíamos os outros itens de nosso portfólio com base nas avaliações anuais — caso contrário, nós já os teríamos vendido.

---

25 de janeiro de 1967

Ao longo de 1966, houve três principais fontes de lucro nas empresas que estão sob nosso controle. Elas surgiram da seguinte forma: 1) lucros retidos de negócios atribuíveis às nossas participações acionárias em 1966; 2) compras no mercado aberto de ações adicionais, inferiores à avaliação de nossa participação controladora e; 3) valorização não realizada de títulos negociáveis detidos pelas empresas controladas. O total de todos os itens positivos alcançou US$2.600.838 em 1966.

Porém, devido a fatores mencionados na minha carta de 1º de novembro de 1966, isto é, as condições específicas da indústria e outros itens relevantes para a avaliação, esse lucro foi reduzido em US$1.034.780 quando chegamos, em 31 de dezembro de 1966, à avaliação justa atribuível às participações controladoras. Assim, o ganho total na categoria de participações de controle foi reduzido para US$1.566.058 naquele ano.

Sem dúvida, tivemos sorte por ter um percentual relativamente alto de ativos líquidos investidos em empresas, e não em ações, durante 1966. O mesmo dinheiro, em participações acionárias do mercado geral, provavelmente teria ocasionado uma perda, talvez substancial, durante o ano. Isso não foi planejado, e se o mercado de ações tivesse avançado substancialmente durante o ano, essa categoria teria sido um obstáculo importante para o desempenho geral. A mesma situação prevalecerá ao longo de 1967.

---

22 de janeiro de 1969

Em conjunto, as empresas que estão sob nosso controle apresentaram um desempenho razoável em 1968. A Diversified Retailing Company Inc. (80% sob nossa propriedade) e a Berkshire Hathaway Inc. (70% sob nossa propriedade) tiveram lucros combinados após impostos de mais de US$5 milhões.

Desempenhos particularmente excelentes foram obtidos pela Associated Coton Shops, uma subsidiária da DRC, gerenciada por Ben Rosner, e pela National Indemnity Company, uma subsidiária da BH, gerenciada por Jack Ringwalt. Ambas as empresas obtiveram um retorno de cerca de 20% sobre o capital investido em seus negócios. Entre as "500" da *Fortune* (as maiores corporações do país, começando com a General Motors), apenas 37 empresas atingiram essa cifra em 1967, e nossa equipe ofuscou empresas ligeiramente mais conhecidas (mas não mais bem valorizadas), como IBM, General Electric, General Motors, Procter & Gamble, DuPont, Control Data, Hewlett-Packard etc.

Até hoje, ainda recebo de vez em quando comentários como estes dos acionistas: "Uau, a Berkshire subiu 4 pontos — isso é ótimo!", ou "O que está acontecendo conosco, a Berkshire caiu 3 pontos na semana passada?". Para nós, o preço de mercado é irrelevante na avaliação de nossas participações controladoras. A avaliação da BH foi de 25 no fim de 1967, quando o mercado estava em torno de vinte, e de 31 no fim de 1968, quando o mercado estava em torno de 37. Teríamos conseguido o mesmo resultado se os mercados estivessem em 15 e cinquenta, respectivamente. ("O preço é o que você paga. O valor é o que você recebe.") Prosperaremos ou sofreremos nos investimentos de controle em função dos desempenhos operacionais de nossos negócios — não tentaremos lucrar nos envolvendo em vários tipos de jogos nos mercados de títulos.

Se você gerencia, possui ou está em um negócio por meio de um título fracionário (ação), os comentários de Buffett sobre as participações de controle o ajudam a aprender a pensar como proprietário; eles também o ajudam a fazer uma avaliação baseada em ativos seguindo os mesmos princípios, como se você estivesse comprando o negócio inteiro. A seguir, vamos analisar a Dempster Mill, a participação de controle que Buffett discutiu com mais frequência em suas cartas. É um estudo de caso perfeito, que se aprofunda nesses conceitos. Podemos observar como os ativos são inicialmente avaliados; em seguida, realocados para aumentar o retorno do negócio; e, por fim, criam um valor significativo para os acionistas.

9. Mergulho na Dempster: o jogo da conversão de ativos

"Estamos à procura de altas margens de lucro — se ele parece muito restrito, nós desistimos."[1]

18 de janeiro de 1964

Grande parte da diversão propiciada pelos investimentos vem do próprio processo de caça. Encontrar uma situação líquido-líquido tão barata quanto a da Dempster Mill é semelhante ao colecionador de arte que encontra um Renoir sob uma pintura de "cachorros no sofá de veludo", vendida por US$25 em uma liquidação de espólio. Trata-se de um evento extremamente raro, que exige um pouco de trabalho para que o verdadeiro valor seja percebido, mas que, a esse preço, certamente produzirá um lucro gigantesco.

Imagine o momento de empolgação de Buffett quando, em 1956, ao folhear o manual da Moody, ele se deparou com uma pequena e obscura empresa de insumos, cujas ações haviam caído 75% no ano anterior. Constatando que, agora, ela estava disponível por uma fração de seu capital circulante líquido e uma fração ainda menor de seu valor patrimonial, ele começou a comprar as ações a apenas US$17 cada. Tempos depois, ele as vendeu por US$80.

Os comentários de Buffett sobre a saga da Dempster Mill foram o relato mais completo de todos os investimentos que ele fez em nome da sociedade. Eles captam perfeitamente seu antigo processo de investimento e esclarecem como ele implementou o estilo de investimento quantitativo de Graham. A Dempster era um investimento concentrado; era barata até mesmo sob premissas conservadoras; exigia um envolvimento ativo de Buffett; era um jogo de conversão de ativos; e era executada sob a forma de benefício fiscal.

Para aqueles que continuam adotando a escola de investimento quantitativo das ações gerais — proprietário privado, um olhar mais atento sobre a Dempster serve como guia para avaliar negócios que utilizam o método do valor dos ativos nas movimentações de hoje em dia, envolvendo guimbas de cigarro subavaliadas.

DERRUBANDO OS MOINHOS DE VENTO

Buffett começou a comprar as ações logo depois de formar a primeira sociedade. Naquele ano, o manual da Moody descrevia a Dempster como uma "fabricante de moinhos de vento, bombas, cilindros, sistemas hídricos, bombas centrífugas, tanques de aço, equipamentos de abastecimento de água, equipamentos de fertilização e implementos agrícolas". Era uma empresa familiar, de microcapital, situada em Beatrice, Nebraska, que gerava lucros mínimos. As participações acionárias, porém, teriam capturado o exigente olhar de qualquer discípulo de Graham — elas estavam sendo negociadas a um fabuloso desconto.

Não muito tempo depois de sua primeira compra, Buffett passou a fazer parte do conselho de administração da empresa, e continuou comprando ações pelos cinco anos seguintes. Em seguida, em 1961, um grande estoque de ações pertencente à família Dempster foi colocado à venda. O controle foi adquirido em agosto do mesmo ano — ele se tornou dono de 70% e alguns "sócios" detinham mais 10%. Tudo somado, seu preço médio era de US$1,2 milhão (US$28/ação), o que significava um desconto de cerca de 50% em relação ao capital circulante e 66% de desconto em relação ao valor patrimonial. Para os fins da sociedade, ele estipulou um valor de liquidação de US$35/ação para a empresa, um processo que foi de "particular importância, uma vez que, efetivamente, os novos acionistas estão comprando com base nesse preço, e os antigos acionistas estão vendendo uma fatia de suas participações com base no mesmo preço".[2] No fim do ano, a Dempster representava cerca de 20% dos ativos totais da BPL.

Esse era mais um grande compromisso para Buffett, mas no início a situação foi um tanto complicada. Os estoques estavam muito altos e seguiam aumentando rapidamente. Buffett tentou trabalhar com a equipe de gestão existente, mas por fim teve de dispensá-la, já que os estoques continuavam a subir. O banco que atendia a empresa estava preocupado, e ameaçava reter a caução que fora dada como garantia de empréstimo.

Eles começaram a falar em fechar as portas da Dempster, e Buffett tinha de agir com rapidez.[3] Se por acaso uma empresa que alocava 20% de seu capital falisse, a sociedade estaria em sérios apuros. Felizmente, seguindo o conselho de Munger, Buffett conheceu um "operador" chamado Harry Bottle e o contratou imediatamente.

Harry era um especialista em reverter situações problemáticas e começou a trabalhar imediatamente. Aqui, ele recorda como enfrentou o problema do excesso de estoque: "[Em] desespero, eu simplesmente contratei um pintor e, com sua ajuda, pintamos uma faixa branca de 15 centímetros de largura, a 3 metros do chão, ao redor da parede interna de nosso maior armazém. Convoquei o supervisor da fábrica e avisei que, se alguma vez eu entrasse no prédio e não conseguisse ver a faixa acima da pilha de caixas, demitiria todo mundo, exceto o pessoal do departamento de expedição, até que a faixa ficasse visível. Gradualmente, fui abaixando a altura daquela faixa até chegar a uma rotatividade de estoque satisfatória."[4]

Harry fez um trabalho tão impressionante para colocar a empresa em ordem que Buffett, na carta do ano seguinte, o apelidou de "o homem do ano". Ele não só reduziu os estoques de US$4 milhões para US$1 milhão, aliviando as preocupações do banco (cujo empréstimo foi logo reembolsado), como também cortou despesas administrativas e comerciais pela metade, tendo fechado cinco filiais deficitárias. Com a ajuda de Buffett e Munger, a Dempster também elevou os preços de seus equipamentos usados em até 500%, com pouco impacto sobre o volume de vendas ou resistência dos clientes,[5] fatores que se combinariam para restabelecer um sólido retorno econômico ao negócio.

RACIOCÍNIO FLEXÍVEL

Há um toque adicional na Dempster que distinguia Buffett da grande maioria de seus contemporâneos, e que evidencia a flexibilidade de seu processo de raciocínio: para ele, seu trabalho como proprietário de uma empresa e seu trabalho como investidor eram exatamente o mesmo. A maioria das pessoas se vê em um papel ou outro; desde o princípio Buffett se deu conta de que esses papéis são uma coisa só, no sentido de que ambos são alocadores de capital. Frequentemente, gestores de empresas com retornos insatisfatórios sentem que não têm outra escolha a não ser reinvestir os lucros em seu próprio negócio. Em seguida, eles avaliam seu sucesso em relação aos seus colegas no setor. Muitas vezes, isso pode levar à síndrome da "pessoa mais saudável no hospício", em que uma boa quantidade de dinheiro é reinvestida a progressivos índices de baixo retorno, servindo apenas para perpetuar a continuação dos retornos insatisfatórios.

A concepção de Buffett era diferente, e ele costuma atingir resultados melhores porque, em parte, investe usando uma escala absoluta. No caso da Dempster, ele não se deixou paralisar em nenhum momento por todo o peso emocional de ser um veterano no negócio dos moinhos de vento. Estava naquele negócio para produzir o mais alto índice de rendimento sobre o capital alocado nos ativos da empresa. Essa escala absoluta lhe permitia perceber que a solução para a Dempster seria deixar de reinvestir em moinhos de vento. Imediatamente, ele impediu que a empresa injetasse mais capital nesse negócio e começou a retirar o capital existente.

Com os lucros e a arrecadação obtidos após a conversão dos estoques e de outros ativos em caixa, Buffett passou a comprar ações que apreciava. Basicamente, ele estava convertendo o capital que antes era utilizado em um mau negócio (de baixo retorno) — o de moinhos de vento — em um capital que poderia ser utilizado em um bom negócio (de alto retorno), o de títulos. Quanto mais o tempo passava, menos a Dempster se parecia com uma empresa de insumos, e mais ela se parecia com uma sociedade de investimento. A disposição e a capacidade de encarar o capital de investimento como algo inteiramente fungível, quer seja o capital alocado nos ativos de empresas, quer seja o capital investido em títulos, é uma característica extremamente rara.

No comando, Buffett se esforçou para realocar os ativos que pudessem ser realocados. Em seguida, ele fez com que a empresa contraísse um empréstimo de US$20 por ação, que foi usado para comprar ainda mais ações das quais ele gostava. Em 1961, a avaliação inicial de US$35/ação era exclusivamente da Dempster; no fim de 1962, a avaliação de Buffett, agora a US$51/ação, era composta de títulos avaliados em US$35 no mercado e de operações industriais a US$16. O portfólio de títulos da Dempster havia se tornado tão grande quanto o do restante da sociedade.[6]

Buffett advertiu com sinceridade sobre as consequências naturais dessa mudança:

> *Deve-se salientar que, no ano passado, 100% do problema da Dempster estava na conversão de ativos e, portanto, era completamente imune ao mercado de ações e altamente afetado por nosso sucesso com os ativos. Em 1963, os ativos industriais ainda serão importantes, mas, do ponto de vista da avaliação, eles se comportarão muito mais como ações gerais, uma vez que investiremos grande parte de seu capital em ações gerais praticamente idênticas às da Buffett Partnership, Ltd.*

A Dempster foi a primeira experiência de Buffett na plena gestão de uma participação de controle, e Bottle lhe propiciou uma visão em primeira mão da diferença que um diretor-executivo confiável e de alta qualidade poderia fazer. Nas cartas, Buffett não economiza elogios a Harry Bottle. Aqui, vemos as origens do que, mais tarde, se tornaria o estilo pessoal de Buffett, emprestado de Dale Carnegie: elogiar a pessoa, criticar a categoria.

Buffett e Bottle continuaram a reduzir os ativos da Dempster, até que tudo o que sobrasse estivesse produzindo um retorno satisfatório. E, então, a história chegou ao fim em 1963. Os ativos industriais restantes, assim como o nome Dempster, foram vendidos. Uma última faceta da história demonstra a perspicácia de Buffett para maximizar os lucros após impostos. Pelo fato de todos os ativos industriais terem sido descartados, restavam apenas os títulos. Buffett conseguiu evitar os impostos sobre os ganhos de capital corporativo da Dempster, em um movimento que, efetivamente, dobrou o retorno da BPL, permitindo que a sociedade chegasse a um ganho de US$45 por ação.

Embora o investimento na Dempster tivesse sido muito rentável, Buffett nunca mais realizou outro investimento semelhante. Ele foi vilipendiado na imprensa local, acusado de ser um liquidante.[7] Mais tarde, em 1969, quando confrontado com a questão de ter de se decidir pela liquidação dos negócios têxteis da Berkshire, ele afirmou:

> *Não é minha intenção liquidar uma empresa que emprega 1.100 pessoas, depois de a gerência ter trabalhado arduamente para melhorar sua posição relativa na indústria, com resultados razoáveis, e desde que a empresa não exija significativos investimentos adicionais de capital. Não*

tenho nenhum desejo de negociar um grave sofrimento humano em nome de um retorno extra de alguns pontos percentuais por ano.[8]

CONTEMPORÂNEOS DO MERGULHO NA DEMPSTER

Observar Buffett colocando em prática seu conhecimento sobre investimentos no caso da Dempster é, sob muitos aspectos, instrutivo para os investidores de hoje em dia. Primeiro, isso revela a falsa suposição, alimentada por muitos, de que as participações de controle são um campo limitado a grandes investidores. O valor de mercado da Dempster era de US$1,6 milhão em 1961, ou aproximadamente US$13,3 milhões em valores atuais. Em segundo lugar, a habilidade de atuar em nichos menores era uma vantagem tão grande para Buffett naqueles primeiros anos quanto o é para qualquer pessoa que continue trabalhando com quantias menores hoje. A vantagem da "carta na manga" das ações gerais — proprietário privado abre espaço tanto para o ativismo quanto para o controle. Mesmo aqueles que trabalham com quantias menores podem exercitar essa vantagem nas empresas de microcapital.

Buffett não foi a única figura lendária dos investimentos a debutar nos títulos profundamente subavaliados: em 1996, com menos de US$1 milhão, David Einhorn criou o agora colossal fundo de cobertura Greenlight Capital, e identificou uma empresa de microcapital líquido-líquido sob o nome de C. R. Anthony, que estava sendo negociada a 50% do capital circulante líquido. Einhorn investiu 15% de seus ativos na empresa e acabou obtendo um retorno de 500% naquele ano, quando a empresa foi adquirida.⁹ Sendo bilionário, é pouco provável que ele se depare com tais oportunidades novamente. Especialistas do setor apontam como seria difícil investir mais de US$1 milhão em uma estratégia diversificada de líquido-líquido em 2014.¹⁰ Se você ainda não for rico o suficiente para isso, boa caçada.

VALOR:
VALOR CONTÁBIL *VERSUS* VALOR INTRÍNSECO

Hoje, existem muitas ferramentas gratuitas na internet para filtrar ações que estejam sendo negociadas abaixo de seu valor patrimonial contábil ou de seu capital circulante líquido. Historicamente, adquirir uma cesta equilibrada desses tipos de ações adequadamente selecionadas e detê-la por um ano ou dois (uma das estratégias de Tobias Carlisle) tem se mostrado muito eficaz. Porém, se, assim como Buffett, você quiser fazer apostas mais concentradas, terá de proceder a alguma análise, e isso começa com a compreensão do real valor econômico (valor realizável de liquidação) dos ativos de uma empresa.

As cartas relacionadas à Dempster são ricas em especificidades sobre o processo concreto que Buffett utilizou para avaliar os ativos desses tipos de empresas em dificuldades; o processo continua sendo o mesmo que os investidores em altos valores usam atualmente. A descrição da Dempster era única, pois vemos não apenas sua primeira apreciação do valor rubrica a rubrica, como também percebemos o quanto esses valores se alteraram com o desenrolar dos acontecimentos.

É importante dizer que, quando se trata da avaliação de um ativo, e não dos resultados, estamos falando do valor de liquidação sob uma estimativa conservadora. "O valor estimado não deveria ser aquilo que nós esperamos que ele valha, ou o que poderia valer para um comprador voraz etc., mas o que eu estimaria que nossas participações renderiam se fossem vendidas nas condições atuais, em um prazo razoavelmente curto." O processo provinha diretamente de Graham.

Como pode ser constatado no Apêndice D, Buffett analisa atentamente os itens do balanço patrimonial, listados de acordo com sua liquidez. O caixa tem tanta liquidez que não precisa de uma margem de avaliação. As contas a receber (dinheiro devido pelos clientes da Dempster, mas ainda não recolhido) são avaliadas em US$0,85; o estoque, que está registrado "nos livros" ao seu preço de custo, foi rebaixado para US$0,65. Assume-se que as despesas antecipadas e "outros" valham apenas US$0,25. Quando os valores corrigidos são somados, pode-se perceber que Buffett pressupõe um valor real de US$3,6 milhões para os ativos circulantes (em sua maior parte, líquidos), apesar de eles aparecerem nos livros de contabilidade a US$5,5 milhões.

Em seguida, ele avalia os ativos de longo prazo, que normalmente são menos líquidos, utilizando valores estimados de leilão. No caso da Dempster, esses ativos seriam as instalações e os equipamentos industriais (listados, oficialmente, como ativos imobilizados). Percebeu a avaliação de US$800 mil, em comparação com o US$1,4 milhão de valor contábil? Lembre-se: Buffett queria descobrir o valor de todas essas coisas para a eventualidade de uma venda imediata — os valores contábeis nos dizem apenas qual o preço pago *pela* empresa para adquirir esses bens. Ele estava interessado no preço que seria pago à empresa caso ela fosse vendida. O processo é intencionalmente conservador, de modo a abrir espaço para uma margem de erro nas premissas. Algumas empresas exigirão mais conservadorismo do que outras. Um revendedor com um estoque de inúmeras camisetas fora de moda precisa, por exemplo, de um desconto muito maior do que aquele que seria necessário para um fabricante com um estoque de matérias-primas inacabadas (digamos, chapas de aço). Você terá de pesquisar um pouco mais para encontrar os fatores de correção mais precisos em cada setor. O livro *Security Analysis* se aprofunda nos meandros da avaliação de ativos. Para nossos propósitos, é suficiente que você compreenda os conceitos básicos do funcionamento do processo e a importância de se pautar pela prudência em suas estimativas. Isso significa que, quando o trabalho estiver concluído, o valor deveria se tornar óbvio. Como Buffett disse nas cartas: "Estamos à procura de altas margens de lucro — se eles parecem muito restritos, nós desistimos."[11]

Como fica evidente na tabela do Apêndice, os ativos corrigidos totalizaram US$4,4 milhões. Quando os passivos de US$2,3 milhões foram subtraídos (sempre pelo valor nominal), sobraram US$2,2 milhões como valor corrigido do negócio. Com 60 mil ações, isso corresponde à avaliação inicial de US$35 por ação. O preço médio de Buffett de US$28 equivalia a 80% de seu valor de liquidação corrigido sob uma estimativa conservadora. Em outras palavras, se o preço era ridiculamente baixo em relação ao seu valor contábil, mais importante do que isso, ele ainda era significativamente mais barato em relação ao valor corrigido ou intrínseco.

UMA VALORIZAÇÃO ABSOLUTA

Nos seis meses que Harry Bottle esteve envolvido nessa tarefa, ele conseguiu fazer progressos significativos na recuperação da empresa e, mais uma vez, podemos observar, na tabela do Apêndice, como seu progresso fez com que a Dempster se tornasse uma empresa mais valiosa. Buffett se deliciava ao relatar: "A bem-sucedida conversão de parcelas substanciais dos ativos da Dempster em caixa, praticamente a US$1, foi o ponto alto de 1962. O estoque de US$4,2 milhões no fim do ano passado, por exemplo, estará provavelmente em torno de US$1,9 milhão no fim deste ano, reduzindo o desconto sobre esse item em cerca de US$920 mil (40% da redução de US$2,3 milhões)." Usando os mesmos fatores de correção em cada item, percebe-se exatamente como essa atividade "produziu" mais US$15 no valor de cada ação.

Buffett apresentava os índices aos acionistas:

> *Três fatos se destacam: 1) Embora de alguma forma a faxina e as amortizações tenham provocado a redução do patrimônio líquido (US$550 mil foram eliminados do estoque; os ativos imobilizados, em sua totalidade, superaram o valor contábil), convertemos ativos em caixa a um índice muito superior ao que se poderia inferir na avaliação que realizamos no ano passado. 2) Até certo ponto, convertemos os ativos industriais (que eram um mau negócio) em um negócio que podemos classificar como bom — os títulos. 3) Ao comprar ativos a preço de ocasião, não precisamos retirar nenhum coelho da cartola para obter ganhos percentuais extremamente altos. Essa é a pedra angular de nossa filosofia de investimento: "Nunca confie na hipótese de que conseguirá fazer uma boa venda. Mantenha o preço*

de compra tão atraente que até mesmo uma venda medíocre seja capaz de produzir bons resultados. Uma venda melhor será o glacê do bolo."

NUNCA SE ESQUEÇA DO BALANÇO PATRIMONIAL

Buffett ensina os investidores a pensar nas ações como um canal por meio do qual eles poderão obter sua parte nos ativos que constituem um negócio. O valor de tal negócio será determinado por um destes dois métodos: 1) o que os ativos valerão se forem vendidos, ou 2) o nível de lucros em relação ao valor dos ativos necessários para produzir esses lucros. São métodos válidos para todo e qualquer negócio, e eles estão interligados. Buffett comentou: "Este ano, Harry continuou a transformar os ativos subutilizados em caixa, mas, além disso, fez com que o restante dos ativos necessários se tornassem produtivos."

Operacionalmente, existem apenas três maneiras de melhorar um negócio: 1) aumentar o nível de vendas; 2) reduzir os custos em termos do percentual de vendas; 3) reduzir os ativos em termos do percentual de vendas. Os outros fatores, 4) aumentar a alavancagem ou 5) diminuir a alíquota tributária, são os motores financeiros do valor do negócio. Essas são as únicas maneiras pelas quais um negócio pode se tornar mais valioso.

Buffett "puxou todas as alavancas" na Dempster. Ao elevar os preços das peças de reposição e reduzir os custos operacionais, ele puxou as alavancas nº 1 e nº 2. A alavanca nº 3 foi puxada quando os estoques (ativos) foram reduzidos. A alavanca nº 4, quando Buffett pegou dinheiro emprestado para comprar mais ações. A alavanca nº 5, quando ele evitou a incidência de um considerável imposto, vendendo todos os ativos operacionais da empresa.

Quando a rentabilidade sobe e o capital necessário para produzi-la decresce, os retornos e o valor do negócio aumentam de forma de vertiginosa. Buffett entendia isso intrinsecamente, e a Dempster é um exemplo marcante para investidores contemporâneos obcecados por (1) e (2) à custa de (3). Desfazer-se dos ativos subutilizados de uma empresa não apenas produz fluxo de caixa que poderá ser usado em outros lugares, como também melhora o negócio e o torna mais valioso. Além de ser um lembrete maravilhoso para os investidores individuais e, até mesmo, profissionais, no sentido de centrar sua atenção, antes de tudo, no balanço patrimonial (existe uma razão para o fato de ele aparecer logo no começo do conjunto das demonstrações financeiras). Nunca perca de vista o fato de que, sem ativos tangíveis, jamais haveria lucros.

ENSINAMENTOS DAS CARTAS AOS ACIONISTAS: A DEMPSTER MILL

---

22 de julho de 1961

No mercado aberto, também começamos a adquirir um compromisso potencialmente crescente, e eu espero, é claro, que ele permaneça como está por pelo menos um ano do ponto de vista do mercado. Tal compromisso pode ser um obstáculo ao desempenho a curto prazo, mas é uma forte promessa de resultados superiores ao longo de vários anos, além de ter substanciais características defensivas.

---

24 de janeiro de 1962

Dempster Mill Manufacturing Company

Atualmente, estamos envolvidos no controle da Dempster Mill Manufacturing Company, de Beatrice, Nebraska. Nossa primeira ação foi comprada como um título geralmente subavaliado, há cinco anos. Mais tarde, um lote de ações foi oferecido, e eu passei a ocupar o conselho, cerca de quatro anos atrás. Em agosto de 1961, obtivemos o controle majoritário, e isso é um indicativo de que muitas de nossas operações não são exatamente do tipo "da noite para o dia".

No momento, possuímos 70% das ações da Dempster, com outros 10% detidos por alguns sócios. Como somos apenas 150 ou um pouco mais de acionistas, o mercado para essas ações é praticamente inexistente, e, de qualquer modo, isso não faria sentido para quem já detém a participação controladora. Nossas próprias movimentações em tal mercado poderiam afetar drasticamente o preço estipulado.

Assim, tenho de estimar o valor de nossa participação controladora no fim do ano. Isso é de particular importância, uma vez que, efetivamente, os novos acionistas estão comprando com base nesse preço, e os antigos acionistas estão vendendo uma fatia de suas participações com base no mesmo preço. O valor estimado não deveria ser aquilo que nós esperamos que ele valha, ou o que poderia valer para um comprador voraz etc., mas o que eu estimaria que nossas participações renderiam se fossem vendidas nas condições atuais, em um prazo razoavelmente curto. Nossos esforços estarão empenhados em aumentar esse valor, e sentimos que há perspectivas razoáveis para se conseguir isso.

A Dempster é uma fabricante de implementos agrícolas e sistemas hídricos cujas vendas chegaram a aproximadamente US$9 milhões em 1961. Nos últimos anos, as operações produziram somente ganhos nominais em relação ao capital investido. Isso foi o reflexo de uma situação de má gestão, bem como de um cenário de grandes dificuldades no setor. Atualmente, o patrimônio líquido consolidado (valor patrimonial) está em torno de US$4,5 milhões, ou US$75 por ação; o capital de giro consolidado, em torno de US$50 por ação; e, no fim do ano, avaliamos nossas participações acionárias em US$35 por ação. Embora eu não alegue ter uma visão oracular a respeito de uma questão como essa, sinto que é uma avaliação justa tanto para os novos acionistas quanto para os antigos. Certamente, se conseguirmos restaurar ao menos uma módica capacidade de gerar receitas, uma maior valorização estará justificada, e, mesmo que não consigamos, a Dempster deverá chegar a um valor mais elevado. Nossa participação controladora foi adquirida a um preço médio de cerca de US$28, e essa participação representa, atualmente, 21% dos ativos líquidos da sociedade, com base no valor de US$35.

Logicamente, essa seção de nosso portfólio não valerá mais dinheiro simplesmente porque a General Motors, a U.S. Steel etc. estão vendendo por um preço mais alto. Em um mercado em forte aceleração, as operações em situações de participação de controle parecerão uma maneira muito difícil de fazer dinheiro, quando comparadas com a mera compra no mercado de ações gerais. No entanto, mais do que às oportunidades, estou atento aos perigos que os atuais níveis do mercado representam. As situações de participações de controle, juntamente com as arbitragens cambiais, são um meio de proteger parte de nosso portfólio desses perigos.

1º de novembro de 1962

Neste fim de ano, para avaliar nossa participação controladora na Dempster Mill Manufacturing, pretendemos usar o mesmo método que usamos no fim do ano passado. Isso significou aplicar vários descontos nos itens do balanço patrimonial, de modo a refletir minha opinião sobre o que poderia ser realizado na eventualidade de uma venda imediata. No ano passado, definimos um desconto de 40% sobre os estoques, um desconto de 15% em recebíveis, o valor estimado de leilão de ativos fixos etc., o que conduziu a um valor aproximado de US$35 por ação.

A bem-sucedida conversão de parcelas substanciais dos ativos da Dempster em caixa, praticamente a US$1, foi o ponto alto de 1962. O estoque de US$4,2 milhões no fim do ano passado, por exemplo, estará provavelmente em torno de US$1,9 milhão no fim deste ano, reduzindo o desconto sobre esse item em cerca de US$920 mil (40% da redução de US$2,3 milhões). Abordarei essa história com toda a imparcialidade em minha carta anual. Nesse momento, vou me limitar a dizer que a aplicação dos mesmos descontos descritos acima provavelmente resultará em um valor anual de pelo menos US$50 por ação. O alcance do trabalho de conversão de ativos talvez possa ser mais bem ilustrado em uma frase, salientando que, se em 30 de novembro de 1961 (o fim do ano fiscal da Dempster) tivemos US$166 mil em caixa e US$2,315 milhões em passivos, este ano esperamos obter cerca de US$1 milhão em caixa e investimentos (do tipo que a sociedade costuma adquirir) contra um passivo total de US$250 mil. As perspectivas para melhorar ainda mais essa situação em 1963 parecem boas, e esperamos que, no próximo ano, a Dempster alcance um portfólio de investimentos substancialmente extenso.

Com a avaliação da Dempster a US$50 por ação, o ganho total da sociedade (antes de quaisquer pagamentos aos acionistas) foi de 5,5% até 31 de outubro. Caso essa vantagem de 22,3% sobre o Dow seja mantida até o fim do ano, ela estará entre as maiores que já tivemos. Cerca de 60% dessa vantagem foi conquistada pelo portfólio não pertencente à Dempster, e 40% foi o resultado do aumento de valor na Dempster.

---

18 de janeiro de 1963

Dempster Mill Manufacturing Company

O ponto alto de 1962, do ponto de vista do desempenho, foi nossa atual situação de participação de controle — 73% da Dempster Mill são nossos. A Dempster tem se dedicado principalmente aos implementos agrícolas (a maior parte dos itens é vendida no varejo, a US$1 mil ou menos), sistemas hídricos, equipamentos para poços de água e linhas de bombeamento por encomenda.

Na última década, as operações se caracterizaram por vendas estacionárias, baixa rotatividade de estoque e praticamente nenhum lucro em relação ao capital investido.

Obtivemos o controle em agosto de 1961, a um preço médio de cerca de US$28 por ação, sendo que, em anos anteriores, já havíamos comprado algumas ações por apenas US$16, embora a grande maioria delas tenha sido adquirida em agosto, em uma oferta de US$30,25.

Quando se obtém o controle de uma empresa, obviamente o que passa a ter muito mais importância é o valor dos ativos, e não a cotação de mercado para um pedaço de papel (certificado de ações). No ano passado, nossa participação acionária na Dempster foi avaliada após aplicarmos o que classifiquei como descontos apropriados sobre diversos ativos. Essas avaliações se apoiaram em sua condição de ativos não lucrativos, e foram estimadas com base não em seu valor potencial, mas no que eu imaginava que uma venda imediata poderia render naquele momento. Nosso trabalho era combinar esses valores e fazê-los chegar a um índice razoável. O balanço patrimonial consolidado do ano passado e o cálculo do valor justo são apresentados a seguir [Apêndice D].

O ano fiscal da Dempster termina em 30 de novembro, e pelo fato de a auditoria ainda não estar totalmente disponível, aproximei alguns dos índices e arredondei para US$35 por ação no ano passado.

Inicialmente, trabalhamos com a antiga gestão à procura de uma utilização mais eficaz do capital, melhores margens operacionais, redução das despesas gerais etc. Esses esforços resultaram completamente infrutíferos. Depois de patinarmos por aproximadamente seis meses, tornou-se óbvio que, apesar de a retórica estar trabalhando em prol de nosso objetivo, ou pela incapacidade ou pela má vontade, nada estava sendo alcançado. Era preciso fazer uma mudança.

Um grande amigo, que não costuma fazer descrições entusiasmadas, recomendou vivamente que procurássemos Harry Bottle para sanar nosso problema. Em 17 de abril de 1962, eu me encontrei com Harry em Los Angeles e apresentei a ele uma proposta que previa recompensas caso nossos objetivos fossem atingidos, e em 23 de abril ele estava sentado na cadeira da presidência, em Beatrice. Harry é, sem dúvida, o homem do ano. Todos os objetivos que estabelecemos para ele foram cumpridos, e as surpresas têm sido bastante positivas. Harry fez uma conquista após outra, até então consideradas impossíveis, e sempre cuidou dos problemas mais difíceis primeiro. Nosso limiar de rentabilidade foi cortado praticamente pela metade, mercadorias de baixa rotatividade ou obsoletas foram vendidas ou eliminadas, procedimentos de marketing foram renovados e as instalações não lucrativas foram vendidas.

Os resultados desse programa são parcialmente mostrados no balanço patrimonial a seguir, no Apêndice D, que, por ainda representar ativos não lucrativos, foi avaliado sob a mesma base do ano passado.

Em 2 de janeiro de 1963, a Dempster recebeu um empréstimo a prazo sem garantia de US$1,25 milhão. Esses fundos, somados aos fundos já "liberados", nos permitirão ter um portfólio de títulos de cerca de US$35 por ação na Dempster, ou consideravelmente mais do que pagamos pela empresa inteira. Assim, nossa atual avaliação envolverá um valor líquido de cerca de US$16 por ação nas operações industriais e de US$35 nas operações de títulos, comparável à da Buffett Partnership, Ltd.

Evidentemente, estamos dedicados a fazer a composição desses US$16 das operações industriais a um índice atraente, e acreditamos que temos algumas boas ideias a respeito de como atingir esse objetivo. Se o negócio, tal como está sendo atualmente conduzido, der dinheiro, será uma tarefa fácil; caso contrário, temos algumas outras ideias promissoras.

Deve-se salientar que, no ano passado, 100% do problema da Dempster estava na conversão de ativos e, portanto, era completamente imune ao mercado de ações e altamente afetado por nosso sucesso com os ativos. Em 1963, os ativos industriais ainda serão importantes, mas, do ponto de vista da avaliação, eles se comportarão muito mais como ações gerais, uma vez que investiremos grande parte de seu capital em ações gerais praticamente idênticas às da Buffett Partnership, Ltd. Por razões fiscais, provavelmente não usaremos arbitragens cambiais na Dempster. Portanto, se o Dow caísse substancialmente, isso teria um efeito significativo na avaliação da Dempster. Da mesma forma, a empresa se beneficiaria, este ano, da aceleração do Dow, o que não teria sido o caso na maior parte do ano passado.

Há um último ponto de grande importância para a Buffett Partnership, Ltd. Temos, agora, uma relação com um operador que poderá ser de grande utilidade em futuras situações de participação de controle. Harry nunca havia pensado em gerenciar uma empresa de implementos agrícolas até seis dias antes de assumir. Ele é dinâmico, aplicado, e, uma vez estabelecidas as políticas, ele as cumpre. Gosta de ser bem remunerado pelo bom trabalho que executa, e eu gosto de lidar com alguém que não fica tentando descobrir como banhar a ouro todos os acessórios do lavabo executivo.

Harry e eu gostamos um do outro, e seu relacionamento com a Buffett Partnership, Ltd. deverá ser produtivo para todos nós.

---

10 de julho de 1963

Em nossa mais recente carta anual, descrevi Harry Bottle como o "homem do ano". Tratava-se de um eufemismo. No ano passado, Harry fez um trabalho extraordinário de conversão de ativos improdutivos em caixa, e, em seguida, é claro, começamos a investir em títulos subavaliados. Este ano, Harry continuou a transformar os ativos subutilizados em caixa, mas, além disso, ele fez com que o restante dos ativos necessários se tornassem produtivos. Assim, tivemos as seguintes transformações nos balanços patrimoniais ao longo dos últimos 19 meses [Apêndice D].

Incluí anteriormente os fatores de conversão já utilizados na avaliação da Dempster para os fins da BPL, de modo a refletir os valores estimados da venda imediata de ativos não lucrativos.

Como pode ser observado, Harry converteu os ativos em uma base muito mais favorável do que se poderia inferir em minhas avaliações. Esse fato reflete a experiência de Harry e, talvez em menor grau, meu próprio conservadorismo nas avaliações.

Como também pode ser observado, a Dempster obteve um lucro operacional bastante satisfatório no primeiro semestre (assim como um ganho substancial não realizado em títulos), e é inegável que o negócio operacional, tal como está sendo conduzido agora, tenha pelo menos uma módica capacidade de gerar receitas a partir dos ativos drasticamente reduzidos e necessários para sua condução. Entretanto, em função de um fator sazonal muito importante, e também pela presença de um imposto diferido, a capacidade de gerar receitas não é tão expressiva quanto o que poderia ser inferido pela simples comparação dos balanços patrimoniais de 30/11/1962 e 30/6/1963. Em parte devido a essa sazonalidade, mas principalmente devido aos possíveis desdobramentos na Dempster antes do fim de 1963, mantivemos a avaliação de nossas participações na Dempster nos mesmos US$51,26 utilizados no fim de 1962 em nossos dados do primeiro semestre da BPL. No entanto, eu ficaria muito surpreso se a Dempster não conseguir superar essa cifra no fim deste ano.

Uma informação adicional para os fundamentalistas do nosso grupo: a BPL detém 71,7% da Dempster, adquiridos ao custo de US$1.262.577,27. Em 30 de junho de 1963, a Dempster tinha um pequeno cofre de segurança no Omaha National Bank, contendo títulos no valor de US$2.028.415,25. Nossa participação de 71,7% em relação aos US$2.028.415,25 equivale a US$1.454.373,70. Assim, tudo que está à superfície (e parte do que está submerso) significa lucro. Para meus amigos analistas de títulos, talvez se trate de um método bastante primitivo de contabilidade, mas devo confessar que encontro um pouco mais de consistência nesse método dos dedos das mãos e dos pés do que na confiança quase cega de que alguém me pagará os lucros do próximo ano multiplicados por 35.

UMA CARTA AOS ACIONISTAS DA DEMPSTER MILL (NÃO INCLUÍDA NAS CARTAS AOS ACIONISTAS)[12]

20 de julho de 1963

Incluo, aqui, o anúncio de uma reunião extraordinária dos acionistas, a ser realizada em Beatrice, na quarta-feira, 31 de julho de 1963, às 19 horas. Esta carta está sendo escrita de modo que você possa estar em condições de refletir antecipadamente sobre os assuntos que serão votados nessa reunião.

Seguem anexos relatórios financeiros que mostram os resultados não auditados dos primeiros sete meses do ano fiscal, assim como um balanço patrimonial que descreve a condição financeira da empresa em 30 de junho de 1963. É evidente que o excelente trabalho iniciado pela presidência de Harry Bottle no ano passado teve continuidade este ano. Há um elemento sazonal muito substancial em nosso negócio, de modo que estamos prevendo operações que tendam ao limiar da rentabilidade no balanço anual. Ainda assim, parece que as operações acumuladas do ano resultarão em um dos melhores anos da história recente.

Essa drástica melhoria nos resultados operacionais foi obtida pela eliminação de linhas não lucrativas, pelo fechamento de filiais não lucrativas, pela supressão de despesas gerais desnecessárias, pela correção dos preços quando justificado etc. Além de reorientar a empresa para as operações lucrativas, essas ações reduziram substancialmente as necessidades de capital do negócio. Desse modo, em 30 de junho, detínhamos US$1,772 milhão em títulos negociáveis, com um valor de mercado, naquela data, de US$2,028 milhões. Parece que, em breve, a empresa terá apenas cerca de 60% de seus ativos concentrados nas operações industriais. Essa supercapitalização representa problemas importantes para a gestão, em seus esforços para produzir um retorno satisfatório sobre o capital total comprometido com a corporação.

A gestão vem analisando vários métodos alternativos de emprego desse capital no negócio, bem como possibilidades já exploradas, por meio dos quais esses fundos excedentes possam estar à imediata disposição dos acionistas, sem a incidência de impostos ordinários muito substanciais sobre os rendimentos. Parece impossível fazer qualquer distribuição proporcional sem que essa distribuição seja tributada como um dividendo ordinário. Nossos advogados têm recomendado que a maneira mais eficaz de colocar esse capital nas mãos dos acionistas da Dempster seria por meio da venda dos ativos operacionais da companhia ainda em atividade, e, logo depois, pela liquidação da corporação. Isso não significa a liquidação do negócio operacional, pois ele já terá sido vendido previamente durante o período de atividade da empresa. Assim, todos os fundos poderão ser distribuídos proporcionalmente aos acionistas, sujeitos apenas a um imposto sobre os ganhos de capital das somas recebidas em excesso, em conformidade com a base tributária das ações de cada acionista. Recomenda-se, particularmente, que essa providência seja tomada de imediato, uma vez que, de acordo com os cálculos de nossos auditores, a empresa praticamente extinguiu o imposto diferido, e, daqui para a frente, nossos lucros operacionais estarão sujeitos ao imposto da Receita Federal de 52%.

Tal como está sendo conduzida no momento, o Conselho de Administração acredita, unanimemente, que a Dempster Mill possui um valor como negócio em atividade para além do mero valor de liquidação de seus ativos. Portanto, acreditamos que, em benefício dos acionistas, funcionários e clientes, ela deva ser vendida como uma empresa ainda em atividade. Harry Bottle continuará sendo o gerente para qualquer comprador. Ele foi instruído a conduzir as operações durante o período intermediário até a venda, em moldes compatíveis com nosso plano operacional executado no ano passado. Os materiais serão adquiridos, a produção será planejada etc., com base no mesmo padrão que prevaleceu em relação aos produtos e à distribuição no último ano.

Muito recentemente, houve negociações entre o Comitê Executivo e representantes de vários possíveis compradores, no sentido de efetivar essa venda como um negócio em atividade. Elas não conduziram ao fechamento de um contrato, embora em dois casos as discordâncias parecessem relativamente insignificantes. Atualmente, as operações estão sendo avaliadas por uma parte interessada, cujas intenções, conforme nos foi afirmado, envolvem a expansão substancial da operação de Beatrice.

Por causa da sazonalidade do nosso negócio, é necessário que qualquer comprador assuma as operações no início do outono, a fim de se preparar racionalmente para a grande temporada de vendas da primavera. Portanto, o Conselho entende que algo de concreto deverá estar concluído em um futuro relativamente próximo.

O Anúncio de Reunião Extraordinária, aqui incluído, descreve o procedimento a ser adotado:

Até 13 de setembro, continuaremos a nos esforçar para que a venda seja efetivada como uma empresa em atividade, em uma base negociada.

Imediatamente após a reunião dos acionistas, a intenção de venda será amplamente divulgada. Pretende-se que as grandes empresas do setor de bombeamento, implementos e fertilizantes sejam contactadas. Nos reservaremos o direito de vender em uma base negociada até 13 de setembro. Durante esse período, será possível costurar um contrato que atenda aos desejos da parte compradora.

Na impossibilidade de uma venda negociada até 13 de setembro, será realizada uma venda pública em 30 de setembro, segundo um modelo de contrato de venda que providenciaremos e que todos os licitantes deverão obedecer. Essa venda será à vista. No momento, a BPL, proprietária de 44.557 ações da Dempster, pretende fazer uma oferta caso tal venda venha a ser realizada, e estaria disposta a formar uma sociedade ou um empreendimento conjunto com qualquer outro acionista ou grupo de acionistas que desejem participar da concorrência. Logicamente, qualquer acionista da Dempster poderá oferecer lances individuais.

Gostaríamos de salientar que a Dempster será vendida como uma empresa em atividade, e que o comprador adquirirá o direito de utilizar o nome Dempster em suas operações. Após a venda, o Conselho pretende proceder à distribuição ordenada da arrecadação proveniente da venda e da alienação de outros ativos, exceto para aqueles ativos que possam ser convenientemente distribuídos em espécie.

Embora seja obviamente impossível prever qual será a realização final do ganho para os acionistas, parece certo que ela será substancialmente maior do que as cotações atuais ou passadas das ações da Dempster. Portanto, seria aconselhável que os acionistas retivessem suas ações, pelo menos até que a emissão de uma nova comunicação sobre como os esforços de vendas se desenrolaram.

Esperamos que todos os acionistas possam participar da reunião extraordinária, para que todas as questões sejam respondidas. Se você não puder comparecer, todas as perguntas enviadas por escrito serão respondidas prontamente.

Atenciosamente,
WEB, presidente do Conselho.

---

6 de novembro de 1963

Em 1963, os pesados impostos corporativos que enfrentávamos (Harry me surpreendeu pela velocidade com a qual recuperou nosso prejuízo fiscal reportável), juntamente com o excedente de liquidez dentro da corporação, nos obrigava, de alguma forma, à desincorporação ou à venda do negócio.

Nós nos determinamos a fazer uma das duas coisas antes do fim de 1963. A desincorporação apresentava muitos problemas, mas teria, com efeito, duplicado os resultados aos nossos acionistas e eliminado, também, o problema do imposto sobre os ganhos de capital nos títulos da Dempster.

Praticamente no último minuto, depois de várias ofertas anteriores terem fracassado em estágios razoavelmente avançados, efetuamos uma venda de ativos. Apesar do bom número de acontecimentos inesperados nessa venda, o efeito concreto foi nos reaproximarmos do valor patrimonial. Isso, juntamente com os ganhos obtidos com nosso portfólio de títulos negociáveis, nos dá uma realização final de cerca de US$80 por ação. A Dempster (agora denominada First Beatrice Corp. — vendemos o nome para a nova corporação) foi reduzida quase que inteiramente ao caixa e a títulos negociáveis. Na auditoria anual da BPL, nosso portfólio na First Beatrice foi avaliado pelo valor dos ativos (com títulos no mercado), deduzindo-se uma reserva de US$200 mil para diversas contingências.

Eu poderia mencionar que acreditamos que os compradores se sairão muito bem com a Dempster. São pessoas habilidosas, com planos sólidos para expandir tanto o negócio quanto sua rentabilidade, e que nos impressionam positivamente. Teríamos ficado muito felizes em operar a Dempster em uma base não corporativa, mas também estamos muito felizes em vendê-la por um preço razoável. Nosso negócio é fazer excelentes compras — e não fazer vendas extraordinárias.

Harry funciona da mesma maneira que eu — ele gosta de grandes desafios. Atualmente, é sócio limitado da BPL e, na próxima operação de aperto de cintos que tivermos de fazer, ele será o nosso homem.

A saga da Dempster revela várias lições:

1. Nosso negócio é do tipo que exige paciência. Ele tem poucas coisas em comum com um portfólio de ações de prestígio que sobem indefinidamente, e durante os períodos de popularidade destas últimas, podemos parecer bastante indigestos.
2. É uma vantagem possuirmos títulos cujos preços se mantêm inalterados por meses, ou talvez anos, e é por esse motivo que os compramos. Isso sublinha a necessidade de medir nossos resultados durante um período de tempo adequado. Sugerimos três anos, no mínimo.
3. Não podemos fazer referência às nossas operações de investimento atuais. Tal política escancarada jamais poderia melhorar nossos resultados, e, em alguns casos, poderia até nos prejudicar seriamente. Por essa razão, se alguma pessoa, incluindo os acionistas, nos perguntar se estamos interessados em algum título, deveremos recorrer à "5ª Emenda".

ENSINAMENTOS COMPOSTOS

Muitos anos depois, analisando retrospectivamente a história da Dempster, Buffett afirmou que "a contratação de Harry talvez tenha sido a mais importante decisão de gestão que já tomei. A Dempster estava passando por grandes dificuldades com os dois gestores anteriores, e os bancos estavam nos tratando como um iminente caso de insolvência. Se a Dempster tivesse falido, minha vida e minhas perspectivas econômicas teriam sido muito diferentes dali em diante".[13]

É uma história empolgante, mas também é fantástico ter a oportunidade de acompanhar as movimentações de Buffett e observar como o investimento evolui de ano para ano. As técnicas básicas de Graham que avaliam os investimentos líquidos-líquidos são reconhecíveis dentro dessa história, e, logo depois, vemos como Buffett puxou as cinco alavancas fundamentais do valor do negócio para aprimorar a empresa e fazê-la valer mais.

Nos próximos capítulos, as atenções se voltarão para os ensinamentos da sociedade sobre como evitar alguns dos erros mais comuns em investimentos, como confundir o raciocínio convencional com a verdadeira ação conservadora, preocupar-se demais com os impostos, o impacto do tamanho sobre o desempenho e a importância de manter o bom senso nos investimentos enquanto aqueles à sua volta estão começando a perdê-lo.

Parte 3

10. Conservadorismo *versus* convencionalismo

"Uma pesquisa de opinião pública não substitui o raciocínio."

18 de janeiro de 1965

Na maioria das situações, seguir a multidão pode ser uma estratégia extremamente eficaz. Quando você vai a um local desconhecido com o objetivo de assistir a um grande jogo, seguir os torcedores antes do início da partida geralmente é uma boa maneira de encontrar o estádio. Da mesma forma, se você se deparar com pessoas saindo correndo aterrorizadas de uma sala de cinema, eis aí um bom motivo para não entrar lá. Na próxima vez que vir um grupo de pessoas olhando fixamente na mesma direção, repare se você conseguirá evitar olhar também. Aposto que não. Esse instinto, que é programado em nossa condição humana, é chamado de *prova social*, e tende a ser muito útil na maioria das situações.

A prova social também vem a ser a musa do submundo dos investimentos. Ela o seduz com a comodidade de fazer parte da multidão, e depois aniquila suas chances de apresentar um desempenho superior, porque, por definição, ser parte do rebanho significa que sua perspectiva sobre os investimentos carecerá da necessária variabilidade. É muito difícil, para a maioria, se sair melhor do que a média.

O investimento bem-sucedido exige que você pense por conta própria e treine-se para se sentir confortável quando tiver de contrariar a multidão. Pode-se dizer que os bons resultados provêm, principalmente, de um equilíbrio devidamente ponderado entre arrogância e humildade: arrogância suficiente para pensar que você pode ter percepções superiores à sabedoria coletiva do mercado; humildade suficiente para conhecer os limites de suas habilidades e estar disposto a mudar de rumo assim que os erros forem reconhecidos.

Você terá de avaliar os fatos e as circunstâncias, aplicar a lógica e a razão para elaborar uma hipótese, e, então, agir quando os fatos se configurarem, independentemente de a multidão concordar ou não com suas conclusões. O bom investimento vai de encontro à natureza da prova social; vai de encontro aos instintos que foram geneticamente programados em nossa natureza humana. Esse é um dos motivos que o tornam tão difícil.

Howard Marks, contemporâneo de Buffett que também tem incursões literárias, desafia seus leitores a "ousarem ser grandes", e, por conseguinte, ousarem ser melhores investidores. Como ele diz a seus leitores: "A verdadeira questão é saber se você ousará fazer o que é necessário para ser grande. Estará disposto a ser diferente, e estará disposto a errar? Para ter a chance de obter bons resultados, você precisa estar aberto a ambas as coisas."[1] Ao longo de sua carreira, Buffett encontrou o sucesso por ousar ser diferente e por raramente estar errado.

As cartas fornecem percepções sobre as duas ideias básicas por trás de sua abordagem veementemente independente. Em primeiro lugar, o conservadorismo nos investimentos é baseado apenas em dados exatos e em argumentos sólidos — embora possa ser convencional, ele é, muitas vezes, heterodoxo. Um investimento precisa fazer sentido para você; as preferências da multidão não deveriam influenciar sua própria preferência. Na verdade, o último a "se juntar à multidão", provavelmente, será aquele que pagará o preço mais alto. As melhores compras são feitas exatamente no momento contrário, quando seu raciocínio o coloca em oposição à sabedoria convencional ou às tendências generalizadas.

Em segundo lugar, quando as condições adequadas estiverem reunidas, um portfólio concentrado pode, na verdade, ser mais conservador do que um diversificado. Muitas vezes, o raciocínio convencional e acadêmico discorda dessa ideia; ele não se deixa atrair pela acertada conclusão do "menos é mais", já que sua matemática sofisticada é incapaz de entendê-la, por estar baseada em uma falsa premissa, a ideia de que o índice *beta* de uma ação (o quanto ela oscila) é uma medida adequada de seu grau de risco (a chance de uma perda permanente). Essa correlação falsa é, então, extrapolada para afirmar que um portfólio com menos índices *betas* é o menos arriscado. Matematicamente, pelo fato de o acréscimo de outra ação efetivamente reduzir o nível total de índices *betas* em um portfólio, entende-se que quanto maior a diversificação, maior será a redução do grau de risco total. Se A = B e B = C, então A = C, certo? A ideia de que índice *beta* = risco tem causado (e continua a causar) muita confusão na lógica dos investimentos. Munger e Buffett diriam que se trata de um erro bastante comum porque a matemática é muito sofisticada. Os profissionais que usam as ferramentas de engenharia e de cálculo têm a capacidade de chegar a conclusões errôneas que acrescentam vários algarismos à direita da casa decimal; tal precisão leva a uma falsa sensação de segurança. É melhor estar vagamente certo do que precisamente errado, como Keynes gostava de dizer.

Buffett adotava a estratégia da concentração e acreditava que agia de modo altamente conservador. Por que comprar sua décima melhor ideia (para não mencionar sua centésima melhor ideia) quando ainda é possível comprar mais daquilo que você prefere, a preços atraentes? Há muito a aprender com Buffett sobre a gestão de riscos e os custos de oportunidade dos dólares de investimento marginais em seus comentários sobre o verdadeiro significado do conservadorismo.

PENSANDO POR CONTA PRÓPRIA

Para Buffett, se algo é racional, é conservador. Ponto. Às vezes, essa abordagem acaba sendo convencional, e às vezes, não. Como ele afirmou: "Depois de muitas transações, você estará certo se suas hipóteses estiverem corretas, se os dados estiverem corretos e se seu raciocínio estiver correto. O verdadeiro conservadorismo só é possível através do conhecimento e da razão." Na hora de investir, normalmente o rebanho se equivoca. A melhor época para comprar títulos é quando a multidão está mais amedrontada. Quando até mesmo os taxistas começam a falar sobre seus portfólios de ações, é mais prudente ser cauteloso.

Há um velho ditado em Wall Street: "Uma boa ideia no começo geralmente é uma má ideia no fim." Buffett não se sentia mais confortável só porque um grande número de pessoas concordava com ele; e ele não se importava com o que as pessoas influentes e poderosas pensavam. Reconhecia que, do ponto de vista convencional, algo cumpria os requisitos do conservadorismo quando várias pessoas se punham de acordo, incluindo os "especialistas". Ele faz questão de afirmar que é preciso distinguir o que entende por conservadorismo da perspectiva convencional.

As lições da sociedade mostram aos investidores que há apenas um conjunto de circunstâncias em que você ou qualquer outra pessoa deveria fazer um investimento — quando os fatos importantes envolvidos em determinada situação sejam totalmente compreensíveis, e quando a linha de conduta esteja bastante evidente. Caso contrário, desista.

Na Sanborn, por exemplo, quando Buffett percebeu que era praticamente certo que ele ganharia dinheiro com as ações, considerando-se que estava comprando o portfólio de títulos a US$0,70, e a empresa de mapas sendo oferecida de graça, ele investiu pesadamente. Quando constatou que a Dempster estava negociando abaixo do valor de seu estoque excedente isoladamente, foi à carga. Em cada um dos casos, quando estava dentro de seu círculo de competência e entendia os fatores que determinariam os prováveis resultados, ele tomava providências: "Só relaxamos realmente e colocamos um sorriso no rosto quando nos deparamos com uma situação que podemos compreender, na qual os dados sejam verificáveis e claros, e a linha de conduta esteja óbvia. Nesse caso — quer seja convencional ou não, quer os outros concordem ou discordem —, sentimos que estamos fazendo progressos sob os moldes conservadores."

INDO À CARGA

Como Buffett afirmou aos seus acionistas, *é claro* que seria ideal se ele pudesse encontrar cinquenta oportunidades diferentes, com probabilidades igualmente altas de 15% de ganhos em relação ao Dow. Dessa forma, mesmo que acabasse errando em algumas delas, os resultados continuariam sendo incríveis. Mas, como ele disse: "Não funciona dessa forma... temos de trabalhar arduamente para encontrar pouquíssimas situações de investimento atraentes."

Normalmente, os benefícios de uma maior diversificação cumprem seu curso depois que os primeiros seis ou oito negócios não correlacionados (ações) são acrescentados a um portfólio. Aqui, estamos falando sobre diversificar os motores dos lucros de cada empresa individual, e não sobre a covariância dos preços de suas ações, nem qualquer coisa técnica desse tipo. É possível neutralizar várias apostas imprevisíveis com apenas algumas ideias. Por exemplo, se você possui ações da Exxon Mobil (companhia petrolífera integrada) e da Sherwin-Williams (empresa de revestimentos arquitetônicos), ficará praticamente indiferente às alterações do preço do petróleo. De modo geral, o aumento dos preços é bom para os lucros da Exxon, mas ruim para a Sherwin, pois o petróleo e os derivados à base de petróleo abrangem a maior fatia das receitas da Exxon, mas também a maior fatia dos custos industriais da Sherwin. Presumivelmente, você investiu nesses dois negócios por alguma razão alheia à sua opinião sobre os rumos do preço do petróleo (você não faz a menor ideia), e, por isso, é melhor neutralizar esse fator que poderá afetar potencialmente seu portfólio, caso os demais fatores permaneçam inalterados. Se conseguir encontrar entre seis e oito ideias diversificadas, você poderá neutralizar a maior parte dessas consequências imprevisíveis.

No entanto, após esse primeiro grupo, o acréscimo de novas ações reduzirá os riscos a uma proporção cada vez menor. Os benefícios serão rapidamente ultrapassados pela redução do retorno esperado do portfólio. A verdade é que as boas ideias — oportunidades potenciais de investimento com baixo risco e alto retorno — simplesmente não aparecem com tanta frequência assim. Na maioria das vezes, o retorno esperado da ideia nº 7 ficará muito abaixo do retorno esperado de sua ideia nº 1. Buffett foi ficando cada vez mais convencido das vantagens de ir à carga quando as condições se mostrassem corretas. Em 1965, ele modificou as regras básicas para incluir uma cláusula que permitia que até 40% do patrimônio líquido da BPL fosse investido em um único título, sob condições que "combinassem uma probabilidade extremamente alta de que nossos dados e nosso raciocínio estejam corretos com uma probabilidade muito baixa de que qualquer coisa possa mudar drasticamente o valor subjacente do investimento". Em outras palavras, quando os dados forem verificáveis e claros, a linha de conduta estiver óbvia e a chance de perda for mínima, você vai à carga.

No fim dos anos 1990, ele deu a um grupo de estudantes o seguinte conselho:

Se vocês conseguirem identificar seis negócios maravilhosos, essa será toda a diversificação da qual precisarão. E vocês vão fazer muito dinheiro. Posso garantir que escolher um sétimo negócio, em vez de investir mais no primeiro, será um erro monstruoso. Pouquíssimas pessoas ficaram ricas investindo em sua sétima melhor ideia. Mas muitas pessoas ficaram ricas com a melhor ideia que tiveram. Então, eu diria para qualquer pessoa que esteja trabalhando com capital normal, e que realmente conheça os negócios nos quais está investindo, que seis é demais, e que, provavelmente, eu [escolheria] metade [disso] dentre os que eu mais gosto.[2]

Ainda existem inúmeros gestores ativos que administram portfólios com mais de 100 ações, assim como havia na época da sociedade. Em suas cartas, Buffett faz comentários irônicos sobre esse grupo:

Qualquer pessoa que possua tal número de títulos, depois de, presumivelmente, ter estudado seu mérito como investimento (e não me importo com o prestígio de suas classificações) estará seguindo o que eu chamo de Escola Noé de investimento — um par de cada. Tais investidores deveriam estar dirigindo arcas. Talvez Noé pudesse estar agindo de acordo com certos princípios biológicos testados pelo tempo, mas os investidores se desviaram do caminho seguindo princípios matemáticos (só usei a geometria plana, mas com uma exceção, depois de ter eliminado cuidadosamente os matemáticos de nossa sociedade).

TESTANDO O CONSERVADORISMO

Buffett reconhecia que suas ideias eram altamente subjetivas, e oferecia uma maneira quantificável para abordar a questão: "Um modo racional de avaliar o conservadorismo das políticas passadas é estudar o desempenho nos mercados em queda." Em seguida, ele expunha suas evidências, mostrando como a BPL se saiu consistentemente melhor nos anos em que o mercado apresentou retração. Esse continua sendo um bom exercício para verificar o histórico de conservadorismo de qualquer investidor.

Do início da BPL até 1965, o índice Dow teve três anos com resultados negativos. Quando esses três anos foram combinados, o resultado acumulado da sociedade foi de +45%, enquanto o Dow ficou em -20% e os outros gestores com os quais ele se comparava regularmente caíram entre -9% e -24%, em uma base comparativa.

Ao mesmo tempo que admitia que a comparação não era "tão importante", por outro lado, ele afirmava que a "avaliação do conservadorismo de qualquer programa ou gestão de investimentos (incluindo a autogestão) deveria se basear em padrões objetivos racionais, e eu sugiro que o desempenho em mercados em queda seja, pelo menos, uma das verificações pertinentes".

O fato de Buffett nunca ter tido um ano de queda durante a época da sociedade é verdadeiramente notável. Stanley Druckenmiller, que já havia acumulado bilhões com George Soros, nunca teve um ano de queda em seu fundo de cobertura, o Duquesne, no qual administrou recursos ao longo de vinte anos. Joel Greenblatt, outro investidor famoso que conseguia uma média de 50% de retorno por ano na Gotham, nunca teve um ano de queda nos dez anos compreendidos entre 1985 e 1994. A capacidade de apresentar um bom desempenho em mercados em queda é uma característica compartilhada por todos esses três grandes investidores.

SUA MELHOR IDEIA DEFINE
SUA PRÓXIMA ESCOLHA

Ao considerar os méritos do acréscimo de uma nova ideia aos investimentos que você já possui, compare-a com sua melhor ideia. Compreender suas ideias dentro desse contexto evitará que você detenha ações demais e dilua seus retornos esperados.

Se nunca ouviu falar do "custo do capital próprio" ou do "modelo de precificação de ativos financeiros", você está em uma situação muito melhor. São ferramentas um tanto complicadas, criadas pela multidão matematicamente orientada para responder uma pergunta que, na verdade, é muito simples: considerando as opções de investimento disponíveis em um dado momento, qual é o retorno mínimo esperado necessário para que o acréscimo de uma nova ideia ao seu portfólio seja justificado? Aqueles que chegam a esse número com o auxílio de uma calculadora ou de uma planilha estão, mais uma vez, misturando erroneamente o índice *beta* com o risco e, em geral, produzindo ferramentas matematicamente sofisticadas, mas não muito úteis. Esqueça tudo isso. Quando aparecer uma nova ideia, compre-a apenas quando ela for mais atraente do que comprar mais daquilo que você já tem.

A versão de Buffett do "verdadeiro" conservadorismo está em flagrante contraste com as definições convencionais. Na origem, sua versão se baseia no poder de raciocinar por si mesmo e usar fundamentos objetivos. São os fatos que determinam o conservadorismo de uma ação, e não a popularidade. Isso permite que ele vá de encontro à multidão e se concentre fortemente em suas melhores ideias.

ENSINAMENTOS DAS CARTAS AOS ACIONISTAS: CONVENCIONALISMO *VERSUS* CONSERVADORISMO

24 de janeiro de 1962

A questão do conservadorismo

A (...) descrição de nossas diversas áreas operacionais pode fornecer algumas pistas sobre o caráter conservador de nosso portfólio de investimentos. Alguns anos atrás, muitas pessoas pensavam que estavam se comportando de maneira mais conservadora comprando obrigações municipais ou federais de médio ou longo prazo. Em muitos casos, essa política produziu uma substancial depreciação do mercado, e certamente fracassou na tentativa de manter ou aumentar o poder de compra real.

Conscientes, ou talvez excessivamente conscientes, da inflação, muitas pessoas percebem, agora, que estão se comportando de maneira conservadora ao comprar títulos de primeira linha, quase que independentemente do índice preço/lucro, dos rendimentos de dividendos etc. Sem o benefício da análise retrospectiva, como no exemplo das obrigações, sinto que essa linha de conduta é repleta de perigos. Em minha opinião, não existe nada de conservador quando um público ávido e inconstante especula a extensão dos fatores multiplicadores de ganhos que estará disposto a utilizar.

Você não estará certo apenas porque um grande número de pessoas concorda momentaneamente com a sua opinião. Você não estará certo apenas porque pessoas importantes concordam com você. Em muitas áreas, a ocorrência simultânea desses dois fatores mencionados é suficiente para fazer com que a linha de conduta cumpra os requisitos do conservadorismo. Você estará certo se, depois de várias transações, suas hipóteses estiverem corretas, seus dados estiverem corretos e seu raciocínio estiver correto. O verdadeiro conservadorismo só é possível por meio do conhecimento e da razão.

Eu poderia acrescentar que o fato de o nosso portfólio não ser convencional não prova, de modo algum, que somos mais ou menos conservadores do que os métodos convencionais de investimentos. Isso só pode ser determinado pelo exame dos métodos ou pela análise dos resultados.

Acredito que o teste mais objetivo do grau de conservadorismo de nossa maneira de investir seja a avaliação do desempenho nos mercados em queda. Preferencialmente, isso deve envolver um declínio substancial no índice Dow. Nossos desempenhos nas quedas relativamente discretas de 1957 e 1960 confirmariam minha hipótese de que investimos de forma extremamente conservadora. Eu receberia de bom grado sugestões de quaisquer acionistas a respeito de testes objetivos para medir o conservadorismo e estabelecer um grau de comparação. Nunca sofremos uma perda realizada acima de 0,5% em 1% do total do patrimônio líquido, e nossa proporção entre o total de dólares em ganhos realizados e o total de perdas realizadas está em torno de 100 para 1. Evidentemente, isso reflete o fato de que, em última análise, estivemos operando em um mercado em alta. No entanto, tem havido muitas oportunidades para negociações com perdas, mesmo em mercados desse tipo (talvez você tenha encontrado alguns deles por conta própria), e, portanto, acho que os fatos mencionados têm algum significado.

18 de janeiro de 1965

A questão do conservadorismo

Ao observar (...) o desempenho de uma empresa de investimentos, uma questão pode ser formulada: "Certo, mas essas empresas não são gerenciadas de forma mais conservadora do que a sociedade?" Se você fizesse essa pergunta aos gestores das empresas de investimentos, com toda a honestidade, eles diriam que suas empresas eram as mais conservadoras. Se você perguntasse aos cem primeiros analistas de títulos que encontrasse, estou certo de que a grande maioria deles também responderia que as empresas de investimentos eram as mais conservadoras. Eu discordo. Mais de 90% do meu patrimônio líquido está investido na BPL, e a maioria da minha família tem percentuais nessa área, mas, logicamente, isso só demonstra a sinceridade do meu ponto de vista — e não a sua validade.

É inquestionável que as empresas de investimentos aplicam seus recursos de forma mais convencional do que nós. Para muitas pessoas, o convencionalismo é indistinguível do conservadorismo. Na minha opinião, isso representa um pensamento equivocado. Nem a abordagem convencional nem a não convencional são, por si sós, conservadoras.

Ações verdadeiramente conservadoras surgem de hipóteses inteligentes, de dados exatos e do raciocínio lógico. Essas qualidades podem conduzir a ações convencionais, mas já houve vários casos em que elas conduziram à heterodoxia. Em algum canto do mundo, alguém provavelmente ainda estará realizando reuniões regulares da Sociedade da Terra Plana.

Não nos sentimos mais confortáveis pelo fato de figuras importantes ou influentes, ou até um grande número de pessoas, concordarem conosco. Tampouco nos sentimos mais confortáveis quando elas não concordam. Uma pesquisa de opinião pública não substitui o raciocínio. Só relaxamos realmente e colocamos um sorriso no rosto quando nos deparamos com uma situação que podemos compreender, na qual os dados sejam verificáveis e claros, e a linha de conduta esteja óbvia. Nesse caso — quer seja convencional e, quer não; quer os outros concordem, quer discordem —, sentimos que estamos fazendo progressos sob os moldes conservadores.

Talvez isso pareça altamente subjetivo. E é. Você deveria preferir uma abordagem objetiva da questão. Eu prefiro. Minha sugestão quanto a um modo racional de avaliar o conservadorismo das políticas passadas é estudar o desempenho nos mercados em queda. Tivemos apenas três anos de mercados em queda em nossa tabela e, infelizmente (para os fins exclusivos dessa verificação), todas elas foram quedas moderadas. Em todos esses três anos, os resultados de nossos investimentos foram sensivelmente melhores do que qualquer um dos portfólios mais convencionais.

Especificamente, se esses três anos tivessem ocorrido em sequência, os resultados acumulados teriam sido:

Tri-Continental Corp.	−9,7%
Dow	−20,6%
Mass. Investors Trust	−20,9%
Lehman Corp.	−22,3%
Investors Stock Fund	−24,6%
Sócios Limitados	45,0%

Não acreditamos que essa comparação seja tão importante, mas achamos que ela tenha alguma relevância. Certamente achamos que ela faz mais sentido do que dizer: "Possuímos (independentemente do preço) ações da AT&T, General Electric, IBM e General Motors e, portanto, somos conservadores." Em todo o caso, a avaliação do conservadorismo de qualquer programa ou gestão de investimentos (incluindo a autogestão) deveria se basear em padrões objetivos racionais, e eu sugiro que o desempenho em mercados em queda seja, pelo menos, uma das verificações pertinentes.

20 de janeiro de 1966

Diversificação

No ano passado, ao comentar a incapacidade da esmagadora maioria dos gestores de investimentos de alcançar um desempenho superior por mero acaso, eu atribuía isso principalmente ao efeito de: "1) decisões de grupo — meu ponto de vista, talvez distorcido, é que é quase impossível fazer surgir uma excelente gestão de investimentos no interior de um grupo, seja de que tamanho for, com todas as partes efetivamente participando das decisões; 2) um desejo de estar em conformidade com as políticas e (até certo ponto) os portfólios de outras grandes organizações bem conceituadas; 3) um panorama institucional em que a média é 'segura' e as recompensas pessoais para a ação independente não são, de forma alguma, proporcionais ao risco geral ligado a essa ação; 4) uma adesão a certas práticas de diversificação irracionais; e, finalmente, e mais importante, 5) a inércia."

Este ano, no material que foi divulgado em novembro, eu chamava a atenção especificamente para uma nova interpretação da Regra Básica: "7. Diversificamos substancialmente menos do que a maioria das operações de investimento. Podemos investir até 40% de nosso patrimônio líquido em um único título, sob condições que combinem uma probabilidade extremamente alta de que nossos dados e nosso raciocínio estejam corretos com uma probabilidade muito baixa de que qualquer coisa possa mudar drasticamente o valor subjacente do investimento."

Obviamente, estamos seguindo uma política de diversificação que difere sensivelmente daquela utilizada por praticamente todas as operações de investimento conhecidas. Francamente, eu gostaria muito mais de contar com 50 oportunidades de investimento diferentes, todas elas com uma expectativa matemática (esse termo reflete a extensão de todos os possíveis desempenhos relativos, incluindo os negativos, corrigidos pela probabilidade de que cada um deles — sem bocejar, por favor — alcance um desempenho que supere o Dow por, digamos, 15% ao ano). Se as cinquenta expectativas individuais não estivessem correlacionadas (o que acontece com uma está associado ao que acontece com a outra), eu poderia colocar 2% de nosso capital em cada uma delas e relaxar, com um alto grau de certeza de que nossos resultados totais ficariam muito próximos de uma vantagem de 15%.

Mas as coisas não funcionam dessa forma.

Temos de trabalhar arduamente para encontrar pouquíssimas situações de investimento atraentes. Tal situação, por definição, é aquela em que minha expectativa de desempenho (conforme definida anteriormente) supere o índice Dow em pelo menos 10% ao ano. Entre as poucas situações que encontramos, as expectativas variam substancialmente. A pergunta

AS REGRAS BÁSICAS DE WARREN BUFFETT | 263

sempre é: "Quanto devo investir na situação número (classificada pela expectativa de desempenho relativo) e quanto devo investir na situação número 8?" Isso depende, em grande medida, da amplitude da probabilidade de dispersão entre a expectativa matemática da número 1 *versus* a número 8. Depende, também, da probabilidade de que a número 1 possa apresentar um desempenho relativo bastante insatisfatório. Dois títulos poderiam ter expectativas matemáticas idênticas, mas um pode ter 0,05 de chances de ficar 15% ou mais aquém do Dow, e o segundo pode ter apenas 0,01 de chances de apresentar um desempenho semelhante. O maior alcance da expectativa, no primeiro caso, reduz a conveniência de uma forte concentração nessa situação.

A descrição acima pode sugerir que toda essa operação é muito precisa. Não é. No entanto, nosso negócio é verificar os fatos e, então, aplicar a experiência e a razão a tais fatos, de modo a alcançar as expectativas. Por mais imprecisas e emocionalmente influenciadas que sejam as tentativas, nosso negócio gira em torno disso. Depois de muitos anos tomando decisões a respeito de títulos, seus resultados demonstrarão quão bem você está se saindo nesses cálculos — quer você perceba conscientemente que está fazendo os cálculos ou não. Acredito que o investidor opera com uma nítida vantagem quando está ciente do rumo que seu raciocínio está seguindo.

Há algo que posso assegurar. Se o bom desempenho do fundo estiver entre os objetivos menos importantes, qualquer portfólio contendo cem ações (esteja o gestor lidando com US$1 mil ou US$1 bilhão) não estará sendo operado da maneira mais lógica. O acréscimo da centésima ação simplesmente não conseguirá reduzir a variância potencial no desempenho do portfólio a um grau suficiente para compensar o efeito negativo que essa inclusão produzirá na expectativa total do portfólio.

Qualquer pessoa que possua tal número de títulos, depois de presumivelmente ter estudado seu mérito como investimento — e não me importo com o prestígio de suas classificações — estará seguindo o que eu chamo de Escola Noé de investimento — um par de cada. Tais investidores deveriam estar dirigindo arcas. Talvez Noé pudesse estar agindo de acordo com certos princípios biológicos testados pelo tempo, mas os investidores se desviaram do caminho seguindo princípios matemáticos (só usei a geometria plana, mas excepcionalmente depois de ter eliminado com cuidado os matemáticos de nossa sociedade).

Naturalmente, o fato de que alguém esteja se comportando de forma ilógica como proprietário de uma centena de títulos não serve para validar nosso caso. Ainda que eles possam estar equivocados ao optar pela superdiversificação, precisamos refletir de forma positiva sobre uma política de diversificação adequada aos nossos objetivos.

O portfólio ideal depende das diversas expectativas das opções disponíveis e do grau de variação tolerável no desempenho. Quanto maior o número de opções, menor será a variação média ano a ano em termos de resultados reais *versus* esperados. Além disso, menores serão os resultados esperados, considerando-se que opções diferentes têm expectativas de desempenho diferentes.

Estou disposto a abrir mão de muitas coisas para nivelar os resultados ano a ano (lembre-se, quando falo de "resultados", estou falando do desempenho em relação ao Dow), e, assim, alcançar um melhor desempenho geral a longo prazo.

Simplificando, isso significa que estou disposto a me concentrar com bastante intensidade naquelas que, segundo creio, são as melhores oportunidades de investimento, reconhecendo muito bem que isso pode resultar, eventualmente, em um ano muito amargo — talvez mais amargo do que se eu tivesse diversificado mais. Se isso significa que nossos resultados ficarão mais oscilantes, também me parece que nossa margem de superioridade a longo prazo deverá aumentar.

Você já viu alguns exemplos disso. Nossa margem em relação ao Dow variou de 2,4%, em 1958, para 33%, em 1965. Se você comparar isso com os desvios dos [outros] fundos [de investimento] (...), perceberá que nossas variações apresentam uma amplitude muito maior. Eu poderia ter conduzido as operações de modo a reduzir nossa amplitude, mas também teria reduzido um pouco nosso desempenho geral; de alguma forma, porém, ele ainda seria substancialmente superior ao das empresas de investimentos. Analisando retrospectivamente, e continuando a refletir sobre esse problema, sinto que, quando muito, eu deveria ter me concentrado ligeiramente mais do que me concentrei no passado. Por isso, a nova regra básica e essa intrincada explicação.

Mais uma vez, deixe-me dizer que, de alguma forma, esse é um raciocínio não convencional (isso não significa que ele esteja certo ou errado — significa, ao contrário, que você precisa refletir sobre isso por conta própria), e pode muito bem ter uma opinião diferente — se tiver, a sociedade não é o lugar para você. Obviamente, só chegaremos a 40% em situações muito raras — essa raridade, é claro, é o que torna necessário uma forte concentração quando tal oportunidade for encontrada.

Provavelmente, tivemos apenas cinco ou seis situações nos nove anos de história da sociedade em que ultrapassamos os 25%. Tais situações terão de prometer um desempenho significativamente superior em relação ao Dow, em comparação com outras oportunidades disponíveis no momento. Elas também terão de possuir fatores qualitativos e/ou quantitativos bastante superiores, de modo que as chances de graves perdas permanentes sejam mínimas (tudo pode acontecer em termos da cotação a curto prazo, o que explica, em parte, o maior risco de ampliação da variação dos resultados ano a ano). Ao definir meu limite máximo para cada investimento, tento reduzir ao mínimo a probabilidade de que o investimento individual (ou de que o grupo de investimentos, caso haja correlação entre eles) possa produzir um resultado para nosso portfólio total com mais de 10% aquém do Dow.

Atualmente, temos duas situações na categoria de mais de 25% — uma é uma empresa que está sob nosso controle, e a outra é uma grande empresa em que jamais teremos um papel ativo. É importante ressaltar que nosso desempenho em 1965 foi, esmagadoramente, produto de cinco situações de investimento. Os ganhos de 1965 provenientes dessas situações (em alguns casos, também houve ganhos aplicáveis à mesma participação acionária em anos anteriores) variaram de cerca de US$800 mil até cerca de US$3,5 milhões. Se levarmos em conta o desempenho total dos nossos cinco menores investimentos em ações gerais em 1965, os resultados são lacônicos (escolhi um adjetivo muito generoso).

Curiosamente, a literatura sobre gestão de investimentos é quase desprovida de material relacionado ao cálculo dedutivo da diversificação ideal. Todos os textos aconselham uma diversificação "adequada", mas aqueles que quantificam "adequada" raramente explicam como chegaram à sua conclusão. Assim, para resumir o tema da superdiversificação, recorremos àquele eminente acadêmico Billy Rose, que afirma: "Se você tem um harém de setenta meninas, não conhecerá nenhuma delas muito bem."

25 de janeiro de 1967

Nosso desempenho relativo nessa categoria [ações gerais — relativamente subavaliadas] foi o melhor que já tivemos — devido a uma participação acionária que representou nosso maior investimento no fim de 1965 e também no fim de 1966. No nosso caso, esse investimento ultrapassou substancialmente o mercado geral em todos os anos (1964, 1965, 1966) em que detivemos tais ações. Embora o desempenho de um único ano isolado possa ser bastante errático, acreditamos que as probabilidades para um desempenho superior futuro após um período de três ou quatro anos são altamente favoráveis. A atratividade e a relativa segurança desse título em particular me levaram a apresentar a regra básica 7 em novembro de 1965, de modo a permitir participações únicas de até 40% de nosso patrimônio líquido. Empreendemos um esforço considerável avaliando continuamente todas as facetas da empresa e testando constantemente nossa hipótese de que esse título é superior a outras alternativas de investimento.

Essa avaliação permanente e a comparação entre a oscilação de preços é absolutamente essencial para nossa operação de investimento.

Seria muito mais agradável (e o indício de um futuro mais favorável) se pudéssemos relatar que nossos resultados na categoria de ações gerais — relativamente subavaliadas representavam 15 títulos em dez setores, praticamente todos eles superando o mercado. Mas, simplesmente, não temos essa quantidade toda de boas ideias. Conforme mencionado anteriormente, as novas ideias são mensuradas continuamente em relação às ideias existentes, e não faremos mudanças se o efeito for a diminuição do desempenho esperado. Essa política resultou em uma atividade limitada nos últimos anos, quando estávamos plenamente convencidos dos méritos relativos à nossa maior participação acionária. Essa condição fez com que os ganhos realizados tenham respondido por uma parte muito menor do desempenho geral do que em anos anteriores, quando o fluxo de boas ideias era mais abundante.

O tipo de concentração que adotamos nessa categoria tende a produzir grandes oscilações no desempenho a curto prazo — algumas, certamente, desagradáveis. Já tivemos contato com essas oscilações, referentes a intervalos de tempo mais curtos do que costumo usar nos relatórios aos acionistas. Essa é uma das razões pelas quais acredito que fazer relatórios frequentes seja insensato e potencialmente enganoso em um negócio com orientação de longo prazo, como é o nosso.

Pessoalmente, dentro dos limites expressos na carta sobre diversificação, enviada no ano passado, estou disposto a negociar as amarguras (esqueça os prazeres) da variância substancial a curto prazo em prol da maximização do desempenho a longo prazo. No entanto, não estou disposto a incorrer no risco de uma perda permanente e substancial de capital na busca de um melhor desempenho a longo prazo. Para ser absolutamente claro — sob nossa política de concentração de participações acionárias, os acionistas devem estar inteiramente preparados para períodos de um considerável desempenho inferior (o que é muito mais provável em mercados em forte aceleração), que funcionarão como contrapartida de um eventual desempenho superior, tal como o que vivenciamos em 1965 e 1966, e como um preço a ser pago pelo bom desempenho esperado a longo prazo.

Toda essa discussão sobre a preferência pelo longo prazo fez com que um sócio observasse que "até mesmo cinco minutos é muito tempo, se a cabeça estiver debaixo d'água". Obviamente, essa é a razão por termos usado dinheiro emprestado com bastante moderação em nossas operações. A média de empréstimos bancários ao longo de 1966 esteve bem abaixo de 10% do patrimônio líquido médio.

ENSINAMENTOS COMPOSTOS

Buffett observa que, uma vez alcançada a quantidade mínima de diversificação (de 6 a 8 ações em diferentes negócios), é provável que a amplitude do desempenho ano a ano varie mais. Porém, os retornos cumulativos esperados deverão ser maiores. Ele afirmou: "Analisando retrospectivamente e continuando a refletir sobre esse problema, sinto que, quando muito, eu deveria ter concentrado um pouco mais do que concentrei no passado."

Avaliando seu inacreditável sucesso como investidor, Stan Druckenmiller disse que a única maneira de obter retornos superiores é promover uma intensa concentração. Ele acredita que a "diversificação e tudo o que está sendo ensinado nas atuais escolas de negócios são, provavelmente, o conceito mais equivocado do mundo todo. E se você observar os grandes investidores, tão diferentes quanto Warren Buffett, Carl Icahn e Ken Langone, eles tendem a fazer apostas muito, muito concentradas. Eles identificam alguma coisa, eles apostam nisso e eles arriscam tudo. (...) [O] erro que eu diria que 98% dos gestores de recursos e os indivíduos cometem é achar que precisam lançar mão de um monte de coisas."[3]

Os pontos de vista de Buffett sobre conservadorismo *versus* convencionalismo contêm muitos conceitos orientadores centrais que são fundamentais para o sucesso do investimento em valor: pensar de forma independente, ignorar a multidão e confiar em suas próprias convicções. Os que se saem melhor nesse campo são os que conseguem equilibrar a arrogância necessária para se destacar das massas com a humildade exigida para conhecer suas limitações. Quando eles encontram oportunidades que os fascinam, apostam, e alto.

Aqueles que diversificam demais acham que estão reduzindo os riscos, mas há um limite para os benefícios da diversificação, e precisamos nos lembrar de que o investimento não é um exercício matemático. Embora as ferramentas matemáticas estejam amplamente disponíveis, elas se baseiam em premissas falsas e levam a conclusões erradas.

O raciocínio igualmente enviesado sobre os impostos é um equívoco da mesma natureza. Como veremos no próximo capítulo, os investidores muitas vezes não medem esforços para minimizar seus impostos, e acabam correndo o risco de reduzir seu índice de ganhos após impostos.

11. Impostos

"Pessoas que seriam consideradas muito inteligentes cometem, provavelmente, mais pecados de investimento em função de 'considerações fiscais' do que por qualquer outro motivo."[1]

18 de janeiro de 1965

Dadas duas opções de investimento idênticas, é axiomático que o melhor retorno provirá daquela que estiver tributada ao valor *mais baixo*. Talvez menos óbvio, mas igualmente verdadeiro, seja o fato de que, quando a alíquota tributária for equivalente, o melhor retorno provirá daquela que for tributada *posteriormente*. Embora uma obrigação tributária se origine no momento em que um investimento começa a gerar lucros, ela não será saldada até que o investimento seja vendido.
De modo geral, os passivos por impostos diferidos (DTLs, na sigla em inglês) sobre ganhos de capital não realizados são considerados empréstimos concedidos pelo governo, isentos de

juros e altamente atraentes, com condições tão favoráveis que nenhum banco jamais conseguiria oferecê-las. Eles não cobram nenhum juro e não têm prazo de vencimento específico. Os DTLs funcionam como uma espécie de dívida que permite que você controle mais ativos do que em qualquer outra situação. Eis aqui como o diferimento cria valor:

Considere duas ações, cada uma delas com um índice de composição anual a 15%, durante trinta anos (para facilitar nossos cálculos, vamos supor que todos possuam uma alíquota de 35% sobre ganhos de capital). O investidor que oscila entre as duas ações a cada ano também terá seus ganhos tributados a cada ano; o índice antes dos impostos de 15% será reduzido para 9,75% após impostos: [15% x (1 — imposto) = 9,75%]; com esse índice, US$10 mil investidos hoje valerão US$150 mil em trinta anos. Nada mal. No entanto, se o investidor, ao contrário, possuir apenas uma ação ao longo de todos esses trinta anos e for tributado apenas uma vez no fim do processo, ele obterá o mesmo índice de 15% antes dos impostos, mas o índice após impostos aumentará para 13,3%. Os mesmos US$10 mil terão um índice de composição 3,55% superior, e, no fim, acabarão produzindo 2,5 vezes mais dólares após impostos ao fim de trinta anos. O diferimento dos impostos oferece uma forma de alavancagem financeira, permitindo que o segundo investidor controle mais ativos por mais tempo. Quando os ganhos de cada ano são tributados anualmente, não existe diferimento, e, portanto, nenhum benefício de alavancagem. É isso que torna os DTLs tão atraentes.

Ainda que não se deixe obcecar por esses benefícios, Buffett os aprecia e é determinado ao apontar em que medida más decisões são tomadas com base em vagas considerações fiscais. Embora seja inegável, como acabamos de ver, que as estratégias de minimização de impostos são capazes de impulsionar seus resultados, os investidores podem dar um passo em falso ao priorizar a minimização dos impostos em detrimento do índice de composição. O fascínio representado quando se evita a emissão de um cheque para o Tio Sam levou Buffett a fazer a declaração em destaque no início deste capítulo; com bastante frequência, as considerações fiscais levam muitas pessoas que seriam consideradas inteligentes a tomar más decisões de investimento.

CONFUSÃO ENTRE MEIOS E FINS

As cartas ensinam os investidores a sempre avaliar o valor de suas participações acionárias como se elas já tivessem sido liquidadas. Ele lhe diria que seu "patrimônio líquido" é o valor de mercado de suas participações *menos o imposto devido após a venda*.[2] Essa é a maneira correta de abordar a questão. Você precisa deduzir as atuais obrigações tributárias de seus ganhos conforme for avançando, mesmo que elas só venham a ser efetivamente pagas algum tempo depois. Por exemplo, se você investir US$50 mil em certo número de ações que, posteriormente, dobrem de tamanho, seu patrimônio líquido não será de US$100 mil, embora provavelmente essa seja a cifra que aparecerá no topo de sua declaração de custódia. Assumindo que se possa aplicar a alíquota normal de 35% sobre ganhos de capital, um imposto no valor de US$17.500 (35% sobre o ganho de US$50 mil) vencerá quando as ações forem vendidas. Você precisa se esforçar para pensar em suas participações acionárias em termos de seu patrimônio líquido, ou o que restaria se vendesse tudo amanhã e pagasse o imposto, que, neste exemplo, é de US$82.500. Esse é o verdadeiro valor de suas participações acionárias, aquilo que Buffett diria que sobra para "comprar mantimentos" — é isso o que estamos tentando maximizar como investidores. Quando você vende um investimento e obtém lucro, você precisa quitar os impostos diferidos do empréstimo que foi contraído. Pensar nos impostos nesses termos — reembolsar um empréstimo em vez de pagar um imposto — pode ajudá-lo a evitar a confusão entre maximizar o patrimônio líquido (objetivo principal) e minimizar os impostos (objetivo secundário).

A reação instintiva de minimizar os impostos pode comprometer a escolha dos melhores títulos a se deter. Esse pode ser um erro extremamente caro. Buffett deixa isso muito claro quando afirma que, "a não ser em casos muito incomuns (admitirei, desde já, que existem alguns casos assim), o montante do imposto é de menor importância caso a diferença no desempenho esperado seja significativa",[3] e "qualquer proteção concedida aos títulos de baixa expressividade apenas contribui para congelar uma parcela do patrimônio líquido a um índice de composição idêntico ao dos ativos protegidos. Embora isso possa funcionar bem ou mal em casos individuais, significa a invalidação da gestão de investimentos".[4] Claramente, não se desfazer de um conjunto de ações menos atraentes para evitar a inevitável incidência dos impostos é uma estratégia ruim.

Buffett foi ainda mais explícito:

O que realmente tentamos fazer no mundo dos investimentos? Não pagar imposto algum, embora esse possa ser um fator a ser levado em conta para alcançar o fim que almejamos. Meios e fins, porém, não deveriam ser confundidos, e o fim acabará chegando com o maior índice de composição após impostos. (...) É extremamente improvável que vinte ações selecionadas a partir de, digamos, 3 mil opções se revelem um portfólio ideal tanto agora quanto daqui a um ano, a preços inteiramente diferentes (seja das opções, seja das alternativas) que estarão em vigor na data posterior. Se nosso objetivo é produzir o maior índice de composição após impostos, simplesmente precisamos deter os títulos mais atraentes que possam ser obtidos a preços correntes, E, com 3 mil variáveis em constante mutação, isso deve significar uma mudança (torcemos para que seja uma mudança "geradora de impostos").[5]

Embora a presença de um DTL vá aumentar seu índice de composição após impostos caso todos os demais fatores permaneçam inalterados, o fato é que esses fatores normalmente não permanecerão inalterados. Quando os retornos antes dos impostos forem consistentemente altos e o período de tempo for longo, os DTLs serão cumulativos. Mas se você tiver a chance de melhorar seus retornos antes dos impostos, otimizando seu portfólio para obter as melhores ações que puder encontrar, essa será, quase sempre, a decisão mais prudente.

Vamos voltar ao nosso exemplo anterior do investidor que compra e retém suas ações em comparação com o negociante anual. Quando os retornos nas duas estratégias eram idênticos em 15%, o investidor que comprava e retinha as ações se saía 2,5 vezes melhor do que aquele que negociava anualmente. Vamos supor que o investidor que compra e retinha as ações imaginasse que suas participações renderiam 15% ao ano, mas que, em vez disso, elas tenham rendido apenas 10%. Se ele não se desfizer das ações, apesar dos retornos aquém do esperado, isso significaria um

CAGR de 8,4% após impostos. Agora, vamos supor que o investidor nº 2, o negociante anual, consiga manter um CAGR de 15%, mas ainda se veja obrigado a negociar uma ação atrás da outra ano após ano, o que, como você deve se lembrar, produz um retorno após impostos de 9,75%. Pode-se perceber, a partir desse exemplo, que os 15% tributados anualmente ainda seriam significativamente melhores do que os 10% tributados apenas uma vez. Depois de 30 anos, isso equivaleria a investimentos com um valor 40% superior. Conforme o período de tempo e/ou os índices anuais de composição vão se retraindo, as vantagens do DTL também diminuem. A consequência é que, se houver a possibilidade de melhorar seu portfólio, você deveria fazê-lo, mesmo que isso envolva o pagamento de impostos.

E QUANTO AO PARA SEMPRE?

Desde os anos 1970, Buffett vem afirmando que seu período favorito de detenção de ações é o para sempre. Embora isso possa causar surpresa à luz de nossas discussões tributárias, na verdade trata-se de uma afirmação coerente com os comentários anteriores feitos aos acionistas. Ao longo de quase toda a existência da BPL, os índices ideais de composição o obrigavam a pular de guimba de cigarro em guimba de cigarro, de uma baforada gratuita para outra. Nos primeiros anos da BPL, o para sempre não era uma opção. Após a baforada gratuita, Buffett se via forçado a seguir adiante. Se ele não fizesse isso, sem dúvida seus retornos sofreriam as consequências. Tais negócios não eram bons; eram negociações de reversão para a média. Aqueles que continuam mais voltados para a escola de Graham, de encontrar ações baratas e investir nelas, tendem a ter uma rotatividade maior do que aqueles que optam pelos fatores de composição de alta qualidade. Parte do fascínio exercido pela transição para o investimento em grandes empresas — a grande participação acionária da BPL na American Express ou a atual detenção majoritária de participações na Berkshire — é que elas se prestam à composição a índices elevados por longos períodos de tempo e se beneficiam da alavancagem do imposto diferido. Mas foi o fato de essas empresas continuarem a agregar valor a índices relativamente elevados, e não o diferimento dos impostos, que fez com que elas apresentassem um excelente desempenho.

A Berkshire se distingue da BPL de outras duas formas que influenciam o período de titularidade e, portanto, a utilização da alavancagem do imposto diferido. Normalmente, a Berkshire tem excedente de liquidez, às vezes em quantidades substanciais, enquanto os recursos BPL estavam quase sempre totalmente investidos. Para a Berkshire, não faz sentido vender um investimento atraente para comprar outro, quando seu excedente de liquidez permite que ela possua ambos. Em segundo lugar, considerando-se o tamanho da Berkshire, o universo de escolhas de Buffett é limitado pelo número de empresas verdadeiramente grandes negociando a preços justos. A BPL tinha certa amplitude para chegar às pequenas empresas e encontrar os altos índices de composição esperados, que simplesmente não costumam estar disponíveis para as empresas maiores. Normalmente, com o aumento de opções, as atividades geradoras de impostos também aumentam.

ESQUEMAS DE ELISÃO FISCAL

No fim das contas, o Homem do Imposto vai chegar. Buffett nos ensina:

> *Basicamente, existem apenas três maneiras de evitar o pagamento do imposto: 1) morrer com os ativos — e isso é um pouco demais para mim — até mesmo os fanáticos teriam de considerar essa opção de "cura" com sentimentos conflitivos; 2) passar os ativos adiante — certamente você não pagará quaisquer impostos dessa maneira, mas é claro que também não pagará por seus mantimentos, aluguel etc.; e 3) deixar de ganhar — se sua boca salivar com essa economia de impostos, serei obrigado a admirá-lo; você certamente defende com coragem suas convicções.*[6]

Ele nos dá uma excelente justificativa para aceitar o pagamento de impostos como uma consequência lógica de nosso sucesso nos investimentos. Muitos investidores, no entanto, ainda consideram o pagamento de impostos um confisco do patrimônio, e não o reembolso de um empréstimo. A Wall Street vem capitalizando sobre essa última mentalidade, gerando uma contínua oferta de "inovações" em produtos de elisão fiscal, em troca de generosas quantias. Seja qual for o desejo dos investidores, esteja certo de que a Wall Street estará lá para atender às suas necessidades. Em 2004, na reunião anual da Berkshire, tanto Buffett quanto Munger deixaram clara sua aversão aos esquemas de elisão fiscal que as mais eminentes firmas de auditoria vêm propagandeando. De acordo com Munger, um trecho do discurso de vendas dizia que o produto estava sendo oferecido apenas aos vinte clientes mais importantes, para que as autoridades reguladoras não percebessem.[7]

Esse instinto criativo estava igualmente vivo e bem presente nos anos 1960, quando os "fundos cambiais" foram criados. Buffett os descreveu com riqueza de detalhes em suas cartas, dizendo que "o argumento de vendas dominante tem sido o diferimento de impostos sobre os ganhos de capital (algumas vezes, quando pronunciado por um vendedor entusiasmado, diferimento se aproxima foneticamente de eliminação), enquanto um único título é negociado para diversificar o portfólio".[8] Ele, então, passava a demonstrar o desempenho pífio de tais fundos, ao mesmo tempo que chamava a atenção para suas elevadas comissões.

Os comentários de Buffett sobre os impostos nos mantêm centrados e singularmente focados na manutenção do portfólio com o maior retorno possível, consideradas as opções disponíveis. "Não se preocupe com os impostos", esse tem sido o mantra de Buffett há anos. Nas primeiras décadas de sua carreira como investidor, ele vinha produzindo excelentes resultados pagando muitos impostos; quanto mais tinha a pagar, melhor ele se saía. Nos investimentos, procure pagar a maior quantidade de impostos que puder, à menor taxa possível. Se você conseguir fazer isso, significa que estará se saindo magnificamente.

**ENSINAMENTOS DAS CARTAS
AOS ACIONISTAS: IMPOSTOS**

---

10 de julho de 1963

Este ano, há alguma possibilidade de que os ganhos realizados sejam consideráveis. Logicamente, talvez isso não se concretize, e, na verdade, não há nenhuma relação desse fato com nosso desempenho anual nos investimentos. Defendo firmemente que devemos pagar um elevado imposto sobre os rendimentos — a taxas baixas. Uma infinidade de decisões de investimentos nebulosas e desordenadas são justificadas pelas chamadas "considerações fiscais".

Meu patrimônio líquido é o valor de mercado das participações menos o imposto devido após a venda. O passivo é tão real quanto o ativo, a menos que o valor dos ativos caia (ui), os ativos sejam passados adiante (sem comentários) ou eu morra com eles. Essa última possibilidade me pareceria, no mínimo, à beira de uma vitória de Pirro.

As decisões de investimentos deveriam ser tomadas com base na mais provável composição do patrimônio líquido após impostos, sob o menor risco possível. Qualquer proteção concedida aos títulos de baixa expressividade apenas contribui para congelar uma parcela do patrimônio líquido a um índice de composição idêntico ao dos ativos protegidos. Embora isso possa funcionar bem ou mal em casos individuais, significa a invalidação da gestão de investimentos. Sem dúvida, a experiência coletiva de deter vários títulos de baixa expressividade nivelará a experiência coletiva em títulos como um todo, especialmente a composição ao índice de composição do Dow. Não consideramos que essa seja a melhor situação em termos de índices de composição após impostos.

Já afirmei antes que, se os ganhos da sociedade responderem potencialmente por uma parcela considerável do total de seus rendimentos tributáveis, o mais seguro a fazer é estimar, para este ano, o mesmo imposto que você pagou no ano passado. Se você fizer isso, não incorrerá em penalidades. De qualquer modo, as obrigações tributárias daqueles que entraram na sociedade em 01/01/63 serão mínimas, devido aos termos do regulamento de nossa sociedade, que alocam os ganhos de capital, em primeiro lugar, para aqueles que têm uma participação acionária em valorizações não realizadas.

8 de julho de 1964

Impostos

Entramos em 1964 com ganhos não realizados líquidos de US$2.991.090, e toda essa quantia é atribuível aos acionistas que estiveram conosco durante 1963. Até 30 de junho, tivemos ganhos de capital realizados de US$2.826.248,76 (dos quais 96% são de longo prazo) e, portanto, é muito provável que todas as valorizações não realizadas atribuíveis às suas participações acionárias e reportadas em nossa carta de 25 de janeiro de 1964 (item 3) sejam, pelo menos, realizadas este ano. Novamente, quero enfatizar que isso não tem nada a ver com o modo pelo qual estamos nos saindo. Talvez eu pudesse ter feito a afirmação anterior, e o valor de mercado de sua participação na BPL tivesse encolhido substancialmente desde 1º de janeiro, de modo que o fato de termos grandes ganhos realizados não é motivo para empolgação. Da mesma forma, quando nossos ganhos realizados são muito discretos, não há necessariamente nenhuma razão para se sentir desestimulado. Não fazemos nenhuma jogada para acelerar ou diferir os impostos. Tomamos decisões de investimentos com base em nossa avaliação da combinação mais vantajosa das probabilidades. Se isso significar o pagamento de impostos, fico contente em saber que as alíquotas sobre os ganhos de capital de longo prazo sejam tão reduzidas assim.

18 de janeiro de 1965

Impostos

Ouvimos muitos chiados este ano por causa das obrigações tributárias dos acionistas. Claro, também poderíamos ter ouvido alguns caso o balanço fiscal tivesse vindo em branco.

Pessoas que seriam consideradas muito inteligentes cometem, provavelmente, mais pecados de investimento em função de "considerações fiscais" do que por qualquer outro motivo. Um dos meus amigos — um conhecido filósofo da Costa Oeste dos Estados Unidos — afirma que a maioria dos erros na vida é causada pelo fato de esquecermos aquilo que realmente estamos tentando fazer. Certamente, é o que acontece quando um elemento de grande carga emocional como os impostos entra em cena (tenho um outro amigo — um conhecido filósofo da Costa Leste norte-americana — que diz que não se preocupa com a falta de representatividade, mas sim com a tributação).

Vamos voltar para a Costa Oeste. O que realmente tentamos fazer no mundo dos investimentos? Não pagar imposto algum, embora esse possa ser um fator a ser levado em conta para alcançar o fim que almejamos. Meios e fins, porém, não deveriam ser confundidos, e o fim acabará chegando com o maior índice de composição após impostos. É bastante óbvio que, se duas linhas de conduta prometem índices idênticos de composição antes dos impostos e uma delas envolve a incidência de impostos e a outra, não, esta última linha de conduta é melhor. Constatamos, porém, que isso raramente acontece.

É extremamente improvável que vinte ações selecionadas a partir de, digamos, 3 mil opções se revelem um portfólio ideal tanto agora quanto daqui a um ano, a preços inteiramente diferentes (seja das opções, seja das alternativas) que estarão em vigor na data posterior. Se nosso objetivo é produzir o maior índice de composição após impostos, simplesmente precisamos deter os títulos mais atraentes que possam ser obtidos a preços correntes. E, com 3 mil variáveis em constante mutação, isso deve significar uma mudança (torcemos para que seja uma mudança "geradora de impostos"). É óbvio que o desempenho de uma ação no ano passado ou no mês passado não é motivo, por si só, para possuí--la ou não possuí-la agora. É óbvio que a incapacidade de "acertar as contas" com um título que perdeu seu valor não tem nenhuma importância. É óbvio que o entusiasmo interior resultante da posse de uma ação vencedora no ano passado não tem nenhuma importância na hora de decidir se ela estará incluída em um portfólio ideal este ano.

Se ganhos estiverem envolvidos, as mudanças executadas nos portfólios envolverão o pagamento de impostos. A não ser em casos muito incomuns (admitirei, desde já, que existem alguns casos assim), o montante do imposto é de menor importância caso a diferença no desempenho esperado seja significativa. Nunca fui capaz de entender por que muitas pessoas interpretam o imposto como um duro golpe, considerando-se que sua proporção nos ganhos de capital a longo prazo é menor do que na maioria dos outros tipos de empreendimentos (a política fiscal sugere que cavar fossos é uma atividade considerada socialmente menos desejável do que transferir certificados de ações).

Há uma grande percentagem de pragmáticos na plateia, de modo que seria melhor eu abandonar essa queixa idealista. Basicamente, existem apenas três maneiras de evitar o pagamento do imposto: 1) morrer com os ativos — e isso é um pouco demais para mim — até mesmo os fanáticos teriam de considerar essa opção de "cura" com sentimentos conflitivos; 2) passar os ativos adiante — certamente você não pagará quaisquer impostos dessa maneira, mas é claro que também não pagará por seus mantimentos, aluguel etc.; e 3) deixar de ganhar — se sua boca salivar com essa economia de impostos, serei obrigado a admirá-lo; você certamente defende com coragem suas convicções.

Portanto, continuará sendo a política da BPL tentar maximizar os ganhos de investimento, em vez de minimizar os impostos. Faremos tudo o que for possível para gerar o máximo de receita para o Tesouro Nacional — nas taxas mais baixas permitidas pela legislação.

Nos últimos anos, vimos surgir um aspecto novo e interessante em toda essa questão dos impostos, no que se refere à gestão de investimentos. Ele apareceu pela criação dos chamados "fundos cambiais", que são empresas de investimentos oriundas da troca de participações da instituição financeira por títulos do mercado geral, detidos por investidores potenciais. O argumento de vendas dominante tem sido o diferimento de impostos sobre os ganhos de capital (algumas vezes, quando pronunciado por um vendedor entusiasmado, diferimento se aproxima foneticamente de eliminação), enquanto um único título é negociado para diversificar o portfólio. O imposto só será finalmente pago quando as ações do fundo cambial forem resgatadas. Para os mais afortunados, o imposto será integralmente evitado quando qualquer uma daquelas maravilhosas alternativas mencionadas dois parágrafos atrás se materializar.

O raciocínio implícito no comportamento do gestor de um fundo cambial é bastante curioso. Obviamente, ele não deseja a titularidade das ações que detém no momento, caso contrário não aproveitaria a primeira oportunidade para trocá-las (e pagar uma comissão bastante considerável — em geral, de até US$100 mil) por um saco de batatas quentes parecidas, detidas por outros investidores paralisados diante dos impostos. Com toda a honestidade, eu deveria salientar que, depois de todos os interessados ofertarem seus títulos para troca e terem a oportunidade de reavaliar o portfólio proposto, eles têm a chance de voltar atrás, mas percebo que uma proporção relativamente pequena age dessa forma.

Desde que a ideia foi lançada, em 1960, doze fundos desse tipo foram criados (que eu saiba), e vários outros estão atualmente em formação. Não falta apelo à ideia, uma vez que as vendas totalizaram bem mais de US$600 milhões. Todos os fundos contam com um gestor de investimentos, para quem eles pagam, normalmente, metade de 1% do valor dos ativos. Esse gestor de investimentos está diante de um problema interessante; ele é pago para gerenciar o fundo de maneira inteligente (em cada um dos cinco fundos principais, essa comissão varia, atualmente, de US$250 mil a US$700 mil por ano), mas, por causa da baixa base tributária herdada dos doadores de títulos, praticamente todos os seus movimentos criam obrigações tributárias sobre os ganhos de capital. E, evidentemente, ele sabe que se incorrer em tais obrigações afetará pessoas que, provavelmente, são bastante sensíveis aos impostos, ou então, antes de mais nada, elas não possuiriam ações em um fundo cambial.

Estou afirmando tudo isso de maneira um tanto veemente, e tenho certeza de que existem alguns casos em que um fundo cambial pode ser a melhor resposta para os problemas tributários e de investimentos de um indivíduo. No entanto, sinto que esses fundos oferecem um tubo de ensaio muito interessante para medir a capacidade de alguns dos mais respeitados consultores de investimentos quando tentam gerenciar os recursos sem pagar (significativos) impostos.

Todos os três principais fundos cambiais foram organizados em 1961, e, em conjunto, eles detêm ativos que chegam atualmente a cerca de US$300 milhões. Um deles, o Diversification Fund, divulga um relatório com base no ano fiscal, o que dificulta bastante a extração de dados relevantes para efeitos de comparação com o ano civil. Os outros dois, o Federal Street Fund e o Westminster Fund (respectivamente, o primeiro e o terceiro maiores fundos nesse grupo) são gerenciados por consultores de investimentos que supervisionam pelo menos US$2 bilhões em capital institucional.

Observe o desenvolvimento desses fundos em todos os seus anos de existência:

ANO	FEDERAL STREET	WESTMINSTER	DOW
1962	–19,00%	–22,50%	–7,60%
1963	17,00%	18,70%	20,60%
1964	13,80%	12,30%	18,70%
Taxa Anual Composta	2,60%	1,10%	9,80%

Esses dados são, apenas, os registros das respectivas gerências. Não houve nenhuma compensação pelas comissões cobradas para o ingresso nos fundos, e nenhum imposto pago pelos fundos em nome dos acionistas foi reacrescentado ao desempenho. Alguém se anima a pagar impostos?

ENSINAMENTOS COMPOSTOS

Às vezes, o raciocínio nebuloso acerca dos impostos pode criar obstáculos para aquilo que realmente estamos buscando — o maior índice possível de composição após impostos. Normalmente, sua seleção de ações será o fator mais importante na determinação desse resultado, enquanto os impostos terão apenas um papel secundário. O tamanho de seus fundos, e talvez de forma ainda mais relevante, o tamanho dos fundos de um gestor externo, também pode exercer alguma influência. Essa questão não é tão simples quanto se poderia imaginar — e esse é o nosso próximo assunto.

12. Tamanho *versus* desempenho

"Nosso estoque de ideias sempre pareceu estar 10% à frente de nossa conta bancária. Se algum dia isso mudar, certamente eu me manifestarei."[1]

18 de janeiro de 1964

Enquanto os mercados seguiam avançando em constantes altas ao longo dos anos da sociedade, Buffett avaliava continuamente o potencial impacto que o rápido crescimento dos ativos da BPL poderia ter sobre seu desempenho futuro. Por muitos anos, ele cortejou novos investidores e considerou positivo o aumento dos fundos. Porém, quando os ativos da BPL cresceram além do que suas ideias de investimento poderiam absorver, Buffett parou de aceitar novos acionistas. Acompanhar a progressão de seus comentários sobre essa questão revela, de fato, o quão intimamente entrelaçados estão o tamanho e o ciclo do mercado quando se trata do desempenho esperado. A pergunta interessante é a seguinte: em que ponto o acréscimo progressivo de capital deixa de ser positivo para se tornar negativo? Em geral, esse ponto será sempre o instante em que o capital ultrapassa as ideias. Na prática, a resposta depende muito de onde você estiver no ciclo do mercado. Não se trata de um número estático — ele depende do mercado. Nos mercados em queda, até mesmo os gestores dos maiores fundos conseguirão movimentar, com facilidade, grandes quantidades de capital; em picos especulativos, normalmente apenas os menores fundos serão capazes de encontrar ideias com um efetivo alto retorno.

Se os fundos da BPL tivessem se mantido abaixo de alguns milhões de dólares, Buffett provavelmente teria continuado a investir tudo o que tinha, mesmo quando o mercado começasse a se encaminhar para seu pico especulativo. É bem possível que essa mentalidade tenha suscitado o comentário de Buffett durante o pico da bolha de tecnologia, quando ele afirmou:

> *Pouco importava se eu estivesse administrando US$1 milhão ou US$10 milhões; eu investia tudo o que tinha. Os maiores índices de retorno que obtive foram na década de 1950. Eu bati o índice Dow. Basta ver os números. Mas, naquela época, eu estava investindo uma ninharia. Não dispor de muito dinheiro é uma grande vantagem estrutural. Acho que eu seria capaz de gerar lucros de 50% ao ano com US$1 milhão. Ou melhor, tenho certeza de que seria. Posso garantir isso.*[2]

A ideia de que "quanto maiores os fundos, mais difícil fica" só é verdadeira depois que certo limiar for ultrapassado. Investir alguns milhares de dólares ou algumas centenas de milhares de dólares quase nunca será mais difícil, independentemente do ambiente do mercado. Mas, para usar um exemplo no extremo oposto, quando você for tão grande quanto a Berkshire, o tamanho quase sempre será um grande obstáculo ao desempenho, não importando em que parte do ciclo do mercado estivermos. Com dezenas de bilhões de dólares de excedente de capital, apenas um pequeno número de empresas é grande o suficiente para poder, inclusive, se qualificar como um investimento, além do fato de serem muito procuradas e, normalmente, adequadamente precificadas.

O tema surgiu, pela primeira vez, em 1962, em um ensaio intitulado "A Questão do Tamanho", que Buffett começa à sua maneira caracteristicamente bem-humorada: "Além de quererem saber o que acontecerá após a minha morte (que, com seu viés metafísico, é um assunto de grande interesse para mim), provavelmente a pergunta que me fazem com mais frequência é a seguinte: 'Qual o afeto (sic) que o rápido crescimento dos fundos da sociedade terá sobre o desempenho?'"[3] Quando ele escreveu isso, os ativos da sociedade, que haviam começado em US$100 mil, tinham crescido para mais de US$7 milhões (US$59,5 milhões, em valores atualizados de 2015). Àquela altura, Buffett ainda acreditava que quanto maior o tamanho, melhor seria. O segredo não era o nível absoluto de seu capital nem a efervescência geral do mercado, mas a interseção dos dois. Suas ideias ainda eram mais abundantes do que seu capital, e, portanto, mais era melhor.

Mesmo assim, já havia alguns inconvenientes naquela época. Pelo fato de lidar com títulos menores e mais obscuros, que muitas vezes tinham um limite de liquidez, ter até um pouco mais de capital para investir dificultava a compra dessas ações em quantidade suficiente e a preços adequados. Como resultado, as ações gerais — proprietário privado sofreram um impacto negativo no exato momento em que a sociedade estava aumentando de tamanho, especialmente porque o número de boas ideias de investimento foi se tornando, ao mesmo tempo, mais escasso. Esse é mais um lembrete de que dispor de quantias modestas têm as suas vantagens na hora de investir. Você pode chegar a lugares que muitos outros não conseguem.

Por outro lado, o aumento dos ativos também pode ser vantajoso. Ele oferece a possibilidade de assumir participações de controle. Buffett estava plenamente convencido de que as oportunidades nas participações de controle cresciam na mesma proporção que o tamanho de seus fundos, enquanto a concorrência se enfraquecia, pois uma certa capacidade financeira era necessária para entrar nesse jogo. Para aqueles que debocham da ideia de fazer isso por conta própria, é preciso lembrar que Buffett estava investindo em participações de controle quando o capital da BPL era o equivalente a alguns milhões de dólares atuais.

> *O que é mais importante — as perspectivas decrescentes de rentabilidade em investimentos passivos ou as perspectivas crescentes em investimentos de participação de controle? Não consigo dar uma resposta definitiva para isso, já que, em grande medida, ela depende do tipo de mercado em que estivermos operando. Minha opinião atual é que não há nenhuma razão para pensar que esses fatores não possam ser contrabalançados; se eu mudar de opinião, você será informado. Posso dizer, com toda a certeza, que nossos resultados em 1960 e 1961 não teriam sido melhores se*

AS REGRAS BÁSICAS DE WARREN BUFFETT | 295

estivéssemos operando com as quantias bastante inferiores que usamos em 1956 e 1957. [4]

Em 1966, com o mercado em alta a todo vapor, e o tamanho da BPL crescendo exponencialmente como resultado da adesão de mais acionistas e de um excelente desempenho, Buffett estava trabalhando com um capital US$43 milhões, e sua concepção, de fato, mudou. Nesse ponto, finalmente, em uma seção de sua carta intitulada "As amarguras da composição", ele anunciou que não poderia aceitar mais nenhum novo sócio. O tamanho havia se tornado um fator decisivo. Segundo explicou, "dadas as atuais circunstâncias, sinto que um tamanho substancialmente maior tem mais chances de prejudicar os resultados futuros do que ajudá--los. Talvez isso não seja verdadeiro para meus próprios resultados pessoais, mas é possível que seja verdadeiro para os seus resultados".[5]

Essa última frase nos diz muito a respeito de Buffett, tanto como investidor quanto como ser humano. Como você deve se lembrar, fechar as portas de um fundo para novos acréscimos de capital, muitas vezes, não é o mais conveniente para um gestor, mesmo que isso seja mais conveniente para o investidor. Buffett acreditava que o aumento dos ativos teria um efeito prejudicial no desempenho, mas com uma margem de 25% sobre todos os ganhos acima dos primeiros 6%, quanto mais recursos ele gerenciasse, mais comissões teria a receber. Aqui, vemos mais um exemplo de como ele se mantinha notavelmente alinhado com seus acionistas.

Como o mercado continuava aquecido e os fundos cresciam cada vez mais, em outubro de 1967 Buffett deu o passo seguinte em suas progressivas medidas de precaução, reduzindo o índice oficial de retorno esperado da BPL. Ainda assim, e já com cerca de US$65 milhões de capital, ele deixou claro que o tamanho não era o problema principal, e sim o mercado; ele acreditava que, mesmo que estivesse operando com 10% daquele capital, seu desempenho esperado seria apenas "um pouco melhor". O ambiente do mercado era, claramente, o fator preponderante.

Porém, para os investidores individuais que trabalham com quantias intermediárias, ter um tamanho menor é uma grande vantagem em quase todos os mercados. Isso lhes dá a chance de buscar oportunidades em áreas que fogem aos limites dos investidores profissionais, pois essas empresas são pequenas demais para os investidores institucionais. Em 2005, quando lhe perguntaram se ele ainda se mantinha fiel ao seu comentário feito seis anos antes, de que conseguiria obter retornos de 50% ao ano sobre pequenas quantias, Buffett afirmou:

> *Sim, eu ainda diria a mesma coisa hoje. Na verdade, continuamos obtendo retornos desse tipo sobre alguns de nossos investimentos menores. A melhor década foi a de 1950; eu obtive retornos positivos de 50% com pequenas quantias de capital. Poderia fazer a mesma coisa hoje com quantias ainda menores. Talvez fosse mais fácil, inclusive, ganhar esse dinheiro todo no ambiente atual, porque podemos acessar as informações com mais facilidade. É preciso vasculhar muito para encontrar essas pequenas anomalias. É preciso encontrar as empresas que estão fora do mapa — muito fora do mapa. Talvez você encontre empresas locais que não têm absolutamente nada de errado. Uma empresa que eu encontrei, a Western Insurance Securities, estava negociando a US$3/ação, mas recebia US$20/ação!! Tentei*

comprar a maior quantidade possível. Ninguém vai lhe falar sobre essas empresas. Você precisará encontrá-las sozinho.

Sempre haverá algum ponto, porém, em que a lei dos grandes números começará a se insinuar e os dólares suplementares começarão a trazer retornos progressivamente inferiores. Após o rompimento do limiar, os fundos maiores tenderão a reduzir os retornos potenciais. Se você estiver investindo seu próprio capital, é improvável que isso venha a se tornar um problema, mas se estiver investindo em um fundo, talvez seja uma questão que valha a pena ser monitorada. É algo que flutua com o ciclo do mercado; em momentos de mercados em queda, os resultados serão melhores (os grandes gestores podem fazer rios de dinheiro a altos índices de retorno), e nos picos de mercado os resultados serão piores (apenas os menores prosperarão). Independentemente de onde você estiver no ciclo do mercado, use a história da BPL para se orientar sobre a questão do tamanho: quando suas ideias ultrapassarem seu capital, ser maior será melhor, mas no momento em que os ativos ultrapassarem as ideias, ser maior diminuirá os índices futuros de ganhos (em termos percentuais, mas não necessariamente em dólares).

Portanto, ao levar em consideração um investimento no qual o tamanho seja um fator decisivo, mantenha em mente estes dois pontos: admita que, caso as demais condições permaneçam inalteradas, o histórico dos investidores profissionais que lidam com pequenas quantias deverá, naturalmente, ser melhor; e analise o impacto que o tamanho atual desses investidores poderá ter sobre seu desempenho futuro. Os gestores profissionais têm propensão financeira para o aumento do tamanho, e isso, às vezes, pode contrariar seus próprios interesses.

ENSINAMENTOS DAS CARTAS AOS ACIONISTAS: A QUESTÃO DO TAMANHO

24 de janeiro de 1962

A questão do tamanho

Além de quererem saber o que acontecerá após a minha morte (que, com seu viés metafísico, é um assunto de grande interesse para mim), provavelmente a pergunta que me fazem com mais frequência é a seguinte: "Qual o afeto (sic) que o rápido crescimento dos fundos da sociedade terá sobre o desempenho?"

Os fundos maiores travam uma luta em duas direções opostas. Do ponto de vista dos investimentos "passivos", em que não pretendemos que o tamanho de nossos investimentos influenciem as políticas corporativas, as quantias maiores prejudicam os resultados. No caso do fundo mútuo ou do departamento fiduciário que investe em títulos cujos mercados são bastante amplos, o efeito das grandes quantias deverá ser um comprometimento muito discreto dos resultados. A compra de 10 mil ações da General Motors é apenas ligeiramente mais cara (tomando por base a expectativa matemática) do que a compra de 1 mil ou cem ações.

Em alguns dos títulos com os quais lidamos (mas nem todos, com certeza), comprar 10 mil ações é muito mais difícil do que comprar cem, e, algumas vezes, é impossível. Portanto, para uma parcela de nosso portfólio, quantias maiores são, definitivamente, desvantajosas. Para uma parcela mais significativa do portfólio, eu diria que quantias maiores são apenas ligeiramente desvantajosas. Essa categoria inclui a maioria de nossas arbitragens cambiais e algumas ações gerais.

No entanto, no caso das situações de participações de controle, o aumento dos fundos é uma nítida vantagem. Uma "Sanborn Map" não pode ser conquistada sem os recursos necessários para tal. Minha convicção absoluta é que, nesse domínio, as oportunidades aumentam na mesma proporção que os fundos. Isso se deve à queda brusca na concorrência conforme o custo sobe e à importante correlação positiva existente entre o aumento do tamanho da empresa e a falta de titularidade concentrada das ações daquela empresa.

O que é mais importante — as perspectivas decrescentes de rentabilidade em investimentos passivos ou as perspectivas crescentes em investimentos de participação de controle? Não consigo dar uma resposta definitiva para isso, já que, em grande medida, ela depende do tipo de mercado em que estivermos operando. Minha opinião atual é que não há nenhuma razão para pensar que esses fatores não possam ser contrabalançados; se eu mudar de opinião, você será informado. Posso afirmar, com toda a certeza, que nossos resultados em 1960 e 1961 não teriam sido melhores se estivéssemos operando com as quantias bastante inferiores que usamos em 1956 e 1957.

18 de janeiro de 1963

Em algumas ocasiões, os acionistas manifestaram sua preocupação quanto ao efeito do tamanho no desempenho. Esse assunto foi examinado na carta anual do ano passado. A conclusão a que chegamos foi que havia algumas situações em que quantias maiores ajudavam e outras em que atrapalhavam, mas, no cômputo geral, não achei que elas comprometeriam o desempenho. Prometi informar os acionistas caso minhas conclusões sobre isso mudassem. No início de 1957, os ativos combinados dos sócios limitados totalizaram US$303.726; no início de 1962, esse valor tinha crescido para US$7.178.500. De qualquer maneira, até o momento nossa margem sobre o índice Dow não indicou nenhuma tendência de diminuição diante do aumento dos fundos.

---

18 de janeiro de 1964

Estamos começando o ano com um patrimônio líquido de US$17.454.900. Esse rápido crescimento em nossos ativos sempre levanta a questão de saber se isso resultará em uma diluição do desempenho futuro. Até o momento, há uma correlação mais positiva do que inversa entre o tamanho da sociedade e sua margem sobre o índice Dow. Porém, isso não deve ser levado tão a sério. Quantias maiores podem ser uma vantagem em alguns momentos e uma desvantagem em outros. Minha opinião é que nosso atual portfólio não conseguiria ser melhorado se nossos ativos fossem de US$1 milhão ou de US$5 milhões. Nosso estoque de ideias sempre pareceu estar 10% à frente de nossa conta bancária. Se algum dia isso mudar, certamente eu me manifestarei.

---

18 de janeiro de 1965

Anteriormente, nossa política era admitir parentes próximos dos atuais acionistas, sem um limite mínimo de capital. Este ano, apareceu uma enxurrada de filhos, netos etc. colocando em causa essa política; portanto, decidi instituir um mínimo de US$25 mil para as participações acionárias de familiares imediatos dos atuais acionistas.

---

20 de janeiro de 1966

As amarguras da composição

Nesse momento da minha carta, tenho feito uma pausa para tentar, modestamente, esclarecer os erros históricos dos últimos quatrocentos ou quinhentos anos. Embora possa parecer difícil fazer isso em apenas alguns parágrafos uma vez por ano, acredito que tenho feito a minha parte para reformular a opinião mundial sobre Colombo, Isabel, Francisco I, Peter Minuit e os índios de Manhattan. Um subproduto desse esforço foi demonstrar o poder esmagador dos juros compostos. Para garantir a atenção do leitor, intitulei esses ensaios de "As alegrias da composição". Os mais perspicazes poderão perceber que houve uma ligeira mudança este ano.

Um índice digno (talvez fosse melhor um índice indigno) de composição — além do acréscimo de um montante substancial de dinheiro novo — fez com que nosso capital inicial este ano fosse de US$43.645 milhões. No passado, levantei várias vezes a questão de saber se quantias crescentes de capital poderiam prejudicar nosso desempenho nos investimentos. Em todas elas, respondi negativamente, e prometi que, se mudasse de opinião, eu avisaria logo.

Não acredito que o aumento do capital tenha prejudicado nossa operação até esse momento. Aliás, acho que nos saímos um pouco melhor nos últimos anos com o capital que tínhamos na sociedade do que teríamos nos saído se tivéssemos trabalhado com uma quantia substancialmente menor. Isso se deveu ao desenvolvimento um tanto fortuito de vários investimentos que tinham o tamanho certo para nós — grandes o suficiente para serem significativos e pequenos o suficiente para serem manejados.

Agora, sinto que estamos muito mais próximos do ponto em que o aumento do tamanho pode se tornar desvantajoso. Não quero ser muito categórico com essa afirmação, uma vez que existem muitas variáveis envolvidas. Substancialmente, o tamanho ideal sob certas circunstâncias mercadológicas e comerciais pode ser mais ou menos ideal sob outras circunstâncias. No passado, houve algumas ocasiões em que, durante um brevíssimo período, imaginei que seria mais vantajoso ter um tamanho menor, mas, na maioria das vezes, pensei o contrário.

No entanto, dadas as atuais circunstâncias, sinto que um tamanho substancialmente maior tem mais chances de prejudicar os resultados futuros do que ajudá-los. Talvez isso não seja verdadeiro para meus próprios resultados pessoais, mas é possível que seja para os seus resultados.

Portanto, a menos que as circunstâncias aparentem mudar (sob algumas condições, o acréscimo de capital melhoraria os resultados), ou a menos que novos acionistas possam trazer algum ativo para a sociedade que não seja simplesmente o capital, estou determinado a não admitir novos acionistas na BPL.

A única maneira de tornar essa decisão eficaz é aplicá-la de modo generalizado, e já avisei a Susie que, se tivermos mais filhos, caberá a ela encontrar alguma outra sociedade para eles.

Pelo fato de eu prever que as retiradas (para o pagamento de impostos, entre outros motivos) poderão muito bem se equivaler aos acréscimos dos atuais acionistas, e também pelo fato de eu visualizar uma ascensão muito discreta da curva de desempenho esperado conforme o capital for aumentando, atualmente não vejo razão alguma pela qual devêssemos restringir os acréscimos de capital dos acionistas existentes.

Os que são familiarizados com a medicina provavelmente interpretarão essa seção inteira como uma prova cabal de que uma eficaz droga antitireoidiana foi descoberta.

ENSINAMENTOS COMPOSTOS

Há nítidas vantagens em investir quantias modestas de capital. Empresas pequenas, obscuras e pouco procuradas tendem a ser menos adequadamente precificadas e oferecem o mais fértil terreno para as oportunidades. A Sanborn Map e a Dempster Mill, nas quais Buffett investiu enormes percentuais da sociedade nos primeiros anos, seriam consideradas, hoje em dia, empresas de microcapital. Com o passar dos anos, oportunidades com essa dimensão se tornaram muito restritas. A BPL não teria condições de injetar capital suficiente em nenhuma delas para fazer com que retornos até mesmo consideráveis sobre os investimentos individuais pudessem ter um impacto significativo sobre os resultados gerais. No entanto, os indivíduos dispostos a fazer o trabalho por conta própria geralmente podem se concentrar nessas empresas e encontrar valor na maioria dos ambientes de mercado.

Ainda assim, depois que os fundos ultrapassam certo limiar de tamanho, o ciclo do mercado passará a ter um impacto maior sobre os retornos potenciais de um investidor e sobre sua habilidade para encontrar quantidades suficientes de opções de investimento adequadas. Buffett salienta que foi o ambiente momentâneo do mercado, muito mais do que o tamanho dos fundos com os quais estava lidando, que lhe impôs tantas dificuldades para encontrar novas ideias. O conceito de que não apenas o mercado oscilará entre o otimismo e o pessimismo, mas também a disponibilidade de boas oportunidades de investimento, é o foco do próximo capítulo. Enquanto o Sr. Mercado se equilibra entre a ganância e o medo, Buffett continua fiel aos seus princípios de investimentos, seja qual for o ambiente, e investe apenas quando considera lógico fazê-lo. Como veremos, os mercados giram em torno dos princípios de investimentos, e não ao contrário.

13. Tudo ou nada

"Eu preferiria sofrer as penalidades resultantes do excesso de conservadorismo, talvez com uma perda permanente de capital, a enfrentar as consequências do erro resultante da adoção de uma filosofia da 'Nova Era', segundo a qual as árvores, de fato, crescem até o céu."[1]

20 de fevereiro de 1960

Em 1957, Jerry Tsai, um sino-americano de 29 anos de idade que trabalhava havia cinco na Fidelity, deu início a uma nova era nos fundos mútuos norte-americanos. Naquela ocasião, o Fidelity Capital Fund inaugurou um novo estilo de investimento, notadamente diferente do estilo convencional e conservador dos gestores anteriores. Tsai, que desenvolveu rapidamente a reputação de ter uma "agilidade felina" e uma capacidade de prever as reviravoltas dos mercados a curto prazo,[2] rompeu com o estilo tradicional da gestão de fundos, concentrando-se em empresas de crescimento especulativo —

Xerox, Polaroid, Litton Industries, ITT etc. —, que a velha guarda enxergava como completamente inexperientes, arriscadas e inadequadas para o investimento. Na época, suas atividades foram consideradas mais próximas a um jogo de azar do que ao investimento,[3] mas a propensão do mercado ao risco estava começando a se reanimar, depois de ter ficado majoritariamente adormecida desde a época da Depressão. Jerry Tsai trazia um novo tipo de produto de investimento para aqueles que tinham um apetite emergente e agressivamente especulativo. Eles foram batizados de *fundos de desempenho*.

Se fosse possível imaginar alguém com uma imagem diametralmente oposta à de Buffett nos anos da sociedade, essa pessoa seria Jerry Tsai. Ambos começaram suas operações de investimento na segunda metade da década de 1950 e saíram de cena no fim dos anos 1960, mas eles não tinham praticamente mais nada em comum, em especial no tocante à sua abordagem, aos resultados pessoais e aos resultados daqueles que investiam com eles. Se Buffett beijava bebês, Tsai roubava seus pirulitos.

A comparação entre os dois permite compreender o ambiente no qual a BPL operava ao longo dos anos 1950 e 1960, evidenciando o quanto a sociedade era especial e destacando alguns dos aspectos particulares das ações e dos processos de pensamento de Buffett.

No fim da década de 1950, um público investidor — que antes se mostrara interessado em comprar ações diretamente — deslocou sua preferência para os fundos mútuos; os ventos estavam bastante favoráveis para esse setor. Em 1946, a Fidelity administrava US$13 milhões; em 1966, seus ativos tinham aumentado para US$2,7 bilhões.[4] Conforme o grande movimento de alta dos anos 1960 foi avançando, o período passou a ficar conhecido como os anos especulativos, assim denominado por causa de seu caráter acelerado e frenético. O senso de oportunidade do novo fundo de Jerry Tsai e o estilo especulativo defendido por ele se combinaram com as inconstantes preferências do público investidor, fazendo com que seu fundo, sua carreira e sua reputação fossem alçados à estratosfera. Esse era o contexto dos investimentos em que a Buffett Partnership estava tentando operar de forma conservadora e, em grande parte, ao estilo de Ben Graham. Na época, a convicção geral dizia que Jerry Tsai era a vanguarda; Buffett, em larga medida, era o investidor desconhecido.

UM PASSEIO COM A BPL

Como sabemos, o empreendimento próprio de Buffett deu seus primeiros passos em maio de 1956. Na época, ele e Tsai estavam observando o mesmo mercado, mas enxergando duas coisas distintas. O índice Dow tinha praticamente duplicado desde seu ponto mais baixo, atingido na recessão de três anos antes, e era difícil considerá-lo visivelmente atraente. Na verdade, em 1955, o próprio Graham havia afirmado diante da Comissão Fulbright, no Senado dos Estados Unidos, que o mercado estava demasiadamente aquecido. De modo geral, Buffett também se mostrava cauteloso, mas, com um modesto capital naqueles primeiros anos, havia uma grande variedade de opções e suas ideias ainda eram abundantes. Ao longo da década seguinte, quanto mais as ações subiam, mais fervorosas se tornavam suas advertências.

O trecho seguinte foi extraído de sua primeira carta, escrita em 1956:

Meu ponto de vista sobre o nível do mercado geral é que ele está precificado acima de seu valor intrínseco. Essa visão se refere aos títulos de primeira linha. Caso essa perspectiva se prove verdadeira, ela traz consigo a possibilidade de um declínio substancial em todos os preços das ações, tanto as subavaliadas quanto as demais. Em todo caso, acredito que exista uma probabilidade muito pequena de os níveis atuais do mercado serem considerados baratos daqui a cinco anos.[5]

À medida que os anos foram se passando, o mercado continuou a avançar, e os ativos da BPL continuaram a crescer. Novas ideias foram ficando cada vez mais escassas, e Buffett foi se tornando cada vez mais cauteloso. Entre o fim dos anos 1950 e meados dos anos 1960, o mercado crescia a um ritmo mais acelerado do que o fortalecimento dos fundamentos dos negócios norte-americanos, incorporando um elemento especulativo que não poderia durar para sempre — Buffett sabia que, a qualquer momento, poderia haver uma correção. Embora ele nunca tenha alegado saber *quando* essa correção chegaria, ele desejava, de fato, que os acionistas estivessem prontos para o que ele considerava uma eventualidade.

Por uma década, as advertências de Buffett apareceram apenas sob a forma de uma retórica moderada, mas, em 1966, com a nova alta do mercado, finalmente ele se sentiu compelido a agir. Seu primeiro passo foi anunciar que não aceitaria mais nenhum acionista novo — já estava ficando suficientemente difícil fazer funcionar o capital dos acionistas existentes. Em seguida, no outono de 1967, ele deu o passo seguinte, reduzindo drasticamente à metade a meta de desempenho estabelecida pela sociedade, de 10% em relação ao índice Dow, e advertindo que seria pouco provável que ela ultrapassasse os 9% em termos absolutos em qualquer ano. Até aquele momento, a BPL vinha gerando ganhos compostos a um índice médio de 29,8% ao ano; agora, Buffett estava sugerindo que havia poucas chances de se aproximar minimamente disso. Na carta em que anunciava a redução de suas metas, seu tom em relação ao mercado geral havia se tornado muito sério.

Embora ele afirmasse aos acionistas que entendia o fato de eles procurarem melhores locais para investir, devido à redução de suas expectativas de retorno (e alguns, de fato, abandonaram a sociedade), sua retórica admonitória não se refletia em seus atuais resultados de desempenho. Só em 1968, o ganho foi de 58,8% — o melhor de todos os tempos. Esse índice colossal era relativo não apenas ao seu ano de maior percentual de retorno, como também ocorreu em um momento em que ele estava gerenciando a maior quantidade de capital. Os lucros de 1968 foram de US$40 milhões. Em apenas dois breves anos, os ativos da BPL haviam duplicado mais uma vez. No entanto, por mais que o desempenho recente tivesse sido ótimo, suas boas ideias simplesmente haviam se esgotado. Apesar de os acionistas não saberem disso, o fim estava próximo. "Não sei se consigo enfatizar com a devida intensidade que, atualmente, a qualidade e a quantidade de ideias estão em um momento de mínima histórica — resultado dos fatores mencionados na minha carta de 9 de outubro de 1967, que, desde então, foram amplamente intensificados."[6]

CONGLOMERADOS

Uma faceta do ambiente de mercado vivenciado no fim dos anos 1960, responsável por arrefecer a quantidade de novas ideias da BPL, foi o nascimento e a ascensão dos grandes conglomerados — Litton, Teledyne, Textron, ITT etc. —, alguns dos quais continuam existindo até hoje. O relato de John Brooks a respeito desse período, *The Go-Go Years*, resumia a maneira inescrupulosa pela qual eles foram criados: "Na década de 1960, à medida que Wall Street atravessava agilmente a revolução que a transformaria no primeiro mercado de títulos genuinamente públicos da história mundial, o novo e decisivo elemento no comércio de ações foi a ingenuidade financeira e contábil dos milhões de novos investidores."[7]

Brooks estava se referindo, em parte, a um novo fenômeno que surgiu principalmente naquela década, o índice preço/lucro (PE, na sigla em inglês), que era calculado dividindo-se o preço das ações de uma empresa por seus lucros. Os relatórios anuais da Sanborn Map e da Berkshire Hathaway de 1961, por exemplo, nem sequer mencionavam os lucros por ação. A principal desvantagem do PE como ferramenta de investimento é que todos os pressupostos utilizados na abordagem do fluxo de caixa descontado estão implícitos, e não explícitos, ou seja, o crescimento presumido no fluxo de caixa e os investimentos necessários para financiar esse crescimento não estão claramente discriminados. Duas empresas poderiam facilmente negociar com um PE dez vezes maior e produzir resultados bastante diferentes. O PE, em si, não é uma medida ruim; é apenas uma ferramenta muito grosseira. Para mim, é como usar um marca-texto para fazer anotações — por que você faria isso quando pode usar uma caneta?

De qualquer modo, o PE tinha acabado de entrar em voga, e os conglomerados logo perceberam que poderiam usá-lo para enganar o mercado por algum tempo. Eles descobriram que poderiam adquirir empresas com baixos índices de PE e suas ações subiriam, porque isso manteria seu maior índice de PE — os lucros adicionais seriam capitalizados a um índice superior. Ora, poderíamos imaginar, por exemplo, que quando duas empresas de tamanho equivalente se fundissem, e uma tivesse um PE de 10 e a outra de 20, a empresa combinada negociaria ao valor médio combinado, um PE de 15. Isso é o que normalmente acontece, mas, naqueles primeiros anos dos conglomerados, o mercado estava sendo iludido a pensar de outra forma.

Isso nos leva ao segundo conjunto de atores ingênuos mencionados por Brooks, os contadores. Por meio de vários métodos de contabilidade utilizados quando uma empresa compra outra, e que já não são mais admissíveis, assim como o uso de certos tipos de títulos híbridos que, à época, não precisavam ser incluídos na medição das ações em circulação da empresa do modo que têm de ser incluídos hoje, os conglomerados conseguiram registrar contribuições muito maiores nos lucros provenientes de suas aquisições do que seria permitido hoje. As regras foram alteradas posteriormente, mas as normas contábeis dos anos especulativos, em combinação com a manobra do PE, significaram um gigantesco incentivo para que as empresas manipulassem os preços de suas ações por meio de fusões e aquisições. Frequentemente, elas adquiriam muitas das empresas de baixo PE nas quais Buffett poderia estar interessado. Somente em 1968, 4.500 corporações norte-americanas se fundiram, um número de transações três vezes superior ao que havia sido observado em qualquer ano da década anterior.[8]

Mas se a avaliação simplista e a má contabilidade ludibriavam o grande público, Buffett percebia claramente o que estava acontecendo e ficava perplexo. Em seu estilo cada vez mais brilhante, ele ia direto ao ponto:

> *O jogo está sendo jogado pelos crédulos, os auto-hipnotizados e os cínicos. Para criar as ilusões adequadas, frequentemente exigem-se distorções contábeis (um empreendedor particularmente progressista me disse que acreditava na "contabilidade corajosa, imaginativa"), truques de capitalização e camuflagem da verdadeira natureza dos negócios operacionais envolvidos. O produto final é popular, respeitável e imensamente lucrativo (deixarei os filósofos descobrirem em que ordem esses adjetivos devem ser arrumados).*

Em seguida, ele reconhecia que, perversamente, essa situação estava auxiliando, ainda que de forma indireta, o desempenho da BPL, mas, ao mesmo tempo, arrefecendo quaisquer ideias razoáveis que haviam sobrado.

> *Com toda a sinceridade, nosso próprio desempenho foi substancialmente aprimorado, de forma indireta, pelo efeito colateral adverso de tais atividades. A criação de um círculo cada vez mais amplo dessas correntes por correspondência requer quantidades crescentes de material bruto corporativo, e isso propiciou o aparecimento de muitas ações intrinsecamente baratas (e não tão baratas assim). Quando passamos a deter a titularidade de tais ações, fomos recompensados pelo mercado com muito mais rapidez do que em outras ocasiões. O apetite por essas empresas, no entanto, tende a diminuir substancialmente o número de investimentos fundamentalmente atraentes que ainda existem. (...) Porém, é preciso perceber que essa abordagem de "O rei está nu" contraria (ou é dispensada, com um "E daí?" ou um "Vá em frente, vá em frente") os pontos de vista da maioria das instituições financeiras e dos gestores de investimentos atualmente bem-sucedidos. Vivemos em*

um mundo de investimentos, povoado não por aqueles que deveriam ser logicamente convencidos a acreditar, mas pelos esperançosos, crédulos e gananciosos, agarrando-se a uma desculpa na qual acreditar.[9]

Em maio de 1969, com quase US$100 milhões de ativos na BPL, e com muitas das ideias restantes tendo sido consumidas pelos conglomerados (ou revolvendo aquelas que já possuía), Buffett anunciou sua intenção de liquidar a sociedade. O ano de 1969 se revela bastante medíocre, decepcionando Buffett e levando-o a afirmar:

(...) Gostaria de continuar a operar a sociedade em 1970, ou até mesmo em 1971, se pudesse contar com algumas ideias realmente excepcionais. Não porque eu queira, mas meramente porque gostaria que nosso último ano fosse bom, e não ruim. No entanto, simplesmente não consigo enxergar qualquer coisa disponível que me dê alguma expectativa razoável de alcançar um ano tão bom assim, e não tenho nenhuma vontade de sair tateando às escuras, na esperança de "ter sorte" com os recursos de outras pessoas. Não me afino com esse ambiente do mercado, e não quero estragar um histórico decente, tentando jogar um jogo que não entendo, apenas para que eu possa sair como herói.[10]

UM PASSEIO COM A CAPITAL FUND

Agora, vamos voltar a Jerry Tsai e analisar esse período a partir de sua perspectiva como gestor do Fidelity Capital Fund, que, como você deve se lembrar, surgiu em 1957, mais ou menos na mesma época que a sociedade. Naqueles anos,

Tsai enxergava o mercado de forma diferente, em parte porque seus métodos eram bastante distintos dos métodos dos investidores em valor. No vocabulário de Graham e Buffett, ele era um especulador. Como operador de curto e médio prazos, focado em nomes de prestígio e na tendência de preços, gabava-se de comprar e vender ações de um dia para o outro. Ele havia sido treinado a agir assim. Certa vez, seu mentor e chefe no Fidelity, Ed Johnston II, descreveu seus métodos da seguinte forma: "Não queríamos nos sentir como se estivéssemos casados com uma ação quando a comprávamos. Talvez se pudesse dizer que preferíamos considerar nossa relação uma 'união consensual'. Mas isso também não explica muito. De vez em quando, gostávamos de ter um possível 'caso' — ou, até mesmo, muito esporadicamente, 'passar algumas noites juntos'."[11] Enquanto Buffett se concentrava nos fundamentos do negócio em busca de pistas sobre o valor intrínseco subjacente das ações, dispondo-se a mantê-las por muito mais tempo, Tsai olhava para os gráficos de ações e indicadores técnicos para embasar suas decisões. Isso funcionou para Tsai... por algum tempo.

Comprando e vendendo ações astuciosamente e alterando seu capital por meio de suas inúmeras ideias, a uma taxa de mais de 100% ao ano (um índice de rotatividade incomumente elevado na época), Tsai conseguiu gerar altos índices de retorno por muitos anos. Um momento marcante ocorreu no início de 1962, quando o mercado despencou 25%, fazendo com que seu portfólio de ações bastante prestigiadas despencasse junto.

O sempre competitivo Buffett contestou o desempenho de Tsai, na carta enviada em meados daquele ano:

> Os chamados fundos de "crescimento" foram particularmente afetados no primeiro semestre; quase sem exceção, eles sofreram uma queda consideravelmente maior do que o índice Dow. Os três grandes fundos de "crescimento" (as aspas são mais cabíveis agora) com os melhores históricos nos últimos anos, o Fidelity Capital Fund, o Putnam Growth Fund e o Wellington Equity Fund, perfizeram, em média, um total de -32,3% no primeiro semestre. Vale apenas salientar que, devido aos seus excelentes históricos em 1959-1961, seu desempenho geral, até esse momento, ainda é melhor do que a média, e é bem possível que isso aconteça no futuro. Porém, ironicamente, a performance superior precedente provocou um afluxo tão grande de novos investidores que o mau desempenho deste ano foi sentido por muitos mais acionistas do que o excelente desempenho pôde ser apreciado nos anos anteriores. Essa experiência tende a confirmar minha hipótese de que o desempenho dos investimentos deve ser julgada por um período de tempo que inclua tanto os mercados em processo de alta quanto os mercados em queda. Os dois tipos continuarão existindo; um detalhe que talvez possa ser mais bem compreendido agora do que há seis meses.[12]

Tsai se manteve firme durante a prematura retração econômica de 1962. Então, friamente, ele colocou em ação um adicional de US$28 milhões naquele mês de outubro. O fundo, como um todo, subiu espetaculares 68% no fim do ano, refletindo a gradual recuperação do mercado. Parecia que Tsai conseguia medir o pulso do mercado. Ele havia deixado sua marca. O mercado em alta permanecera intacto e seu senso de oportunidade se mostrara impecável. O ano de 1965 também foi estelar, porque ele conseguiu ganhos de cerca de 50% contra um avanço de 14,2% no índice Dow.¹³ O grupo dos fundos de desempenho se firmara como um novo e atraente conceito, e Tsai se tornara um astro. Era chegada a hora de transformar a fama em dinheiro.

Ele pediu demissão do Fidelity para criar sua própria empresa de gestão em Nova York. Estabeleceu residência em várias suítes de luxo do Regency Hotel e fixou a sede da empresa em um pomposo conjunto de escritórios no luxuoso endereço da Parque Avenue, 680.¹⁴ Tsai havia se tornado tão popular entre os investidores que, em 1966, quando seu novo fundo foi aberto para os investidores, ele conseguiu atrair quase dez vezes mais do que esperava. Um bom lançamento teria rendido US$25 milhões; Tsai deu início ao "Manhattan Fund" com US$247 milhões, uma quantia recorde de capital recém-levantado.¹⁵

Infelizmente, seu senso de oportunidade, tão impecável antes, revelou-se mais despropositado do que nunca. O Manhattan Fund começou a operar em fevereiro de 1966, exatamente no mesmo mês em que o Dow atingiu seu ponto mais alto daquela década. Não é de surpreender que o desempenho de Tsai tenha evaporado com a dinâmica ascendente do mercado. No entanto, sua popularidade era tão alta naquela época que, até o verão de 1968, os investidores continuaram injetando mais US$250 milhões sobre o capital que fora levantado no início, apesar do péssimo desempenho do fundo. Àquela altura, provavelmente porque já estava se dando conta de que seu estilo não se adequava mais a um mercado sem espaço para a tendência de preços, Tsai decidiu espertamente vender a empresa. Naquele outono, com mais de US$500 milhões de ativos totais, a sociedade que detinha o Manhattan Fund foi vendida por US$27 milhões e ele se retirou de cena como um homem rico. Infelizmente, seus investidores não se saíram tão bem quanto ele. O fundo perdeu 90% de seu valor ao longo dos anos seguintes.[16]

RESULTADOS DIFERENTES

Mesmo sem poder precisar o momento ou a extensão dos prejuízos que estavam reservados para os investidores de Tsai, Buffett não deixava de sentir repulsa por aquele estilo de investimento "da moda". Ao longo da década, ele deixou clara sua percepção de que, muito provavelmente, aquilo acabaria mal, embora sem saber quando. Desde o início, esforçou-se ao máximo para reduzir a expectativa de todos, particularmente as de seus próprios acionistas. Ele criticou Tsai novamente, dessa vez de forma direta, em sua carta semestral enviada em julho de 1968 (lembre-se de que Tsai venderia seu fundo apenas alguns meses depois). Buffett afirmou:

> Recentemente, alguns dos chamados fundos "especulativos" foram rebatizados como fundos "tudo ou nada". O Manhattan Fund, de Gerald Tsai, talvez o veículo de investimento mais reconhecidamente agressivo do mundo, chegou, por exemplo, ao índice de -6,9% em 1968. Muitas entidades de investimento de menor porte continuaram a superar substancialmente o mercado geral em 1968, mas nenhuma delas chegou perto das cifras alcançadas em 1966 e 1967. (...) O negócio da gestão de investimentos, que eu costumava repreender severamente nesta seção por conta de sua excessiva letargia, oscilou tanto nos últimos trimestres que chegou ao estágio de hipertensão aguda. (...) Quando pra-

ticado por um número elevado e cada vez maior de pessoas altamente motivadas e com grandes somas de recursos, mas que se veem diante de uma quantidade limitada de títulos adequados, o resultado se torna bastante imprevisível. Em certo sentido, é fascinante observar, mas, por outro lado, é assustador.[17]

Apesar de Buffett e Tsai terem terminado a década de 1960 quase US$30 milhões mais ricos, o dinheiro de Tsai foi conquistado com a venda de seu fundo, enquanto Buffett simplesmente ficou com sua cota do capital da sociedade — desde o princípio, ele vinha reaplicando quase todas as suas comissões pelo desempenho na sociedade, onde elas eram compostas com os recursos de todos os outros acionistas. Certamente ele poderia ter lucrado ainda mais se também tivesse optado por vender a sociedade, mas, em vez de fazer isso, decidiu fechá-la. Aparentemente, ele recebeu algumas ofertas, mas as recusou.[18] Agindo assim, Buffett se manteve caracteristicamente alinhado com os acionistas, o que, em seu entender, era o mais importante. Ele ganhou seu dinheiro *com* eles, e não *apesar* deles. Fechar a sociedade em vez de vendê-la era, simplesmente, o mais certo a fazer. Se *ele* acreditava que *ele* não deveria investir, por que lhes recomendaria que investissem?

A notável sintonia que privilegiava na relação com seus acionistas o levou a operar e a se comunicar com honestidade e transparência, como todos os bons consultores e fiduciários deveriam fazer. Ao falar francamente sobre as perspectivas da sociedade e ao agir em benefício dos acionistas, mesmo quando isso ia de encontro aos seus incentivos financeiros como sócio-gerente, Buffett mais uma vez demonstrava o caráter que deveria servir como modelo para a indústria de serviços financeiros.

QI EMOCIONAL

Além dos ensinamentos sobre integridade, há uma outra importante mensagem nessa seleção de comentários de Buffett. Por meio de um estudo minucioso de seu comportamento ao longo do ciclo, podemos perceber que o que deve mudar de acordo com os altos e baixos do ambiente do mercado são nossos métodos, e não nossos princípios. Conforme as oportunidades de emprego do capital vão se extinguindo em função do amadurecimento do mercado, "dançar apenas porque a música ainda está tocando" é um erro. Esse é o valor de nossa perspectiva histórica como leitores contemporâneos. Ao vasculhar as muitas cartas escritas ao longo de 13 anos (de forma análoga a ver fotografias com efeito de ruptura temporal), podemos observar como Buffett foi capaz de se manter tão extraordinariamente racional e fiel aos seus próprios princípios de investimentos, enquanto outros começavam a acreditar que as árvores, de fato, poderiam crescer até o céu.

Essa é uma prova patente dos claros benefícios de mantermos a disciplina e estarmos dispostos a pensar por conta própria — geralmente, contra a multidão. Muitos consideram que os conceitos de Graham — pensar nas ações como negócios e o Sr. Mercado — são, teoricamente, lógicos. No entanto, *falar* sobre o investimento em valor é muito diferente de *praticá-lo* de fato. Se fosse fácil, todos fariam isso. As cartas nos fornecem um roteiro e um exemplo que podem nos ajudar a transformar o discurso em prática. Elas nos dão *parâmetros*: não o que esperamos fazer, ou, até mesmo, o que queremos fazer, mas o que sabemos que *devemos* fazer, independentemente do desenrolar do clima de investimentos. Quando o caminho estiver livre, nós avançamos, e quando ele estiver duvidoso, nós não investimos. Sem exceções. Buffett, o maior investidor em valor da nossa era, definiu seus princípios básicos muito antes de a sociedade ser formada, e, desde então, os mercados simplesmente foram se repetindo em ciclos à sua volta. Para que uma ideia de investimento passe por seu filtro, ele precisa entendê-la, e ela tem de estar adequadamente precificada. Caso contrário, ele desistirá.

Buffett se esforçava para que seus acionistas estivessem plenamente conscientes de que seus parâmetros se manteriam absolutamente leais à sua abordagem fundamental:

> (...) [Não] adotaremos a abordagem quase sempre predominante de investimento em títulos segundo a qual uma tentativa de prever a ação do mercado substitua as avaliações dos negócios. Esse assim denominado investimento "da moda" tem produzido, com frequência, lucros muito substanciais e rápidos nos últimos anos (e neste exato momento, em janeiro, enquanto escrevo estas linhas). Tal abordagem representa uma técnica de investimento cuja solidez eu não posso afirmar nem negar. Ela não satisfaz completamente meu intelecto (ou, talvez, meus preconceitos), e, definitivamente, não combina com meu temperamento. Não investirei meu próprio dinheiro baseado em tal abordagem; portanto, certamente não farei o mesmo com o seu.[19]

Nos últimos anos da sociedade, ele "desistiu" de uma maneira admirável, mantendo-se fiel aos seus princípios. Não prorrogou a vida útil da sociedade optando por obrigações, nem sacou o dinheiro; ele simplesmente parou de jogar. Ele pegou sua bola e voltou para casa. Do pico alcançado no fim de 1968 até a baixa de 1970, o Dow caiu 33%. Em seguida, o índice reagiu e alcançou um novo recorde histórico no primeiro mês de 1973, antes de despencar colossais 45% no fim de 1974. Buffett, efetivamente, estava fora do mercado durante o colapso das cinquenta ações preferidas pelos investidores institucionais. As médias mascaram a intensidade do declínio — muitas ações tiveram um resultado pior até mesmo do que os mais fracos resultados do Dow poderiam sugerir. O fato de Buffett ter protegido seu capital dessas duas crises teve um efeito significativo em seu patrimônio líquido.

Quando se trata de investir, é fundamental não "forçar a barra". Os mercados são cíclicos. Haverá momentos em que você também se sentirá "defasado" em relação ao mercado, como aconteceu com Buffett no fim dos anos 1960. Você perceberá que, durante a última febre dos mercados em alta nos anos especulativos, os parâmetros de Buffett se mantiveram firmemente ancorados, enquanto a pressão pelo desempenho fez com que os parâmetros de muitos outros investidores, até mesmo aqueles considerados os melhores, desmoronassem.

É difícil não ceder às pressões e sustentar seus princípios no auge do ciclo, quando sua abordagem de valor, aparentemente, parou de funcionar, e todos ao seu redor parecem estar ganhando dinheiro com facilidade (é por isso que tantas pessoas fazem isso). No entanto, trata-se geralmente de uma estratégia de "comprar na alta, vender na baixa". Buffett estabeleceu seu plano, definiu seus parâmetros e só então entrou na briga, defendendo com coragem suas convicções, acontecesse o que acontecesse.

ENSINAMENTOS DAS CARTAS AOS ACIONISTAS: TUDO OU NADA

27 de dezembro de 1956

Meu ponto de vista sobre o nível do mercado geral é que ele está precificado acima de seu valor intrínseco. Essa visão se refere aos títulos de primeira linha. Na hipótese de essa perspectiva se provar verdadeira, ela trará consigo a possibilidade de um declínio substancial em todos os preços das ações, tanto as subavaliadas quanto as demais. Em todo caso, acredito que exista uma probabilidade muito pequena de os níveis atuais do mercado serem considerados baratos daqui a cinco anos. Porém, nem mesmo um mercado em queda abrupta deveria prejudicar substancialmente o valor de mercado de nossas arbitragens cambiais.

Caso o mercado geral retornasse a uma posição de subavaliação, nosso capital poderia ser empregado exclusivamente em emissões de ações gerais e, talvez, em tal momento, a operação tivesse de ser concluída com a contratação de algum empréstimo. Por outro lado, se o mercado se aquecer consideravelmente, nossa política será a de reduzir nossas emissões de ações gerais à medida que os lucros forem aparecendo e aumentar o portfólio de arbitragens cambiais.

Nada do que foi dito até aqui tem a intenção de sugerir que a análise do mercado seja prioritária para mim. Deve-se dar prioridade, em todos os momentos, à detecção dos títulos substancialmente subavaliados.

6 de fevereiro de 1958

O ano passado testemunhou um declínio moderado nos preços das ações. Reforço a palavra "moderado", pois a leitura superficial da imprensa ou contatos com aqueles que tiveram apenas experiências recentes com ações tenderia a criar a impressão de um declínio maior. Na verdade, sob as atuais condições dos negócios, acredito que o declínio nos preços das ações foi consideravelmente menor do que o declínio na capacidade corporativa de gerar receitas. Isso significa que o público ainda se mostra muito otimista em relação às ações de primeira linha e ao panorama econômico geral. Não pretendo fazer prognósticos sobre os negócios nem sobre o mercado de ações; a descrição acima se destina, simplesmente, a dissipar quaisquer suposições de que as ações sofreram um declínio drástico, ou que o mercado geral está em baixa. Considero, ainda, que o mercado geral deva ser precificado em momentos de alta, com base no investimento em valor de longo prazo.

Nossas atividades em 1957

O declínio do mercado criou mais oportunidades entre as situações subavaliadas, e, portanto, de forma geral, nosso portfólio tem muito mais situações subavaliadas do que arbitragens cambiais em comparação com o ano passado. (...) No fim de 1956, tivemos uma proporção de aproximadamente 70/30 entre emissões de ações gerais e arbitragens cambiais. Agora, ela está em cerca de 85/15.

Durante o ano passado, assumimos posições em duas situações que atingiram uma dimensão tal que devemos esperar ter alguma participação nas deliberações corporativas. Uma dessas posições representa entre 10% e 20% do portfólio dos vários acionistas, e a outra representa cerca de 5%. Ambas provavelmente consumirão cerca de três a cinco anos de trabalho, mas atualmente elas parecem ter potencial para um elevado índice de retorno médio anual, sob o menor risco possível. Embora não estejam classificadas como participações de controle, elas dependem muito pouco da ação geral do mercado de ações. Logicamente, caso o mercado geral apresente uma alta significativa, eu esperaria que essa seção do nosso portfólio ficasse aquém da movimentação do mercado.

---

6 de fevereiro de 1958

Posso dizer, definitivamente, que nosso portfólio agrega mais valor no fim de 1957 do que no fim de 1956. Isso se deve, de modo geral, à queda nos preços, e também ao fato de que tivemos mais tempo para adquirir os títulos mais substancialmente subavaliados, que só podem ser adquiridos com paciência. Mencionei anteriormente nossa maior posição, que compreendia de 10% a 20% dos ativos das várias sociedades. Com o tempo, pretendo que ela responda por 20% dos ativos de todas as sociedades, mas não podemos nos apressar quanto a isso. Obviamente, durante os períodos de aquisição, nosso interesse principal é que as ações se mantenham estagnadas ou em queda, e não em alta. Portanto, em um dado momento, uma razoável proporção de nosso portfólio poderá estar no estágio improdutivo. Embora exija paciência, essa política deverá maximizar os lucros a longo prazo.

11 de fevereiro de 1959

Recentemente, um amigo que gerencia um fundo de investimentos de médio porte escreveu: "O temperamento inconstante, característica do povo norte-americano, produziu uma grande transformação em 1958, e a palavra adequada para o mercado acionário seria, no mínimo, 'exuberante'."

Acho que isso resume a mudança psicológica que dominou o mercado de ações em 1958, tanto no nível amador quanto no profissional. Durante o ano passado, praticamente todos os pretextos foram aproveitados para justificar o "investimento" no mercado. Sem dúvida, existem mais pessoas com temperamento inconstante no mercado de ações hoje em dia do que havia alguns anos antes, e o período de sua permanência estará condicionado à sua crença quanto ao prazo em que os lucros poderão ser auferidos de maneira rápida e simples. Embora seja impossível determinar por quanto tempo elas continuarão a galgar posições, e, portanto, a estimular o aumento dos preços, acredito que seja válido dizer que quanto mais longa sua visita, maior será a reação do mercado.

20 de fevereiro de 1960

Quase todos vocês sabem que, há anos, costumo ficar muito apreensivo com os níveis gerais do mercado de ações. Até o momento, essa precaução tem sido desnecessária. De acordo com os parâmetros anteriores, o atual nível dos preços dos títulos de "primeira linha" contém um substancial componente especulativo, com um respectivo risco de perda. Talvez outros critérios de avaliação estejam sendo desenvolvidos e venham a substituir permanentemente o parâmetro antigo. Mas eu acho que não. Posso muito bem estar enganado; no entanto, eu preferiria sofrer as penalidades resultantes do excesso de conservadorismo, talvez com uma perda permanente de capital, do que enfrentar as consequências do erro resultante da adoção de uma filosofia da "Nova Era", segundo a qual as árvores, de fato, crescem até o céu.

30 de janeiro de 1961

(...) Não é de surpreender que 1960 tenha sido um ano melhor do que a média para nós. Em contraste com a perda total de 6,3% do índice Dow, tivemos um ganho de 22,8% nas sete sociedades em atividade ao longo do ano.

22 de julho de 1961

O (...) ponto que eu gostaria que todos entendessem é que, se o mercado continuar avançando ao ritmo do primeiro semestre de 1961, não apenas duvido que continuemos excedendo os resultados do DJIA, como também acho bastante provável que nosso desempenho fique aquém do índice.

Nossas participações acionárias, que sempre acreditei estarem do lado conservador em comparação com outros portfólios em geral, tenderão a crescer de forma mais conservadora à medida que o nível do mercado geral comece a subir. Sempre procuro manter uma parte do nosso portfólio em títulos minimamente protegidos do comportamento do mercado, e essa parcela deverá aumentar conforme o mercado for subindo. Por mais apetitosos que pareçam os resultados até mesmo para o cozinheiro amador (e, talvez, especialmente para o amador), verificamos que uma parcela substancial de nosso portfólio ainda não foi colocada no forno.

6 de julho de 1962

Os chamados fundos de "crescimento" foram particularmente afetados no primeiro semestre; quase sem exceção, eles sofreram uma queda consideravelmente maior do que o índice Dow. Os três grandes fundos de "crescimento" (as aspas são mais pertinentes agora) com os melhores históricos nos últimos anos, o Fidelity Capital Fund, o Putnam Growth Fund e o Wellington Equity Fund, perfizeram, em média, um total de -32,3% no primeiro semestre. Vale apenas salientar que, devido aos seus excelentes históricos em 1959-1961, seu desempenho geral até esse momento ainda é melhor do que a média, e é bem possível que isso aconteça no futuro. Porém, ironicamente, esse desempenho superior precedente provocou um afluxo tão grande de novos investidores que o mau desempenho deste ano foi sentido por muitos mais acionistas do que o excelente desempenho pôde ser apreciado nos anos anteriores. Essa experiência tende a confirmar minha hipótese de que o desempenho dos investimentos deve ser julgado por um período de tempo que inclua tanto os mercados em processo de alta quanto os mercados em queda. Os dois tipos continuarão existindo; um detalhe que talvez possa ser mais bem compreendido agora do que há seis meses.

1º de novembro de 1962

Tendo lido tudo isso, você tem direito a um relatório sobre como nos saímos até este momento de 1962. Para o período que terminou em 31 de outubro, o índice Dow

Jones apresentou perda total, incluindo os dividendos recebidos, de aproximadamente 16,8%. (...) [Nosso] ganho total da sociedade (antes de quaisquer pagamentos aos acionistas) foi de 5,5% até 31 de outubro. Caso essa vantagem de 22,3% sobre o Dow seja mantida até o fim do ano, ela estará entre as maiores que já tivemos. Cerca de 60% dessa vantagem foi conquistada pelo portfólio não pertencente à Dempster, e 40% foi o resultado do aumento de valor na Dempster.

Gostaria que todos os acionistas e potenciais acionistas percebessem que os resultados descritos anteriormente são nitidamente incomuns, e que não deverão se repetir com frequência, se é que isso vai acontecer. Esse desempenho decorre, principalmente, do fato de grande parte de nossos recursos estar concentrada em ativos de participação de controle e em situações de arbitragem cambial, e não em situações de ações gerais, em um momento de queda abrupta do Dow. Se o Dow tivesse avançado significativamente em 1962, poderíamos ter tido um resultado muito ruim em termos relativos, e nosso sucesso até este momento de 1962 certamente não reflete nenhuma habilidade minha para fazer prognósticos acerca do mercado (nunca tento fazer isso), mas apenas o fato de que os altos preços das ações gerais terem me obrigado, em parte, a optar por outras categorias de investimento. Se o Dow tivesse continuado a subir vertiginosamente, teríamos ficado em uma posição inferior nessa classificação. Esperamos sinceramente que nosso método de operação nem sequer coincida com os resultados anuais do Dow, embora obviamente eu não espere isso a longo prazo, caso contrário eu jogaria a toalha e compraria o Dow.

Resumindo, a conclusão é que, certamente, eu não gostaria que alguém pensasse que o padrão dos últimos anos tenha alguma probabilidade de se repetir; minha expectativa é a de que o desempenho futuro refletirá, em média, vantagens muito menores em relação ao Dow.

18 de janeiro de 1963

Segundo o índice Dow, devido a uma forte recuperação nos últimos meses, o mercado geral, na verdade, não teve um declínio tão assustador quanto muitos poderiam ter imaginado. A partir dos 731 pontos no início do ano, ele caiu para 535 em junho, mas fechou em 652. No fim de 1960, o Dow ficou em 616 pontos, e, portanto, pode-se perceber que, apesar de ter havido uma boa movimentação nos últimos anos, o público investidor como um todo não está tão longe de onde estava em 1959 ou 1960. Se alguém tivesse comprado o Dow no ano passado (e eu imagino que as poucas pessoas bem-sucedidas em 1961 gostariam de tê-lo comprado), sofreria um recuo no valor de mercado de 79,04 pontos ou 10,8%. No entanto, dividendos de aproximadamente 23,30 teriam sido recebidos, fazendo com que os resultados gerais do Dow no ano chegassem a -7,6%. Nosso resultado geral foi de 13,9% positivos.

18 de janeiro de 1964

Parece que completamos sete anos de vacas gordas. Pedindo desculpas a José, vamos tentar ignorar as histórias bíblicas (também nunca cheguei ao extremo de me deixar levar pelas ideias de Noé sobre diversificação).

Falando sério, gostaria de enfatizar que, em minha opinião, nossa margem de 17,7 sobre o Dow mencionada anteriormente é inatingível durante um longo período de tempo. Uma vantagem de 10% seria um feito bastante satisfatório, e até mesmo uma vantagem bem mais modesta produziria ganhos impressionantes, conforme será abordado mais adiante. Essa perspectiva (necessariamente, uma conjectura — fundamentada ou não) tem por corolário que devemos esperar por períodos prolongados de margens mais restritas sobre o Dow, ou, até mesmo, anos em que ocasionalmente nosso resultado venha ser inferior (talvez de modo substancial) ao Dow.

---

18 de janeiro de 1965

Durante nossa história de oito anos, uma revalorização geral dos títulos produziu índices anuais médios de ganho total no grupo das ações ordinárias que, acredito eu, serão inalcançáveis nas próximas décadas. Durante um intervalo de vinte ou trinta anos, eu esperaria algo mais próximo de 6% a 7% de ganho total anual em relação ao Dow, em vez dos 11,1% alcançados durante nossa breve história.

---

18 de janeiro de 1965

Não consideramos que seja possível manter por muito tempo a vantagem de 16,6% da sociedade sobre o Dow, e tampouco a margem de 11,2% desfrutada pelos sócios limitados. Tivemos oito anos consecutivos em que nosso montante de recursos ultrapassou o Dow, embora, em um desses anos, o acordo de distribuição dos lucros tenha deixado os sócios limitados descobertos em relação aos resultados do Dow. Estamos certos de que haverá anos (observe o plural) em que os resultados da sociedade ficarão aquém do Dow, apesar do ruidoso ranger de dentes do sócio-geral (espero que não seja esse o caso entre os sócios limitados). Quando isso acontecer, nossa margem média de superioridade sofrerá uma queda brusca. Eu poderia dizer que ainda acredito que continuaremos a ter alguns anos de margens bastante razoáveis a nosso favor. No entanto, até este momento fomos beneficiados pelo fato de a nossa média não ter incorporado nenhum ano realmente medíocre (ou pior do que isso), mas, obviamente, não se deve esperar que essa seja uma experiência permanente.

1º de novembro de 1965

Enquanto escrevo estas linhas, estamos trafegando de forma bastante positiva. Nossa margem sobre o índice Dow está bem acima da média, e até mesmo aqueles acionistas de Neandertal que utilizam critérios grotescos de medição, como o lucro líquido, considerariam o desempenho satisfatório. Isso tudo, naturalmente, estará sujeito a uma alteração substancial até o fim do ano.

---

20 de janeiro de 1966

Atingimos nossa maior margem sobre o Dow na história da BPL, com ganho total de 47,2%, em comparação com ganho total de 14,2% do Dow (incluindo os dividendos que teriam sido recebidos com a titularidade do índice). Naturalmente, nenhum autor gosta de ser humilhado publicamente por um erro dessa natureza. É pouco provável que isso se repita.

---

20 de janeiro de 1966

Depois do último ano, a pergunta que surge naturalmente é: "Quais números iremos repetir?" Uma das desvantagens desse negócio é que ele não tem um arranque significativo. Se a General Motors respondeu por 54% das homologações de automóveis nacionais novos em 1965, é quase certo que chegará bem próximo desse índice em 1966, devido à fidelidade dos proprietários, à aptidão dos revendedores, à capacidade produtiva, à imagem entre os consumidores etc. Isso não acontece na BPL. Temos de começar do zero, todos os anos, fazendo avaliações no mercado desde o início. Os acionistas de 1966, novos ou antigos, se beneficiam apenas muito limitadamente dos esforços empreendidos em 1964 e 1965. O sucesso dos métodos e ideias anteriores não pode ser transferido automaticamente para os sucessos futuros. Continuo aguardando, com uma perspectiva de longo prazo, a mesma realização descrita na seção "Nossa meta" da carta do ano passado (ainda há cópias disponíveis). No entanto, aqueles que acreditam que os resultados de 1965 podem ser atingidos com alguma regularidade devem estar participando de reuniões semanais do Clube de Observadores do Cometa Halley. Teremos anos de perdas e anos inferiores ao Dow — não há nenhuma dúvida quanto a isso. Mas continuo a acreditar que nosso desempenho médio ainda possa ser superior ao do índice Dow no futuro. Se algum dia minha expectativa em relação a isso mudar, você será informado imediatamente.

<hr>

20 de janeiro de 1966

De modo geral, contamos com boas oportunidades em 1965. Não tivemos muitas ideias, mas a qualidade (...) foi muito boa e as circunstâncias foram bastante favoráveis ao cumprimento das metas dentro do prazo. Meu fluxo de boas ideias não está muito alto neste início de 1966, todavia, mais uma vez, acredito que elas sejam, ao menos, potencialmente boas e de bom tamanho. Grande parte disso dependerá das condições do mercado se mostrarem propícias à ampliação de nossa posição.

Porém, em suma, é preciso reconhecer que mais coisas foram conquistadas em 1965 do que o contrário.

25 de janeiro de 1967

A primeira década

A sociedade completou seu 10° aniversário durante 1966. A comemoração foi apropriada — nossa margem de desempenho em relação ao Dow bateu todos os recordes (passados e futuros). Nossa vantagem foi de 36 pontos, resultado de um índice positivo de 20,4% da sociedade e um índice negativo de 15,6% do Dow. Essa experiência agradável, mas não replicável, se deveu em parte ao medíocre desempenho do Dow. Praticamente todos os gestores de investimentos o superaram durante o ano. O Dow é a média ponderada do preço em dólares das trinta ações envolvidas. Vários dos componentes com os mais altos preços de fechamento, e, portanto, com um peso desproporcional (Dupont, General Motors), tiveram um desempenho particularmente ruim em 1966. Isso, juntamente com a aversão geral às convencionais ações de primeira linha, impactou negativamente o Dow em relação à experiência geral de investimento, especialmente durante o último trimestre.

25 de janeiro de 1967

Tendências em nossos negócios

Até mesmo uma mente afiada que analisasse diligentemente as primeiras impressões poderia chegar a uma série de conclusões equivocadas.

Durante a próxima década, não existe absolutamente a menor chance de haver uma repetição e tampouco uma remota aproximação dos resultados obtidos nos primeiros dez anos. Talvez eles possam ser alcançados por algum ávido jovem de 25 anos de idade, trabalhando com uma sociedade com capital inicial de US$105.100, e operando ao longo de dez anos em um contexto empresarial e mercadológico que contribua para a implementação bem-sucedida de sua filosofia de investimentos.

Esses resultados não serão atingidos por um homem experiente de 36 anos de idade, lidando com o atual capital da sociedade, de US$54.065.345, e que, no momento, vem encontrando, talvez, de 20% a 10% de ideias tão boas quanto as anteriores, quando ele próprio implementou sua filosofia de investimentos.

A Buffett Associates, Ltd. (antecessora da Buffett Partnership, Ltd.) foi fundada nas margens ocidentais do Missouri, em 5 de maio de 1956, por um pequeno e vigoroso grupo composto por quatro membros da mesma família, três amigos próximos e US$105.100. (Tentei encontrar algum lampejo de discernimento sobre nosso futuro ou sobre as condições das quais desfrutávamos em minha primeira carta semestral de uma página e meia de extensão, escrita em janeiro de 1957, para inserir como citação aqui. Mas, evidentemente, alguém deve ter adulterado minha cópia de arquivo, de modo a remover as observações reveladoras que eu devo ter feito.)

Naquela época, e durante alguns anos seguintes, vários títulos estavam sendo vendidos por um preço bastante inferior ao critério de "valor para o proprietário privado" que utilizávamos para selecionar os investimentos do mercado geral. Também nos beneficiamos de um fluxo de oportunidades de "arbitragens cambiais", cujos percentuais eram muito satisfatórios para nós. O problema sempre foi qual deles escolher, e não o quê.

Assim, chegamos a deter entre 15 e 25 emissões e nos empolgamos com as potencialidades inerentes a todas essas participações acionárias.

Nos últimos anos, essa situação mudou drasticamente. Hoje em dia, dentre os títulos que encontramos, são pouquíssimos os que consigo compreender, que estejam disponíveis em uma quantidade razoável, e que ofereçam uma expectativa de desempenho de investimentos capaz de atender ao nosso critério de 10% por ano acima do Dow. Nos últimos três anos, nos deparamos com apenas duas ou três ideias novas a cada ano que tenham apresentado tal expectativa de desempenho superior.

Felizmente, em alguns casos, cumprimos a maioria dessas expectativas. No entanto, em anos anteriores, não foi preciso tanto esforço para que, literalmente, dezenas de oportunidades comparáveis surgissem. É difícil apontar com objetividade as causas de uma diminuição tão significativa da própria produtividade. Três fatores que parecem evidentes são: 1) um ambiente de mercado um tanto alterado; 2) a maior dimensão a que chegamos; e 3) uma concorrência mais acirrada.

Obviamente, as perspectivas de um negócio baseado em um filete de boas ideias são mais escassas do que um negócio baseado em um fluxo contínuo de boas ideias. Até o momento, o filete tem proporcionado tantos nutrientes financeiros quanto o fluxo. Isso porque existe um limite de absorção das coisas (ideias de milhões de dólares não são tão benéficas assim para contas bancárias de milhares de dólares — aprendi essa lição logo nos primeiros dias), e porque um número limitado de ideias faz com que as ideias disponíveis sejam utilizadas com mais intensidade. Definitivamente, esse último fator tem funcionado conosco nos últimos anos.

No entanto, um filete tem muito mais chances de secar completamente do que um fluxo.

Essas condições farão com que eu evite tomar decisões de investimento fora da minha esfera de entendimento (não sou partidário da filosofia do "Se não pode vencê-los, junte-se a eles" — minha inclinação é mais no sentido de "Se não pode se juntar a eles, vença-os"). Não optaremos por negócios em que, para tomar a decisão de investimento, se faça necessário dominar uma tecnologia que esteja muito aquém de meu entendimento. Sei tanto sobre semicondutores ou circuitos integrados quanto sei sobre os hábitos de acasalamento dos *chrzaszcz* (trata-se de um inseto polonês primaveril, caro aluno — se você tiver dificuldade de pronunciar essa palavra, rime-a com *tchrzaszcz*).

Além disso, não adotaremos a abordagem quase sempre predominante de investimento em títulos segundo a qual uma tentativa de prever a ação do mercado substitua as avaliações dos negócios. Esse assim denominado investimento "da moda" tem produzido, com frequência, lucros muito substanciais e rápidos nos últimos anos (e neste exato momento, em janeiro, enquanto escrevo estas linhas). Tal abordagem representa uma técnica de investimento cuja solidez eu não posso afirmar nem negar. Ela não satisfaz completamente meu intelecto (ou, talvez, meus preconceitos), e, definitivamente, não combina com meu temperamento. Não investirei meu próprio dinheiro baseado em tal abordagem; portanto, certamente não farei o mesmo com o seu.

Finalmente, não nos comprometeremos a desenvolver operações de investimento que, mesmo oferecendo expectativas magníficas de lucro, pareçam trazer consigo um risco substancial de graves problemas humanos.

O que prometo a você, como acionista, é que trabalharei arduamente para preservar esse filete de ideias, e que tentarei obter o máximo proveito possível disso — mas se ele secar completamente, você será informado de forma honesta e prontamente, para que todos nós possamos buscar soluções alternativas.

25 de janeiro de 1967

Nosso permanente interesse na sociedade vai além da questão acadêmica. Os funcionários e eu, nossos cônjuges e filhos, possuímos um total de mais de US$10 milhões investidos em 1º de janeiro de 1967. No caso da minha família, nosso investimento na Buffett Partnership, Ltd. representa mais de 90% de nosso patrimônio líquido.

12 de julho de 1967

Desempenho no primeiro semestre

Novamente, isso está sendo escrito no fim de junho, antes de a família viajar para a Califórnia. Para manter a simetria cronológica habitual (tento sublimar meus impulsos estéticos quando se trata de criar simetria na demonstração dos resultados), deixarei algumas lacunas em branco e torcerei para que as conclusões pareçam pertinentes quando os números chegarem.

Iniciamos 1967 de forma traumática, pois janeiro se revelou um dos piores meses que tivemos, com um índice positivo de 3,3% da BPL contra um aumento de 8,5% do Dow. Apesar desse amargo começo, terminamos o semestre com cerca de 21% positivos, com a vantagem de 9,6% em relação ao Dow. Mais uma vez, como em todo o ano de 1966, o Dow foi um adversário relativamente fácil (isso não acontecerá todos os anos, e é melhor pensar exatamente o contrário) e uma grande maioria dos gestores de investimento conseguiu superar esse parâmetro.

12 de julho de 1967

Haverá uma carta especial (com o objetivo de chamar sua atenção para isso) em outubro. O assunto não estará relacionado à alteração do regulamento da sociedade, mas envolverá alguns aperfeiçoamentos em várias "regras básicas", e gostaria que você tivesse tempo suficiente para contemplá-los antes de fazer seus planos para 1968. Enquanto o regulamento da sociedade representa o acordo jurídico existente entre nós, as "regras básicas" representam o acordo pessoal e, de certa forma, são o documento mais importante. Considero essencial que quaisquer alterações sejam claramente apresentadas e explicadas antes que venham a produzir algum efeito na atividade ou no desempenho da sociedade — daí, a carta de outubro.

9 de outubro de 1967

Aos meus acionistas:

Nos últimos 11 anos, tenho apresentado consistentemente, como meta de desempenho dos investimentos da BPL, uma vantagem média de 10% anuais em relação ao índice Dow Jones. Tendo em vista o ambiente que prevaleceu durante esse período, considerei esse objetivo difícil, porém alcançável.

Atualmente, as seguintes circunstâncias nos obrigam a alterar os critérios de comparação considerados adequados:

AS REGRAS BÁSICAS DE WARREN BUFFETT | 339

1. O ambiente do mercado mudou progressivamente ao longo da última década, resultando em uma acentuada diminuição da quantidade de óbvias barganhas de investimento disponíveis;
2. A proliferação do interesse no desempenho dos investimentos (que tem seus aspectos irônicos, uma vez que, há alguns anos, eu era um dos poucos que pregavam a importância disso) criou um padrão hiper-reativo no comportamento do mercado, contra o qual minhas técnicas analíticas têm valor limitado;
3. A ampliação de nossa base de capital para cerca de US$65 milhões, quando contrastada com a escassez cada vez maior de boas ideias de investimento, continuou a agravar os problemas mencionados na carta de janeiro de 1967; e
4. Meus próprios interesses pessoais exigem uma busca menos compulsiva por resultados superiores de investimento do que quando eu era mais jovem e mais esbelto.

Vejamos cada um desses fatores detalhadamente.

A avaliação de títulos e empresas com fins de investimento sempre envolveu uma mistura de fatores qualitativos e quantitativos. Em um extremo, o analista exclusivamente orientado por fatores qualitativos diria: "Compre a empresa certa (com as perspectivas corretas, condições inerentes ao setor, gestão etc.) e o preço cuidará de si mesmo." Por outro lado, o porta-voz quantitativo diria: "Compre pelo preço certo e a empresa (e as ações) cuidará de si mesma." Como acontece frequentemente com os agradáveis resultados no mundo dos títulos, pode-se ganhar dinheiro com ambas as abordagens. E, claro, qualquer analista combinará as duas abordagens em alguma medida — sua classificação em qualquer escola dependeria do peso relativo que ele atribuiria aos diferentes fatores, e não por privilegiar um grupo em detrimento do outro.

Curiosamente, embora eu me considere principalmente da escola quantitativa (e, enquanto escrevo isso, ninguém voltou do recreio — talvez eu seja o único que tenha ficado dentro da sala de aula), as ideias realmente sensacionais que tive ao longo dos anos foram fortemente ponderadas pelo lado qualitativo, em que tive uma "percepção intuitiva das altas probabilidades". Isso é o que realmente faz a caixa registradora tilintar. No entanto, é algo raro, como geralmente acontece com as percepções intuitivas, e, é claro, nenhuma percepção intuitiva é necessária no lado quantitativo — os índices deveriam impactá-lo como se fossem um taco de beisebol. Assim, uma fortuna verdadeiramente considerável tende a ser acumulada pelos investidores que tomam as decisões qualitativas corretas, mas, pelo menos em minha opinião, a fortuna mais estável tende a ser alcançada com base nas decisões quantitativas mais óbvias.

Tais barganhas estatísticas provavelmente desaparecerão ao longo dos anos. Talvez isso se deva à constante combinação e recombinação de investimentos ocorridas durante os últimos vinte anos, sem uma convulsão econômica como a dos anos 1930, capaz de criar um viés negativo em relação às participações acionárias e de produzir centenas de novos títulos a preços de ocasião. Talvez isso se deva à nova e crescente aceitação social e, portanto, ao uso (é possível que seja ao contrário — deixarei os behavioristas descobrirem isso) das ofertas públicas de aquisição, com sua natural tendência para se concentrar na questão dos preços de ocasião. Talvez isso se deva ao aumento exponencial de analistas de títulos oferecendo um intenso escrutínio de tais emissões, muito além do que existia há alguns anos. Seja qual for a causa, o resultado tem sido o virtual desaparecimento da emissão de barganhas conforme entendidas pela abordagem quantitativa — e, portanto, do nosso ganha-pão. Talvez ainda apareçam algumas de vez em quando.

Também haverá o eventual título a respeito do qual me sentirei realmente capacitado para fazer uma importante análise qualitativa. Isso propiciará nossa melhor oportunidade para grandes lucros. Tais circunstâncias, no entanto, serão raras. Grande parte de nosso bom desempenho durante os últimos três anos tem sido fruto de uma única ideia desse tipo.

A próxima dificuldade é o interesse cada vez maior no desempenho dos investimentos. Há anos venho pregando a importância da medição. De maneira coerente, tenho afirmado aos acionistas que, a menos que nosso desempenho seja melhor do que a média, os recursos deveriam ser empregados em outras áreas. Nos últimos anos, essa ideia ganhou força dentro da comunidade de investimento (ou, mais importante ainda, de investidores). No ano passado, ou nos dois últimos anos, ela vem assumindo a forma de uma onda gigantesca. Acredito que estamos testemunhando a distorção de uma boa ideia.

Sempre adverti os acionistas que eu considerava três anos o período mínimo para determinar se estávamos tendo um "bom desempenho". Naturalmente, à medida que o público investidor foi tomando para si essa tarefa, o prazo para o cumprimento das expectativas foi sendo consistentemente reduzido, a ponto de o desempenho dos investimentos dos grandes conglomerados de capital estarem sendo medidos em base anual, trimestral, mensal e talvez até mesmo com mais frequência ainda (levando ao que se chama de "pesquisa instantânea"). As recompensas para o desempenho superior de curto prazo se tornaram enormes, não só no que diz respeito à compensação pelos resultados efetivamente alcançados, como também à captação de dinheiro novo para a próxima rodada. Com isso, estabeleceu-se uma espécie de autogeração de atividade, que conduz a quantidades cada vez maiores de recursos entrando em ação a intervalos de tempo cada vez mais curtos. Uma consequência preocupante é que o veículo de participação (as empresas ou as ações específicas) vai se tornando progressivamente menos importante — às vezes, quase secundário — conforme a atividade se acelera.

Na minha opinião, o resultado disso tudo é a especulação em grande escala. Não se trata de um fenômeno novo; contudo, mais um grau de magnitude foi adicionado pelo crescente número de investidores profissionais (os mesmos que, em muitos casos, costumavam ser bastante dóceis) que acham que devem "entrar nesse barco". Evidentemente, o jogo fica mais digno com os ritos, as personagens e o vocabulário apropriados. Até o momento, tem sido algo altamente rentável. Também é possível que essa se torne a prática corrente do mercado no futuro. Ainda assim, é uma atividade em que estou certo de que não me sairia muito bem. Como eu disse na página cinco da minha última carta anual:

Além disso, não adotaremos a abordagem quase sempre predominante de investimento em títulos segundo a qual uma tentativa de prever a ação do mercado substitua as avaliações dos negócios. Esse assim denominado investimento "da moda" tem produzido, com frequência, lucros muito substanciais e rápidos nos últimos anos (e neste exato momento, em janeiro, enquanto escrevo estas linhas). Tal abordagem representa uma técnica de investimento cuja solidez eu não posso afirmar nem negar. Ela não satisfaz completamente meu intelecto (ou, talvez, meus preconceitos), e, definitivamente, não combina com meu temperamento. Não investirei meu próprio dinheiro baseado em tal abordagem; portanto, certamente não farei o mesmo com o seu.

Qualquer forma de hiperatividade com grandes somas de recursos em mercados de títulos pode criar problemas para todos os participantes. Não costumo fazer prognósticos sobre o mercado de ações, e não tenho a menor ideia se o Dow estará em 600, 900 ou 1.200 pontos daqui a um ano. Mesmo que haja consequências graves resultantes da atividade especulativa atual e futura, a experiência sugere que as estimativas de tempo não têm o menor sentido. No entanto, acredito que certas condições existentes no atual momento podem dificultar nossa atividade nos mercados no futuro, a médio prazo.

Tudo o que foi dito até aqui pode, simplesmente, ser fruto de um ponto de vista "antiquado" (afinal de contas, estou com 37 anos). Quando o jogo não está mais sendo disputado de acordo com as suas regras, é próprio da natureza humana afirmar que a nova abordagem está totalmente errada, que tende a trazer problemas etc. No passado, desdenhei desse tipo de comportamento. Também pude observar as punições sofridas por aqueles que avaliavam as condições como elas eram — e não como elas são. Essencialmente, estou em descompasso com as atuais condições. Sobre um ponto, porém, tenho a devida clareza. Não abandonarei uma abordagem prévia cuja lógica eu entendo (embora a considere de difícil aplicação), mesmo em nome da possível antecipação de lucros rápidos e aparentemente fáceis, para adotar uma abordagem que não compreendo totalmente, que não coloquei em prática com sucesso e que, possivelmente, poderia levar à perda permanente e substancial de capital.

O terceiro ponto de complexidade envolve nossa base muito mais ampla de capital. Durante anos, minhas ideias de investimento estiveram em algum patamar entre 110% e 1.000% em relação ao nosso capital. Para mim, era difícil conceber que pudesse existir uma situação diferente. Prometi avisar os acionistas quando isso acontecesse e, em minha carta de janeiro de 1967, tive de cumprir essa promessa. Em grande parte por causa das duas circunstâncias mencionadas anteriormente, nosso maior volume de capital está enfrentando, agora, uma espécie de entrave em seu desempenho. Acredito que esse seja o fator menos importante dos quatro mencionados, e que, se estivéssemos operando com um décimo do capital atual, nosso desempenho seria apenas um pouco melhor. No entanto, a maior dimensão dos fundos é, atualmente, um fator ligeiramente negativo.

A consideração final, e a mais importante, diz respeito à motivação pessoal. Quando dei início à sociedade, defini que o ritmo que ditaria nossa caminhada seria "10 pontos acima do Dow". Eu era mais jovem, mais pobre e, provavelmente, mais competitivo. Mesmo sem os três fatores externos discutidos anteriormente atuando em favor de um desempenho pior, ainda assim eu diria que as alterações nas circunstâncias pessoais tornam aconselhável reduzir a velocidade da caminhada. Tenho observado muitos casos de padrões de hábito em várias atividades da vida, em especial nos negócios, que se perpetuam (e são acentuados com o passar dos anos) muito tempo depois de terem deixado de fazer sentido. Bertrand Russell relatou a história de duas meninas lituanas que passaram a viver em sua casa de campo logo após a Primeira Guerra Mundial. Regularmente, todas as noites, depois que a casa ficava às escuras, elas escapuliam e iam roubar legumes dos vizinhos para escondê-los em seus quartos; mesmo que a comida fosse abundante na mesa de Russell. Lorde Russell explicou às meninas que, ainda que tal comportamento pudesse ter feito bastante sentido na Lituânia no período da guerra, ele era um tanto desproposito no interior da Inglaterra. Elas assentiram com a cabeça, mas continuaram a roubar. Por fim, ele acabou se conformando com a observação de que o comportamento delas, por mais estranho que pudesse parecer para os vizinhos, na verdade não era tão diferente do comportamento do velho Rockefeller.

Uma autoanálise básica me diz que não me furtarei a empenhar todos os esforços possíveis para atingir a meta anunciada publicamente às pessoas que confiaram seu capital aos meus cuidados. Mas os esforços máximos são cada vez menos justificáveis. Gostaria de ter uma meta econômica que me proporcionasse uma atividade consideravelmente não econômica. Isso pode significar uma atividade fora da área de investimentos ou, simplesmente, buscar linhas dentro da área de investimentos que não prometam uma grande recompensa financeira. Um exemplo desta última opção pode ser o investimento contínuo em um negócio sob nosso controle, satisfatório (mas longe de ser espetacular), em que eu gostasse das pessoas e da natureza do negócio — muito embora investimentos alternativos pudessem oferecer um índice mais alto de retorno esperado. Poderíamos ganhar mais dinheiro comprando empresas a preços atraentes, e, em seguida, revendendo-as. No entanto, talvez seja mais agradável (particularmente quando o valor pessoal do capital suplementar é menor) continuar a possuí-las e, quem sabe, aperfeiçoar seu desempenho, normalmente de forma mais discreta, por meio de algumas decisões que envolvam estratégia financeira.

Assim, é provável que eu me limite a coisas que sejam razoavelmente fáceis, seguras, lucrativas e agradáveis. Isso não tornará nossa operação mais conservadora do que no passado, pois acredito, inegavelmente com alguma parcialidade, que sempre viemos operando com um considerável conservadorismo. O risco de perda a longo prazo não será menor; o potencial de ganho é que será, simplesmente, inferior.

Especificamente, nossa meta a longo prazo será conseguir até 9% ao ano, ou uma vantagem de 5% sobre o Dow. Assim, se o Dow atingir a média de -2% nos próximos cinco anos, eu esperaria alcançar a média de +3%, mas se o Dow girar em torno de +12%, minha expectativa seria alcançar o índice médio de apenas +9%. Talvez sejam objetivos limitados, mas considero que as chances de conseguirmos atingir até mesmo esses resultados mais modestos sob as atuais condições são ainda mais remotas do que aquilo que eu acreditava antes, de que atingiríamos nossa meta inicial de uma margem anual média de 10% sobre o Dow. Além disso, espero que objetivos limitados signifiquem esforços mais limitados (tenho quase certeza de que o inverso é verdadeiro).

AS REGRAS BÁSICAS DE WARREN BUFFETT | 347

Incorporarei essa nova meta às regras básicas para que ela seja encaminhada a você em torno de 1º de novembro, juntamente com a carta de compromisso de 1968. Quis enviar a presente correspondência antes para que você tenha tempo suficiente de considerar sua situação pessoal, e, se necessário, entrar em contato comigo para esclarecer quaisquer dúvidas sobre o material anexo, antes de tomar uma decisão sobre 1968. Como sempre, minha intenção é continuar deixando praticamente todo o meu capital (excluindo as ações da Data Documents), juntamente com o da minha família, na BPL. O que eu considero satisfatório e viável pode ser bem diferente do que você considera. Os acionistas com oportunidades de investimento alternativas mais atraentes podem, logicamente, decidir que seus fundos estariam mais bem empregados em outro lugar, e você pode ter certeza de que serei totalmente solidário com tal decisão.

Para mim, um dos comportamentos mais repugnantes sempre foi anunciar publicamente um conjunto de objetivos e motivações quando, na verdade, o que impera é um conjunto totalmente diferente de fatores. Portanto, sempre procurei ser 100% sincero com você a respeito de minhas metas e opiniões pessoais, de modo que você não venha a tomar decisões importantes com base em declarações equivocadas (incorri em algumas delas em nossa experiência de investimento). Obviamente, todas as circunstâncias enumeradas nesta carta não apareceram da noite para o dia. Venho refletindo sobre alguns dos pontos abordados há muito tempo.

Você saberá entender, estou certo, que quis escolher um momento em que as metas do passado já haviam sido alcançadas para apresentar uma reformulação das metas futuras. Não gostaria de ter reduzido a velocidade da caminhada enquanto não tivesse cumprido meus objetivos até aqui.

Por favor, me avise se eu puder ajudar, de alguma forma, a decifrar qualquer parte desta carta.

Cordialmente,
Warren E. Buffett

---

24 de janeiro de 1968

Sob quase todos os parâmetros, tivemos um bom ano em 1967. Nosso desempenho geral foi de 35,9% positivos em comparação com os 19,0% positivos do índice Dow, superando, assim, nosso objetivo prévio de um desempenho 10 pontos superior ao Dow. Nosso ganho total foi de US$19.384.250, que, mesmo sob uma inflação crescente, daria para comprar um lote da Pepsi. E, devido à venda de algumas antigas e altas posições em títulos negociáveis, realizamos um rendimento tributável de US$27.376.667, o que não tem nada a ver com o desempenho de 1967, mas deveria dar a todos uma sensação de participação vigorosa no programa A Grande Sociedade, em 15 de abril.

As leves euforias descritas anteriormente são contrabalançadas pela observação mais detida do que de fato aconteceu no mercado de ações durante 1967. Um percentual provavelmente ainda mais alto de participantes dos mercados de títulos se saiu substancialmente melhor do que o Dow no ano passado, em comparação com quase todos os anos na história. Para muitos, 1967 foi um ano em que choveu ouro, e valeu a pena tocar tuba ao ar livre. Ainda não disponho de uma tabulação final neste momento, mas meu palpite é que pelo menos 95% das instituições financeiras que seguiram um programa de aquisição de ações ordinárias obtiveram resultados melhores do que o Dow — em muitos casos, em montantes bastante significativos. Foi um ano em que os lucros alcançados estiveram em proporção inversa à idade — e eu estou na ala geriátrica, filosoficamente falando.

No ano passado, afirmei:

Alguns fundos mútuos e algumas operações de investimento privado acumularam históricos vastamente superiores ao Dow e, em alguns casos, substancialmente superiores aos da Buffett Partnership, Ltd. De modo geral, suas técnicas de investimento são muito diferentes das nossas e não estão dentro das minhas capacidades.

Em 1967, essa circunstância se agravou. Muitas instituições financeiras tiveram um desempenho substancialmente melhor do que a BPL, com ganhos que chegaram a mais de 100%. Devido a esses resultados espetaculares, dinheiro, talento e energia vêm convergindo ao máximo para conquistar lucros gigantescos e rápidos no mercado de ações. Isso me parece uma forte intensificação da especulação, com os riscos concomitantes — mas muitos de seus defensores insistem em negá-lo.

O meu mentor, Ben Graham, costumava dizer: "A especulação não é ilegal, não é imoral e nem engorda (financeiramente)". Ao longo do último ano, conseguimos relaxar do ponto de vista fiscal, por meio de uma dieta regular de bombons especulativos. Continuamos comendo mingau de aveia, mas se surgir uma indigestão geral, não seria realista esperar que não sentiremos algum desconforto.

24 de janeiro de 1968

Depois de receberem a carta de 9 de outubro, alguns dos que se afastaram (e muitos dos que não o fizeram) me perguntaram: "O que você quer dizer realmente?" Esse tipo de pergunta é um pouco perturbadora para qualquer autor, mas eu reiterei que quis dizer exatamente o que havia dito. Também me perguntaram se essa era a etapa inicial do desmantelamento progressivo da sociedade. A resposta é: "Definitivamente, não." Enquanto os acionistas quiserem colocar seu capital ao lado do meu e o negócio for operacionalmente agradável (e não poderia ser melhor), pretendo continuar negociando com aqueles que me apoiam desde a juventude.

11 de julho de 1968

O ambiente atual

Não me esforço nem um pouco para fazer prognósticos acerca do rumo dos negócios em geral nem do mercado de ações. Ponto. Hoje em dia, porém, existem práticas que vêm proliferando vertiginosamente nos mercados de títulos e no mundo empresarial, e que, além de serem desprovidas de valor preditivo a curto prazo, também me incomodam quanto a eventuais consequências a longo prazo.

Sei que alguns de vocês não estão particularmente interessados (e nem deveriam estar) no que está ocorrendo no cenário financeiro. Para aqueles que estão, anexo aqui uma reedição de um artigo incomumente claro e simples, que esclarece o que vem se passando em escala exponencial. Aqueles que participam (seja como mentores, funcionários-padrão, consultores profissionais, banqueiros de investimento, especuladores de ações etc.) do modismo da promoção de ações por meio de correntes por correspondência vêm acumulando quantidades espetaculares de dinheiro. O jogo está sendo jogado pelos crédulos, os auto-hipnotizados e os cínicos. Para criar as ilusões adequadas, frequentemente exigem-se distorções contábeis (um empreendedor particularmente progressista me disse que acreditava na "contabilidade corajosa, imaginativa"), truques de capitalização e camuflagem da verdadeira natureza dos negócios operacionais envolvidos. O produto final é popular, respeitável e imensamente lucrativo (deixarei os filósofos descobrirem em que ordem esses adjetivos devem ser arrumados).

Com toda a sinceridade, nosso próprio desempenho foi substancialmente aprimorado, de forma indireta, pelo efeito colateral adverso de tais atividades. A criação de um círculo cada vez mais amplo dessas correntes por correspondência requer quantidades crescentes de material bruto corporativo, e isso propiciou o aparecimento de muitas ações intrinsecamente baratas (e não tão baratas assim). Quando passamos a deter a titularidade de tais ações, fomos recompensados pelo mercado com muito mais rapidez do que em outras ocasiões. O apetite por essas empresas, no entanto, tende a diminuir substancialmente o número de investimentos fundamentalmente atraentes que ainda existem.

Acredito que há boas chances de que, quando a história do mercado de ações e dos negócios desta era estiver sendo escrita, o fenômeno descrito no artigo do Sr. May seja considerado de grande importância e, talvez, caracterizado como uma moda passageira. É preciso perceber, porém, que essa abordagem de "O rei está nu" contraria (ou é dispensada, com um "E daí?" ou um "Vá em frente, vá em frente") os pontos de vista da maioria das instituições financeiras e dos gestores de investimentos atualmente bem-sucedidos. Vivemos em um mundo de investimentos, povoado não por aqueles que deveriam ser logicamente convencidos a crer, **mas** pelos esperançosos, crédulos e gananciosos, agarrando-se a uma desculpa na qual acreditar.

Finalmente, para um magnífico relato do atual cenário financeiro, você deve se apressar e adquirir uma cópia de *O jogo do dinheiro*, de Adam Smith. Ele está repleto de profundas percepções e de suprema inteligência.

---

11 de julho de 1968

Nosso desempenho em 1968

Todos nós cometemos erros.

No início de 1968, achei que as perspectivas de desempenho da BPL pareciam mais desfavoráveis do que em qualquer outro momento da nossa história. No entanto, em grande medida devido ao advento de uma ideia simples, porém consistente (ideias de investimento, como a de que as mulheres são, muitas vezes, mais interessantes do que pontuais), registramos o ganho total de US$40.032.691.

Naturalmente, todos vocês têm clareza intelectual suficiente para descartar o resultado em dólares e exigir uma descrição do desempenho em relação ao índice Dow Jones. Estabelecemos um novo recorde, de 58,8% positivos contra o total de 7,7% positivos do Dow, incluindo dividendos que teriam sido recebidos ao longo do ano por meio da compra do índice. Esse resultado deve ser tratado como uma aberração, como pegar 13 cartas do naipe de espadas em um jogo de bridge. Você dá um lance para definir a aposta, blefa, embolsa o dinheiro e, em seguida, volta a se concentrar nas pontuações parciais. Também teremos algumas mãos depois que o contrato for definido.

11 de julho de 1968

Recentemente, alguns dos chamados fundos "especulativos" foram rebatizados de fundos "tudo ou nada". O Manhattan Fund, de Gerald Tsai, talvez o veículo de investimento mais reconhecidamente agressivo do mundo, chegou por exemplo ao índice de -6,9% em 1968. Muitas entidades de investimento de menor porte continuaram a superar substancialmente o mercado geral em 1968, mas nenhuma delas se aproximou das cifras alcançadas em 1966 e 1967.

11 de julho de 1968

Não sei se consigo enfatizar com a devida intensidade que, atualmente, a qualidade e a quantidade de ideias estão em um momento de mínima histórica — resultado dos fatores mencionados na minha carta de 9 de outubro de 1967, que, desde então, foram amplamente intensificados.

Às vezes, sinto que deveríamos ter uma placa em nosso escritório como aquela que existe na sede da Texas Instruments, em Dallas, onde se lê: "Não acreditamos em milagres, mas contamos com eles." É possível que um jogador idoso e com excesso de peso, cujas pernas e acuidade visual tenham se deteriorado, consiga pegar uma bola rápida já na ponta do nariz e rebatê-la para fora do campo, mas você não mudará sua escalação por causa disso.

Há uma quantidade de importantes coisas negativas afetando nosso futuro, e apesar de elas não se combinarem para uma total esterilidade, certamente se traduzirão em uma rentabilidade média bastante moderada.

ENSINAMENTOS COMPOSTOS

Todos nós já ouvimos o ditado de que a história não se repete, mas com frequência rima. No mercado de ações acontece o mesmo. Ele passa por alguns ciclos. Grandes investidores procuram compreender a história do mercado, de modo que consigam enxergar a homogeneidade dos ciclos e aprender o que evitar. É muito mais barato aprender com os erros dos outros do que cometê-los por conta própria. Todos os investidores sérios deveriam conhecer os altos e baixos dos ciclos do mercado de ações dos últimos cem anos ou mais. O Sr. Burke realmente tocou em um ponto importante ao afirmar que aqueles que não conhecem sua história estão condenados a repeti-la.

Em janeiro de 1967, a carta anual de Buffett analisa retrospectivamente os primeiros anos, quando havia um número significativo de grandes ideias com que se trabalhar, tanto na categoria de Ações Gerais quanto na de Arbitragem Cambial, e o problema era sempre "qual delas escolher, e não o quê". Dez anos depois, o panorama havia mudado. O que começara como um caudaloso fluxo de boas ideias se reduzira a um filete, e "um filete tem muito mais chances de secar completamente do que um fluxo". Ele assegura aos acionistas que não pretende alterar sua abordagem de investimento; seria muito útil se pudéssemos copiar esse comportamento.

Os anos especulativos estavam entrando em seu auge, e Buffett estava ciente de que muitas empresas de investimentos se sairiam substancialmente melhor do que a BPL em 1967 — algumas, de fato, tiveram uma alta acima de 100%. O mercado estava ficando muito superficial, e Buffett se deu conta disso. Ele observou que "devido a esses resultados espetaculares, dinheiro, talento e energia vêm convergindo ao máximo para conquistar lucros gigantescos e rápidos no mercado de ações. Isso me parece uma forte intensificação da especulação, com os riscos concomitantes — mas muitos de seus defensores insistem em negá-lo".

Buffett estava se sentindo claramente defasado em relação ao mercado. Jerry Tsai e os fundos de desempenho de sua geração haviam levado o Dow a um patamar em que Buffett simplesmente não conseguia encontrar ideias suficientemente boas nas quais investir. O que ele percebeu foi uma especulação cada vez mais perigosa, em escala crescente. A pressão para que todos os gestores de recursos "entrassem nesse barco" deve ter sido enorme. Buffett não tinha ideia de quanto tempo duraria, nem se aquilo se tratava, simplesmente, do início de um novo paradigma na natureza do mercado, mas ele sabia que jamais pularia naquela piscina só porque todo mundo estava nadando. Em vez de fazer isso, ele escolheu colocar um ponto final na sociedade. A seguir, veremos como e por que ele chegou a esse ponto.

14. Compartilhando sabedoria

"Vivemos em um mundo de investimentos, povoado não por aqueles que deveriam ser logicamente convencidos a acreditar, mas pelos esperançosos, crédulos e gananciosos, agarrando-se a uma desculpa na qual acreditar."[1]

8 de julho de 1968

A decisão de Buffett de sair de cena foi mais forte do que a posição que ele ocupara no mercado e do número de ideias que ele tivera naqueles anos. A sociedade havia servido ao seu propósito. Ele construíra seu capital por intermédio dela, ganhando comissões pelo desempenho, e, depois, reinvestindo-as — em maio de 1969, seu patrimônio líquido havia subido para espantosos US$26 milhões.[2] Munger afirmou: "Se você for altamente escrupuloso e detestar causar decepções, sentirá a pressão para se mostrar à altura de sua comissão pelo desempenho."[3] A sociedade funcionara para Buffett durante determinado tempo, mas agora ele estava disposto a adotar uma estrutura melhor, mais equitativa. Posteriormente, recordaria a intensa pressão interna que estava sentindo naquela época.[4] Ele nunca mais receberia comissões pelo desempenho. Na Berkshire, ganha um salário modesto e, mesmo assim, se mantém totalmente alinhado com seus colegas acionistas.

Buffett enfatizou essa questão no outono de 1969, dizendo:

> *A carta de 9 de outubro de 1967 afirmava que as considerações pessoais eram o fator mais importante dentre aqueles que me levavam a modificar nossos objetivos. Expressei o desejo de me livrar da (autoimposta) necessidade de me concentrar 100% na BPL. Fui inteiramente reprovado nesse teste durante os últimos 18 meses. (...) Só sei que não pretendo passar a minha vida toda ocupado tentando superar os investidores mais ágeis. A única maneira de desacelerar é parar.*

O modo pelo qual Buffett acabou fechando a BPL é único, sob vários aspectos diferentes. Por um lado, apesar de dizer aos acionistas que as perspectivas das ações, aos preços praticados em 1969, não lhe agradavam, ele reconhecia que, apesar de tudo, muitos ainda continuariam investindo em portfólios de ações. Escolheu especificamente Bill Ruane, que, a seu pedido e com US$20 milhões de capital dos acionistas da BPL, lançou enfim o Sequoia Fund, em 1970.[5] Foi uma ótima escolha — Ruane apresentara um histórico expressivo ao longo da década (e continuou apresentando por vários anos). Com seus próprios méritos, ele se tornara um lendário investidor.

Aparentemente, recomendar um outro gestor não parece ser um comportamento muito lógico. Buffett reconhecia que o ato era incomum, "ao estilo Buffett", mas considerando-se que vários acionistas estavam com quase 100% de seu patrimônio líquido ameaçados, ele sabia que era o mais indicado a fazer, independentemente do quão heterodoxo isso pudesse ser. Ao analisarmos o modo como Buffett avaliou Ruane, obtemos pistas valiosas e esclarecedoras sobre os fatores importantes que influenciam a escolha de qualquer gestor profissional.

Em segundo lugar, na opinião de Buffett, as perspectivas para o mercado estavam bastante fracas naquele momento, e ele chamou a atenção para um aspecto que jamais havia visto em toda a sua carreira como investidor. A previsão de lucros das ações para os dez anos seguintes parecia se equiparar aos rendimentos das obrigações municipais isentas de impostos, menos arriscadas. Tratava-se de uma verdadeira anomalia; na maioria dos ambientes de mercado, os investidores se veem obrigados a abrir mão de uma parcela significativa de retorno esperado das ações em troca da estabilidade e da previsibilidade que poderiam obter com as obrigações. Em um raciocínio brilhante, Buffett descreveu não apenas *como* chegou a essa conclusão sobre as obrigações, como também apresentou o conteúdo de um manual de cem páginas sobre obrigações municipais isentas de impostos em um memorando simples, preciso e altamente resumido, com apenas dez páginas. Qualquer pessoa que pretenda compreender como as obrigações funcionam, ainda que não seja profissional (e mesmo que seja), se beneficiará com o estudo cuidadoso desse ensaio, que pode ser encontrado na íntegra no Apêndice.

Em seguida, ofereceu-se para servir como mediador e consultor dos acionistas que desejassem seguir suas recomendações e comprar obrigações municipais; ele selecionou e adquiriu um lote especial de obrigações indicadas às necessidades pessoais e às circunstâncias de cada acionista, e as depositou diretamente em suas contas bancárias. Certamente, ao mesmo tempo que tudo isso era um impressionante atendimento ao cliente, também realçava uma importante percepção sobre a permutabilidade dos produtos de investimento — ele estava lembrando aos acionistas, pela última vez, que a meta é o melhor índice de retorno após impostos, sob o menor risco possível. Não importa se essa meta será atingida por meio de ações, obrigações, lavanderias automáticas ou seja lá o que for. Não existe uma preferência universal para o capital a ser investido. Você compra o que faz sentido, ponto.

Por último, a maneira pela qual ele lidou com a distribuição das participações de controle da sociedade é um indicativo do tipo de estilo escrupuloso e comunicativo que todos deveriam buscar em uma instituição financeira ou em uma empresa de capital aberto. As participações de controle como as da Berkshire Hathaway, da Diversified Retailing Corporation (DRC) e da Blue Chip Stamps foram distribuídas proporcionalmente entre os acionistas. Pelo fato de as participações de controle constarem dos livros de contabilidade da BPL sob uma avaliação que o próprio Buffett havia considerado justa, seu intuito era dar aos acionistas a possibilidade de escolher entre sua cota proporcional naqueles negócios ou o valor contábil das participações em dinheiro. Assim como em uma festa de aniversário, em que uma pessoa corta o bolo e, em seguida, os outros começam a escolher suas fatias, Buffett estava dando aos acionistas a opção de decidir livremente se os negócios de participação de controle ou o dinheiro eram a "fatia maior". Quando o escritório de advocacia de Munger e outro grupo de advogados analisaram a situação e constataram que essa opção não seria viável, Buffett falou de forma surpreendentemente aberta sobre as perspectivas de cada negócio, algo que ele sempre se mostrara reticente a fazer.

Vamos analisar detidamente todos os quatro movimentos.

A INDICAÇÃO DE BILL RUANE

Em 1971, quando Ben Graham foi solicitado a fornecer sua opinião sobre Buffett, como parte de uma verificação das referências para uma potencial candidatura ao conselho da GEICO, Graham disse: "Apoio 100% essa ideia. Conheço Buffett intimamente há muitos anos, e devo dizer que nunca encontrei ninguém com sua combinação de robustez de caráter e brilhantes habilidades de negócios."[6]

Parece que, ao sugerir o nome de Ruane, Buffett estava mais uma vez entrando em sintonia interna com Graham. Para ele, o principal atributo era a integridade, mais até do que a perspicácia nos negócios. Ao selecionar um gestor, é isso o que antes de mais nada precisa ser considerado. A descrição de Ruane começava assim:

(...) [Nós] nos conhecemos nas aulas de Ben Graham, na Universidade Columbia, em 1951, e, desde aquela época, tive consideráveis oportunidades para observar suas qualidades de caráter, temperamento e intelecto. Se Susie e eu morrermos e nossos filhos ainda forem menores de idade, ele é um dos três depositários com carta branca para tomar decisões em matéria de investimentos. (...) Não há meios de eliminar a possibilidade de erro quando julgamos seres humanos, particularmente no que diz respeito ao seu comportamento futuro em um ambiente desconhecido.

No entanto, as decisões precisam ser tomadas — seja ativa ou passivamente —, e eu considero Bill uma escolha com probabilidades excepcionalmente elevadas em termos de caráter e com altas probabilidades no desempenho dos investimentos.

Nos investimentos, como na maioria das atividades de Buffett, é a integridade que deve vir em primeiro lugar. Isso era tão verdadeiro naquela época quanto o é hoje em dia. É impossível não adorar a descrição dos tipos de gestores que ele buscava para a Berkshire: "Procuramos três coisas: inteligência, energia e integridade. Se eles não tiverem a última, então é quase certo que também não terão as duas primeiras. Se alguém não tiver integridade, será provavelmente estúpido e preguiçoso."[7]

Buffett estava plenamente consciente de que indicar Ruane era arriscado e pouco ortodoxo: "Ao recomendar Bill, estou me engajando em um tipo de comportamento que procurei evitar nas atividades do portfólio da BPL — uma decisão em que não há nada a ganhar (pessoalmente) e algo considerável a perder." Se o desempenho de Ruane fosse bom, Buffett provavelmente não mereceria grandes créditos, mas se Ruane se saísse mal, ele corria o risco de ser considerado culpado. Era uma situação de "se der cara você ganha, se der coroa eu perco". Mas, do ponto de vista moral, ele sentia que tinha poucas alternativas. Não fazer nada não parecia ser uma opção viável. "Sinto que seria totalmente injusto eu assumir uma posição passiva e deixá--los à mercê do vendedor mais persuasivo que aparecesse à sua frente no início de 1970."

Buffett teve o cuidado de ser bastante específico sobre os inconvenientes e os riscos potenciais de seguir os passos de Ruane. Em primeiro lugar, havia a questão do tamanho — um gestor excepcional estaria sujeito a aumentar os ativos por meio do desempenho ou dos acréscimos de capital, o que inevitavelmente reduziria o desempenho. Em 1982, justamente para combater esse problema, Ruane impediu a entrada de novos investidores no fundo. Além do risco de aumentar demais o tamanho, Ruane operava uma empresa de consultoria de investimentos paralelamente ao fundo, e não estava focado exclusivamente no Sequoia; sua distração potencial era um risco que Buffett tratou de assinalar.

A indicação funcionou, mas demorou vários anos para produzir resultados (os dados do desempenho de Ruane podem ser encontrados no Apêndice C). Sua performance ficou aquém da obtida pela S&P em todos os primeiros quatro anos, e foi somente no 7º ano que ele finalmente a alcançou e começou a superá-la cumulativamente. Uma coisa é analisar retrospectivamente esse desempenho dentro de um contexto histórico mais amplo; outra, inteiramente diferente, é ter de vivenciar esse momento, mas aqueles que se mantiveram firmes foram bem recompensados. Ao longo da década, Ruane derrotou o mercado, oferecendo o dobro do retorno médio por ano.

Se você for escolher alguém para gerenciar seus fundos, é preciso ter plena confiança em sua integridade e em sua capacidade, além de um sólido entendimento do processo que está sendo adotado. Ruane era discípulo de Graham, um autêntico investidor em valor, e tinha grandes probabilidades de apresentar um desempenho insatisfatório diante das máximas dos mercados em alta. Pensando dessa forma, você pode definir exceções às suas regras, como realizar um teste de desempenho relativo a um intervalo de 3 a 5 anos, quando identificar uma natureza especulativa no mercado. Eis aqui uma estatística interessante, feita por Joel Greenblatt, que analisou os 25% principais gestores que conseguiram superar o mercado ao longo da década: 97% passaram pelo menos três anos na metade inferior do desempenho esperado e 47% passaram pelo menos três anos nos 10% inferiores.[8] O teste de 3 a 5 anos de Buffett é, simplesmente, uma regra básica. Se seu capital estiver apresentando um baixo desempenho nas mãos de outra pessoa, você refletirá bastante sobre as escolhas que fez.

OBRIGAÇÕES MUNICIPAIS, ALGUÉM INTERESSADO?

Ruane foi convocado para auxiliar os acionistas da BPL que desejassem permanecer no mercado acionário, mas Buffett queria que eles considerassem o mercado sob uma perspectiva diferente: "Pela primeira vez em toda a minha carreira como investidor, acredito que, agora, há poucas opções para o investidor médio, dividido entre a aplicação de recursos em ações, gerenciada por profissionais, e o investimento passivo em obrigações. Se estiver correta, essa análise terá implicações importantes." Quando se trata de investimentos genéricos em ações em meio a um mercado saturado, é de bom tom recordar a regra de Munger: se não valer a pena fazer, certamente não valerá a pena fazer bem.

Buffett interpretou a situação sob o ponto de vista do investidor médio em 1969, na faixa tributária com alíquota de 40%. As obrigações municipais isentas de impostos estavam rendendo de 6,5% a 7% naquele momento. Em sua avaliação, era improvável que as ações subissem mais de 6% ao ano e pagassem 3% de dividendos no mesmo período. Para fins de comparação com as obrigações isentas de impostos, os ganhos máximos das ações, de 9% antes dos impostos, precisavam ser reduzidos — os 6% da valorização do preço se transformaram em 4,75%, e os 3% de dividendos foram para 1,75%, gerando um retorno combinado após impostos de cerca de 6,5%, o mesmo que estava sendo oferecido nas obrigações.

Se Buffett estivesse certo a respeito das ações, as obrigações municipais renderiam o mesmo. Ele esperava que o índice se equiparasse aos 6,5% das ações; Buffett supunha que 90% dos fundos apresentariam um desempenho insatisfatório. Sob as "condições historicamente incomuns, ele concluiu que é provável que o investimento passivo em obrigações isentas de impostos seja totalmente equivalente às expectativas da aplicação de recursos em ações, gerenciada por profissionais, e apenas modestamente inferior aos fundos de participação privada extremamente bem gerenciados".

Buffett escreveu um pequeno tratado sobre o mercado das obrigações municipais e recomendou que os acionistas lessem e relessem várias vezes, caso decidissem pedir sua ajuda para comprar essas obrigações. Eles podiam escolher entre comprar obrigações, comprar ações ou guardar o dinheiro. Independentemente de sua decisão, Buffett estava tentando poupá-los da experiência de lidar com um vendedor mal-intencionado, capaz de espoliá-los dos retornos que ele tanto trabalhara para conquistar.

Reconhecendo a difícil questão da alocação de ativos, Buffett finalizou a carta de outubro dizendo:

Você terá de tomar sua própria decisão entre as obrigações e as ações e, caso opte por estas últimas, terá de decidir quem lhe prestará consultoria sobre essas ações. Em vários casos, penso que a decisão deveria refletir, em grande parte, suas necessidades (temperamentais) tangíveis e intangíveis de regularidade nos rendimentos e de ausência de grande flutuação do principal, contrabalançadas, talvez, pelas necessidades psíquicas de alguma emoção e do divertimento associado à contemplação e, quem sabe, à apreciação de resultados realmente excepcionais. Se quiser conversar sobre esse problema comigo, ficarei muito feliz em ajudar.

Ao longo dos anos, muitos homens e mulheres sensatos já dedicaram uma boa dose de reflexão e esforço às questões de alocação de ativos. Aprendemos com Buffett que não existe uma fórmula mágica. Você não pode, simplesmente, pegar o número 100, diminuir sua idade e investir esse percentual em ações ou confiar em algum outro truque ou fórmula. Apesar de as obrigações serem, muitas vezes, menos arriscadas do que as ações, essa não é uma verdade universal. Basta observar o que está sendo oferecido em meados de 2015 — o mercado das obrigações não está rendendo nada. Às vezes, as obrigações são menos arriscadas, e às vezes não. Os tipos de títulos que você escolhe são o meio para um fim; não confunda o primeiro com o último. Em qualquer investimento, há duas questões fundamentais: qual é o retorno mais provável? E qual é o risco?

Hoje, as obrigações do governo dos Estados Unidos com prazo de dez anos rendem 2,4%, um nível apenas ligeiramente acima da inflação esperada, o que significa que os rendimentos reais são desprezíveis. As ações, normalmente consideradas mais arriscadas, exibem ganhos de pouco menos de 6%. Apesar das convenções, as obrigações do governo parecem ser a classe de ativos mais arriscados hoje em dia. Como sabemos, só porque algo é convencional não significa que seja conservador ou esteja correto. Você precisa refletir sobre isso. No entender de Buffett, no início de 1970, a única coisa que tornava as ações mais atraentes do que as obrigações municipais era a emoção potencial que elas proporcionavam.

QUESTÕES DE PARTICIPAÇÕES DE CONTROLE

Em dezembro de 1969, ele expôs a situação das duas participações de controle da empresa, e, em seguida, passou a responder às perguntas dos acionistas. Trata-se de um dos relatos mais detalhados já oferecidos por Buffett sobre as perspectivas de um único título, praticamente uma recomendação de investimento, como nunca o víramos fazer.

> *Minha opinião pessoal é que os valores intrínsecos da DRC e da BH crescerão substancialmente ao longo dos anos. Apesar de ninguém saber do futuro, eu ficaria desapontado se tal crescimento não acontecesse a um índice de aproximadamente 10% ao ano. (...) Acredito que ambos os títulos deverão se tornar participações acionárias bastante razoáveis a longo prazo, e estou feliz por ter uma parte substancial de meu patrimônio líquido investido nessas empresas. (...) Caso continue mantendo esses títulos, como espero fazer, meu grau de envolvimento em suas atividades poderá variar dependendo de meus outros interesses. Há grande probabilidade de que eu venha a assumir uma posição importante quanto à formulação de políticas, mas*

não desejo ter a obrigação moral de me diferenciar de um acionista passivo. (...)

Inicialmente, a intenção de Buffett era dar aos acionistas a possibilidade de 1) receber sua cota proporcional das empresas controladas ou 2) optar por receber o valor contábil das participações de controle em dinheiro. Isso era incomensuravelmente justo, já que Buffett tinha sido responsável pela avaliação; ele achava que os acionistas deveriam ter o direito de escolher qual das duas opções eles consideravam mais valiosa. Infelizmente, os advogados não permitiriam isso. Todos os acionistas receberiam sua cota de ações e, se desejassem vendê-las, teriam de fazê-lo por conta própria.

Uma pergunta interessante que surgiu foi por que ele não registrou as cotas, de modo que as ações pudessem ser livremente negociadas. A ideia por trás de tal pergunta era que as cotas teriam mais liquidez — seriam mais fáceis de vender, caso Buffett as tivesse registrado. Buffett chegou à conclusão de que os acionistas que pretendessem vendê-las se sairiam melhor sem o registro. Em sua percepção, considerando-se o ambiente do mercado à época, havia uma probabilidade real de que "o mercado para essas duas ações ficará um tanto caótico". E ele continuava: "Estou convicto de que, ao limitar as vendas aos investimentos privados, os acionistas que desejarem vender suas ações lucrarão mais. (...) Recebemos vários telefonemas sugerindo que as pessoas estão interessadas em fazer vendas privadas — prevemos que não haverá dificuldade em efetivar essas vendas pelos preços sugeridos em nossas avaliações anuais." Se Buffett tivesse registrado as ações, muito provavelmente aqueles que quisessem, ou, por outro lado, precisassem vender as ações, teriam conseguido um preço inferior ao que efetivamente conseguiram.

Buffett se certificava de que os participantes estivessem em condições equitativas para decidir o que fazer com suas participações de controle. Ele insistia em não conversar com os acionistas individualmente sobre as três empresas; queria que todos estivessem em pé de igualdade, para que todos tivessem acesso exatamente às mesmas informações. Ele recebia as perguntas por escrito e, em seguida, inseria as respostas para que todos os acionistas fossem beneficiados.

É assim que ele continua a lidar com as comunicações na Berkshire Hathaway. Até hoje, embora seja extremamente comum que grandes investidores institucionais saiam em vantagem sobre os pequenos investidores, promovendo reuniões privadas periódicas com equipes de gestão das empresas de capital aberto, Buffett se recusa a fazê-lo. Todos os investidores recebem as mesmas oportunidades uma vez por ano, na reunião de acionistas em Omaha, ocasião em que podem fazer suas perguntas e receber uma resposta na frente de todos. Essa ideia era tão única naquela época quanto o é ainda hoje; ela reflete a crença da gestão de que a divulgação seletiva, mesmo que seja de natureza imaterial, é antiética.

Considerando-se seus planos declarados de acumular mais ações após o término da sociedade, era de seu total interesse financeiro se pronunciar muito pouco; quanto menos ele falasse, mais provável seria que os acionistas escolhessem vender suas ações. É incrível pensar (especialmente em uma análise retrospectiva) que alguém realmente vendesse, embora muitos o fizessem. As participações de Buffett em todas as três empresas, que já eram substanciais, no mínimo dobraram de tamanho um ano após o fechamento da BPL, e todas elas foram, mais tarde, inteiramente anexadas à Berkshire, em momentos distintos.

ENSINAMENTOS DAS CARTAS AOS ACIONISTAS: COMENTÁRIOS FINAIS

29 de maio de 1969

Aos meus acionistas:

Cerca de 18 meses atrás, escrevi a respeito de alterações nos fatores ambientais e pessoais que me levavam a modificar nossos objetivos quanto ao desempenho futuro.

Com o passar do tempo, o ambiente de investimento que discuti naquela época (e que comentei em várias outras cartas) se tornou, de modo geral, mais negativo e frustrante. Talvez eu esteja apenas sofrendo de uma falta de flexibilidade mental (um observador, comentando sobre os analistas de títulos com mais de 40 anos de idade, declarou: "Eles sabem muitas coisas que já não são mais verdadeiras.").

Entretanto, me parece que: 1) as oportunidades de investimento abertas para os analistas que priorizam fatores quantitativos praticamente desapareceram, depois de virem sendo reduzidas constantemente ao longo dos últimos vinte anos; 2) nossos US$100 milhões de ativos afastarão grande parte desse mundo de investimentos aparentemente estéril, uma vez que os compromissos abaixo de US$3 milhões não poderão ter um impacto real em nosso desempenho geral, e isso praticamente exclui as empresas com menos de US$100 milhões de ações ordinárias ao valor de mercado; e 3) um interesse crescente no desempenho dos investi-

AS REGRAS BÁSICAS DE WARREN BUFFETT | 371

mentos criou um mercado cada vez mais orientado para o curto prazo e (na minha opinião) mais especulativo. A carta de 9 de outubro de 1967 afirmava que as considerações pessoais eram o fator mais importante dentre aqueles que me levavam a modificar nossos objetivos. Expressei o desejo de me livrar da (autoimposta) necessidade de me concentrar 100% na BPL. Fui inteiramente reprovado nesse teste durante os últimos 18 meses. A carta dizia: "Espero que objetivos limitados signifiquem esforços mais limitados." Não funcionou dessa maneira. Enquanto eu estiver "no palco", publicando um histórico periodicamente e assumindo a responsabilidade pela gestão do que equivale a praticamente 100% do patrimônio líquido de muitos acionistas, nunca serei capaz de empenhar um esforço continuado em qualquer atividade externa à BPL. Se é para participar publicamente, não consigo deixar de ser competitivo. Só sei que não pretendo passar a minha vida toda ocupado tentando superar os investidores mais ágeis. A única maneira de desacelerar é parar.

Portanto, antes do fim do ano, pretendo oferecer a todos os sócios limitados a necessária notificação formal sobre minha intenção de me aposentar. Naturalmente, há uma série de problemas fiscais e jurídicos ligados à liquidação da sociedade, mas, de modo geral, estou preocupado em estabelecer um plano que alcance os seguintes objetivos:

1. O item mais importante é que tenho uma alternativa referente à gestão dos recursos para sugerir aos muitos acionistas que não desejarem lidar com isso sozinhos. Logicamente, alguns acionistas têm alternativas próprias nas quais confiam e que lhes parecem bastante aceitáveis. Quanto aos

outros, porém, não lhes devolverei seu dinheiro com um "boa sorte". Pretendo indicar um outro gestor de recursos, a quem confiarei os fundos dos meus familiares e de outras pessoas por quem tenho responsabilidade financeira para toda a vida. Esse gestor é íntegro, competente e provavelmente terá um desempenho tão bom ou melhor do que eu teria no futuro (embora nem um pouco próximo do que ele ou eu conseguimos no passado). Ele estará disponível para todos os acionistas, e, assim, por menores que sejam as contas, isso não lhes causará nenhum problema. No futuro, pretendo me manter em contato com o que ele estiver fazendo, mas apenas pontualmente, limitando todos os meus conselhos, em grande parte, aos aspectos desfavoráveis.

2. Quero que todos os acionistas tenham a opção de receber créditos em caixa e, se possível, títulos prontamente negociáveis (provavelmente, haverá apenas um com essas características), cujas perspectivas e cujo preço eu aprecie, mas que os acionistas possam converter livremente em caixa, se assim o desejarem.

3. No entanto, quero também que todos os acionistas tenham a opção de manter suas participações acionárias proporcionais nas duas empresas que estão sob nosso controle (a Diversified Retailing Company Inc. e a Berkshire Hathaway Inc.), além de outra pequena participação "restrita". Pelo fato de que esses títulos serão avaliados de forma unilateral por mim a um valor justo, considero fundamental que, se assim o desejar, você possa manter suas participações acionárias proporcionais de acordo com essa avaliação.

Tais títulos, porém, não são livremente negociáveis (várias restrições da SEC se aplicam às ações de "participação de controle" e às ações não registradas), e, provavelmente, serão intransferíveis e não gerarão receita por um considerável período de tempo. Portanto, quero que você tenha a chance de optar por qualquer um dos lados em nossa liquidação — seja preservando os títulos restritos ou recebendo a quantia equivalente em caixa. Aprecio imensamente todas as pessoas que estão gerenciando as empresas sob nosso controle (somadas, agora, ao National Bank of Illinois & Trust Company of Rockford, Illinois, US$100 milhões a mais, um banco extremamente bem gerenciado, comprado pela Berkshire Hathaway no início deste ano), e desejo que o relacionamento tenha vida longa. Certamente, não pretendo vender um negócio bem controlado, gerenciado por pessoas que eu gosto e admiro, apenas para obter um preço extravagante. No entanto, circunstâncias específicas poderão levar à venda de uma unidade operacional em algum momento.

Acredito que teremos um programa de liquidação que cumprirá os objetivos anteriormente descritos. Nossas atividades nesse quesito não deverão provocar nenhuma alteração em seu planejamento tributário para 1969.

Um objetivo final que eu gostaria muito de alcançar (mas que simplesmente não acontecerá) é sair de cena no auge da atividade. Detesto a ideia de encerrarmos a sociedade com um ano ruim, mas é o que acontecerá em 1969. Meu melhor palpite é que, no fim do ano, permitindo-se um aumento substancial no valor das empresas controladas (situação em que todos os acionistas, exceto eu, terão a opção de fazer a retirada em dinheiro), apresentaremos um resultado estável em 1969, antes de quaisquer pagamentos mensais aos acionistas. Isso será verdadeiro mesmo que o mercado suba vertiginosamente entre este momento e o fim do ano, uma vez que não ocuparemos nenhuma posição importante que possa nos expor a um alto potencial de lucros.

Este ano, nossa experiência em arbitragens cambiais tem sido cruel — durante esse período, me senti como um pássaro que, inadvertidamente, passasse voando no meio de um jogo de badminton. Não estamos sozinhos nessa experiência, mas ela aconteceu em um momento em que estávamos quase alcançando o auge de nossa variação percentual histórica de compromisso nessa categoria.

Documentar os próprios equívocos não é uma tarefa agradável. Considero os "relatórios seletivos" ainda mais desagradáveis. A culpa pela má experiência que tivemos este ano é 100% minha. Ela não reflete a má sorte, mas sobretudo a avaliação inadequada de uma tendência governamental cujo desenvolvimento tem sido muito rápido. Paradoxalmente, acho que o governo já deveria ter feito há muito tempo (em termos do problema a ser enfrentado, e não necessariamente dos meios empregados) o que finalmente fez — em outras palavras, de forma geral, acredito que o objetivo final da atividade que tanto dinheiro nos custou é socialmente desejável, e tenho defendido isso há algum tempo. No entanto, não achei que isso fosse acontecer. Na hora de tomar decisões, nunca acredito em misturar o que eu acho que deve acontecer (socialmente) com o que eu acho que vai acontecer — neste caso, se eu tivesse misturado, teríamos conquistado alguns milhões de dólares a mais.

AS REGRAS BÁSICAS DE WARREN BUFFETT | 375

Francamente, apesar de todos os fatores apresentados nas páginas anteriores, gostaria de continuar a operar a sociedade em 1970, ou até mesmo em 1971, se pudesse contar com algumas ideias excepcionais. Não porque eu queira, mas meramente porque gostaria que nosso último ano fosse bom, e não ruim. No entanto, simplesmente não consigo enxergar qualquer coisa disponível que me dê alguma expectativa razoável de alcançar um ano tão bom assim, e não tenho nenhuma vontade de sair tateando às escuras, na esperança de "ter sorte" com os recursos de outras pessoas. Não me afino com esse ambiente do mercado, e não quero estragar um histórico decente, tentando jogar um jogo que não entendo, apenas para que eu possa sair como herói.

Desse modo, liquidaremos as participações acionárias ao longo do ano, trabalhando no sentido de um residual das empresas controladas, o título correspondente à "carta de investimento", o título negociável com perspectivas favoráveis a longo prazo, as diversas "guimbas" de pequeno valor total etc., o que significa que precisaremos de vários anos até que a categoria de arbitragem cambial esteja esvaziada.

Esta carta foi escrita um pouco mais cedo, em substituição à carta semestral. Eu já havia tomado uma decisão, e queria que você soubesse disso. Também queria estar disponível em Omaha por algum período após o recebimento desta carta, a fim de esclarecer quaisquer tópicos que possam parecer confusos. Em julho, espero estar na Califórnia.

Alguns de vocês me perguntarão: "Quais são os seus planos?" Não tenho uma resposta para essa pergunta. O que eu sei é que quando eu estiver com 60 anos, deveria estar tentando alcançar objetivos pessoais diferentes daqueles que foram prioridade aos 20 anos. Portanto, a menos que eu me afaste agora da atividade que consumiu praticamente todo o meu tempo e minhas energias durante os primeiros 18 anos da minha vida adulta, é improvável que eu consiga desenvolver atividades adequadas às novas circunstâncias dos próximos anos.

Divulgaremos uma carta no outono, provavelmente em outubro, falando sobre os procedimentos de liquidação, a indicação do consultor de investimentos etc. (...)

Cordialmente,
Warren E. Buffett

---

9 de outubro de 1969

A menos que haja uma queda brusca no mercado, ainda estou contando com um desempenho mais ou menos estável antes de quaisquer pagamentos mensais em 1969. Tivemos sorte — se não estivéssemos em liquidação este ano, os resultados teriam sido significativamente piores. Ideias que pareciam potencialmente interessantes em uma base "contínua" têm apresentado, no cômputo geral, um desempenho ruim até o presente momento. Restaram apenas dois itens de tamanho razoável — enquanto escrevo estas linhas, um deles está sendo colocado à venda, e o outro é uma participação acionária de negociabilidade limitada, que representa cerca de 7,5% das ações em circulação da Blue Chip Stamps e que talvez possamos vender por meio de uma oferta pública registrada perto do fim do ano, dependendo das circunstâncias do mercado e de outros fatores.

9 de outubro de 1969

(...) Bill Ruane — nos conhecemos nas aulas de Ben Graham, na Universidade de Columbia, em 1951, e, desde aquela época, tive consideráveis oportunidades para observar suas qualidades de caráter, temperamento e intelecto. Se Susie e eu morrermos e nossos filhos ainda forem menores de idade, ele é um dos três depositários com carta branca para tomar decisões em matéria de investimentos — os outros dois não estão disponíveis para o gerenciamento contínuo dos investimentos de todos os acionistas, sejam eles grandes ou pequenos.

Não há meios de eliminar a possibilidade de erro quando julgamos seres humanos, particularmente no que diz respeito ao seu comportamento futuro em um ambiente desconhecido. No entanto, as decisões precisam ser tomadas — seja ativa ou passivamente —, e eu considero Bill uma escolha com probabilidades excepcionalmente elevadas em termos de caráter e com altas probabilidades no desempenho dos investimentos. Também considero provável que Bill continue atuando como gestor de recursos por muitos e muitos anos.

Recentemente, Bill criou uma firma na Bolsa de Valores de Nova York, a Ruane, Cunniff & Stires, Inc. No momento, John Harding planeja estabelecer um escritório da empresa em Omaha, em torno de 1º de março de 1970. Bill gerencia as contas individualmente com base em comissões e também executa a corretagem das contas — atualmente, uma parcela das comissões pela corretagem está sendo utilizada para compensar uma parcela pela consultoria de investimentos. Seu método de operação permite retiradas mensais em um formato similar ao da BPL — como um percentual do capital e independentemente de ganhos ou perdas realizados ou não. Talvez ele possa formar uma espécie de conta conjunta, mas tais determinações serão estabelecidas entre ele e aqueles que optarem por segui-lo. Obviamente, eu não me envolverei em sua operação. Estou preparando minha lista de acionistas dispostos a trabalhar com ele, e ele lhes escreverá muito em breve sobre uma viagem que pretende fazer antes do fim do ano até Omaha, Los Angeles e Chicago, de modo que aqueles que desejarem poderão conhecê-lo pessoalmente. Quem por acaso estiver em Nova York durante os próximos meses poderá contactá-lo diretamente.

Os resultados gerais de Bill têm sido muito bons — atingindo uma média bem próxima à da BPL, mas com uma variação consideravelmente maior. Nos períodos 1956-1961 e 1964-1968, o conjunto de suas contas individuais atingiu uma média superior a 40% ao ano. No entanto, em 1962, sem dúvida como resultado parcial da eufórica experiência dos anos anteriores, ele caiu cerca de 50%. Depois de redefinir sua mentalidade, 1963 foi um ano praticamente estável.

Ainda que dois anos possam parecer um curto período de tempo quando incluídos em uma tabela de desempenho, talvez possam soar como um tempo longo demais quando seu patrimônio líquido cai 50%. Acredito que você correrá esse tipo de risco a curto prazo com quase todos os gestores de recursos que operem no mercado de ações, e é um fator a ser considerado na decisão sobre a parte de seu capital que estará comprometida com participações acionárias. Até este momento de 1969, Bill caiu cerca de 15%, o que eu acredito ser bastante típico para a maioria dos gestores de recursos.

Logicamente, Bill não esteve envolvido em situações de participações de controle ou arbitragens cambiais, que, de forma geral, contribuíram para contrabalançar as oscilações de desempenho ano a ano na BPL. Mesmo excluindo esses fatores, acredito que seu desempenho teria sido um pouco mais volátil (mas não necessariamente mais fraco, de maneira alguma) do que o meu — o estilo dele é diferente —, e, embora seu portfólio típico tendesse a ter (em quase todas as circunstâncias) uma leve sobreposição ao meu, sempre haveria diferenças muito significativas.

Bill alcançou seus resultados trabalhando com uma média de US$5 milhões a US$10 milhões. Considero que os três fatores com perspectivas mais negativas em seu futuro sejam os seguintes: 1) a probabilidade de gerir somas significativamente maiores — esse é um problema que você enfrentará rapidamente com qualquer gestor de recursos bem-sucedido, e isso tenderá a frear o desempenho; acredito que, no momento, a empresa de Bill esteja gerenciando entre US$20 e US$30 milhões e, é claro, mais contas continuarão a ser acrescentadas; 2) a possibilidade de ele se tornar muito envolvido nas minúcias de sua operação, em vez de empregar todo o seu tempo simplesmente pensando na gestão dos recursos. O problema de ser o principal elemento em uma firma da NYSE, para além do gerenciamento das muitas contas individuais, pode significar que ele, assim como a maioria dos consultores de investimentos, estará sujeito a pressões para dedicar grande parte de seu tempo a atividades que não contribuem nem um pouco para conduzir a um desempenho superior nos investimentos. Nesse contexto, pedi a Bill que oferecesse seus serviços para todos os acionistas da BPL — grandes ou pequenos —, e é o que ele vai fazer, mas também lhe disse que ele será um agente totalmente livre, caso perceba que clientes particulares estejam desviando-o de seu trabalho principal; 3) a alta probabilidade de que até mesmo uma excelente gestão de investimentos durante a próxima década produza vantagens apenas limitadas em relação à gestão passiva. Comentarei sobre isso mais adiante.

O último ponto relativo aos aspectos negativos listados anteriormente é que eles não são o tipo de obstáculos que levam ao desempenho sofrível, porém, mais provavelmente, o tipo de coisa que leva a um desempenho médio. Acho que esse é o principal risco que se corre com Bill — mas um desempenho médio não é um risco assim tão terrível.

Ao recomendar Bill, estou me engajando em um tipo de comportamento que procurei evitar nas atividades do portfólio da BPL — uma decisão em que não há nada a ganhar (pessoalmente) e algo considerável a perder. Alguns de meus amigos que não fazem parte da sociedade sugeriram que eu não indicasse nenhum nome, uma vez que, se os resultados forem excelentes, isso não me fará bem algum, e, se algo der errado, eu poderia muito bem ter uma parcela de culpa. Se você e eu tivéssemos tido apenas uma relação comercial usual, tal raciocínio poderia ser razoável. No entanto, o grau de confiança que os acionistas depositaram em mim e a cooperação manifestada sob várias formas diferentes excluem a possibilidade dessa política de "lavar as mãos". Muitos de vocês são investidores profissionais ou quase isso, e não precisam de conselhos meus a respeito de gestores — talvez vocês se saiam melhor sozinhos. Para aqueles acionistas que são financeiramente inexperientes, sinto que seria totalmente injusto eu assumir uma posição passiva e deixá-los à mercê do vendedor mais persuasivo que aparecesse à sua frente no começo da década de 1970.

9 de outubro de 1969

Há cerca de uma década ou mais, eu estava bastante disposto a estabelecer uma meta de 10% ao ano acima do índice Dow, com a expectativa de que o Dow atingiria uma média de cerca de 7%. Para nós, isso significava a esperança de aproximadamente 17%, com amplas variações e nenhuma garantia, é claro — ainda assim, era uma esperança. Naquela época, as obrigações isentas de impostos rendiam cerca de 3%. Apesar de as ações terem a desvantagem de um desempenho irregular, de modo geral elas pareciam a opção mais desejável. Eu também salientava essa preferência por ações em minhas aulas, nas mesas-redondas das quais participava etc. (...)

Pela primeira vez em toda a minha carreira como investidor, acredito que, agora, há poucas opções para o investidor médio, dividido entre a aplicação de recursos em ações, gerenciada por profissionais, e o investimento passivo em obrigações. Se estiver correta, essa análise terá implicações importantes. Gostaria de delinear rapidamente (e de forma um tanto simplificada) o panorama, conforme eu o vejo:

1. Estou me referindo à situação, digamos, de um contribuinte na faixa tributária de imposto federal com alíquota de 40%, e que também tenha algum imposto estadual a pagar. Várias mudanças estão sendo propostas nas legislações tributárias, e isso pode causar um impacto adverso nos resultados líquidos dos rendimentos atualmente isentos de impostos, dos ganhos de capital e, talvez, de outros tipos de dividendos de investimentos. No futuro, provavelmente surgirão outras propostas. Em geral, acredito que

essas mudanças ao longo dos anos não entrarão em contradição com minhas relativas expectativas a respeito dos rendimentos após impostos das obrigações atualmente isentas, em comparação com as ações ordinárias, podendo, até mesmo, reforçá-las ligeiramente.

2. Estou me referindo às expectativas para os próximos dez anos — e não para as próximas semanas ou meses. Acredito que é muito mais fácil pensar no que poderá acontecer depois de um período relativamente longo de tempo do que em um período mais curto. Como disse Ben Graham: "A longo prazo, o mercado é como uma balança — a curto prazo, uma máquina de votação." Sempre achei mais fácil avaliar os pesos determinados pelos fundamentos do que os votos determinados pela psicologia.

3. Os investimentos puramente passivos em obrigações isentas de impostos renderão, no momento, cerca de 6,5%. Esse rendimento poderá ser alcançado com excelente qualidade e assegurado por praticamente qualquer período que o investidor deseje contratar. É possível que essas circunstâncias não estejam mais presentes em março, quando Bill e eu estaremos disponíveis para ajudá-lo nas compras das obrigações, mas elas existem hoje.

4. Provavelmente, a expectativa de dez anos para o grupo das ações corporativas não ultrapassará os 9%, digamos 3% de dividendos e 6% de ganho em valor. Duvido que o Produto Interno Bruto cresça mais de 6% ao ano — não acredito que os lucros corporativos tendam a crescer significativamente como uma percentagem do PIB —, e se

os multiplicadores dos ganhos não se alterarem (e, com essas premissas e as atuais taxas de juros, eles não deverão se alterar), a avaliação agregada de empresas corporativas norte-americanas não deverá crescer a um índice composto de longo prazo acima de 6% ao ano. Essa experiência específica em ações pode gerar (para o contribuinte descrito anteriormente) 1,25% após impostos no caso dos dividendos e 4,75% após impostos no caso dos ganhos de capital, significando um retorno total após impostos de cerca de 6,5%. A combinação entre os dividendos e ganhos de capital antes da incidência de impostos deve girar em torno de 4% a 5%, produzindo um resultado após impostos ligeiramente inferior, o que não fica longe da experiência histórica, e, no geral, acredito que as futuras legislações tributárias sobre ganhos de capital deverão ser mais rígidas do que no passado.

5. Finalmente, provavelmente metade dos recursos investidos em ações ao longo da próxima década será gerenciada por profissionais. Assim, por definição, praticamente toda a experiência dos investidores com recursos gerenciados por profissionais consistirá em resultados médios (ou 6,5% após impostos, se as suposições que fiz até aqui estiverem corretas).

6. Minha avaliação seria que menos de 10% dos recursos gerenciados por profissionais (o que pode significar uma média de US$40 bilhões, apenas nesse segmento superior), manuseados de forma consistente ao longo da década, atingiriam a média de 2% por ano acima da expectativa do grupo. É improvável que o chamado

dinheiro "agressivamente gerenciado" tenha um desempenho significativamente superior à performance geral dos recursos gerenciados por profissionais. No momento, devem existir cerca de US$50 bilhões alocados em várias gradações dessa categoria "agressiva" — talvez cem vezes mais do que há uma década — e US$50 bilhões, simplesmente, não conseguem apresentar um "desempenho".

7. Se você tiver muita sorte e escolher consultores que alcancem resultados na seleta faixa de 1% a 2% do país (mas que estarão trabalhando com grandes somas de recursos, pelo fato de serem muito bons), acredito que seja pouco provável que tenha um resultado superior a 4 pontos por ano além da expectativa do grupo. No meu entender, existem grandes chances de Bill Ruane se encaixar nessa categoria de consultores seletos. Minha estimativa, portanto, é que, ao longo da próxima década, os resultados após impostos de uma gestão realmente excelente para nosso "contribuinte típico" possam girar em torno de 1,75% para os dividendos e 7,75% para os ganhos de capital, ou 9,5% ao todo.

8. A conclusão bastante surpreendente é que, sob as condições historicamente incomuns, é provável que o investimento passivo em obrigações isentas de impostos seja totalmente equivalente às expectativas da aplicação de recursos em ações, gerenciada por profissionais, e apenas modestamente inferior aos fundos de participação privada extremamente bem gerenciados.

9. Um comentário sobre a inflação — ela tem muito pouco a ver com o cálculo anterior, exceto pelo

fato de entrar no índice de crescimento esperado de 6% do PIB e contribuir para as causas geradoras dos 6,5% nas obrigações isentas de impostos. Se as ações vierem a produzir 8% após impostos e as obrigações produzirem 4%, será melhor possuir ações do que obrigações, independentemente da majoração, diminuição ou estagnação dos preços. O inverso é recíproco caso as obrigações gerem 6,5% após impostos, e as ações rendam 6%. A verdade pura e simples, logicamente, é que o que faz mais sentido é o maior índice de retorno esperado após impostos — considerando-se um dólar em ascensão, em declínio ou estável.

Todos os itens anteriores devem ser analisados com toda a suspeição, em perfeita sintonia com as avaliações do futuro. Essa me parece ser a avaliação mais realista, pois o futuro será sempre incerto — eu a apresento sem grandes convicções a respeito de sua precisão aproximada, mas apenas para que você esteja ciente do que estou pensando neste momento.

Você terá de tomar sua própria decisão entre as obrigações e as ações; caso opte por estas últimas, terá de decidir quem lhe prestará consultoria sobre as ações. Em vários casos, penso que a decisão deveria refletir, em grande parte, suas necessidades (temperamentais) tangíveis e intangíveis de regularidade nos rendimentos e de ausência de grande flutuação do principal, contrabalançadas, talvez, pelas necessidades psíquicas de alguma emoção e do divertimento associado à contemplação e, quem sabe, à apreciação de resultados realmente excepcionais. Se quiser conversar sobre esse problema, ficarei muito feliz em ajudar.

5 de dezembro de 1969

Temos vários relatórios anuais, auditorias, relatórios provisórios, prospectos de procuração de bens etc. (...) aplicáveis às nossas participações de controle, e teremos o maior prazer em fornecer qualquer item que você queira. Também peço que me envie suas perguntas por escrito, e eu remeterei a todos os acionistas as perguntas e respostas pouco antes do fim do ano. Não hesite em tirar qualquer dúvida que lhe venha à mente — se não estiver claro para você, provavelmente não estará para os outros. Não há nenhuma razão para que você fique fazendo conjecturas sobre coisas que eu poderia esclarecer.

---

5 de dezembro de 1969

Minha opinião pessoal é que os valores intrínsecos da DRC e da BH crescerão substancialmente ao longo dos anos. Apesar de ninguém saber o futuro, eu ficaria desapontado se tal crescimento não acontecesse a um índice de aproximadamente 10% ao ano.

Os preços de mercado das ações oscilam amplamente em torno do valor intrínseco, mas a longo prazo ele quase sempre se reflete em algum ponto no preço de mercado. Assim, acredito que ambos os títulos deverão se tornar participações acionárias bastante razoáveis a longo prazo, e estou feliz por ter uma parte substancial de meu patrimônio líquido investido nessas empresas. Você não deveria se preocupar com o movimento dos preços a curto prazo quando detém os títulos diretamente, da mesma forma que não se preocupava quando os detinha indiretamente por meio da BPL. Para mim, elas são negócios, e não "ações", e se os negócios vão bem a longo prazo, o mesmo acontecerá com as ações.

Gostaria de salientar que não estarei na posição de gestor ou de sócio quanto às suas futuras participações acionárias em tais títulos. Você estará livre para fazer o que quiser com suas ações no futuro, da mesma fora que eu, evidentemente. Acho que existe uma grande probabilidade de eu manter meus investimentos na DRC e na BH por um longo período, mas não quero que nenhum compromisso moral implícito seja o responsável por isso, nem pretendo prestar consultoria aos acionistas sobre suas participações por um prazo ilimitado no futuro. As empresas, naturalmente, manterão todos os acionistas informados sobre suas atividades, e você receberá relatórios emitidos por elas, provavelmente com frequência semestral. Caso eu continue mantendo esses títulos, como espero fazer, meu grau de envolvimento em suas atividades poderá variar dependendo de meus outros interesses. Há grande probabilidade de que eu venha a assumir uma posição importante quanto à formulação de políticas, mas não desejo ter a obrigação moral de me diferenciar de um acionista passivo, caso meu foco se volte para outras direções.

5 de dezembro de 1969

Se você quiser que Bill e eu o aconselhemos a respeito das obrigações de março, seria recomendável adquirir as Obrigações do Tesouro dos Estados Unidos com vencimento para o fim de março, com a parcela aplicável da distribuição de 5 de janeiro. Em seguida, na última semana de fevereiro, informe-nos sobre o valor que deseja investir em obrigações, e lhe daremos nossa opinião.

Em meados de janeiro (assim que os montantes exatos forem apurados e as cotas tiverem sido registradas em seu nome depois de serem repassadas pelo agente de transferência), distribuiremos as ações da DRC e da BH proporcionalmente à sua participação na sociedade e, posteriormente, o aconselharemos sobre sua base tributária e a data de aquisição a ser atribuída ao estoque de ações. Essas ações serão "legendadas" conforme descrito na carta anexa da Monen, Seidler & Ryan. Tais certificados de ações são valiosos e devem ser mantidos em local seguro.

5 de dezembro de 1969

Em cartas anteriores, expressei a esperança de que a BPL fosse capaz de fornecer um mecanismo por meio do qual você pudesse, caso assim o desejasse, converter automaticamente a DRC e a BH em caixa. Pedi a dois escritórios de advocacia que avaliassem extensivamente a posição dessas cotas que ficaram em suas mãos após a liquidação, e as cartas anexas (que devem ser preservadas e armazenadas ao lado das cotas) trazem tais conclusões. Como você poderá perceber, não se trata de uma área com diretrizes simples e claras. Não vejo nenhuma forma de implementar de maneira sensata as alternativas que eu vinha considerando até aqui. Portanto, você deverá seguir as orientações apresentadas por eles caso queira se desfazer de suas cotas. Como será possível constatar, as restrições quanto à venda subsequente se aplicam com mais severidade a Susie e a mim (em função de minha permanente posição como "observador privilegiado") do que provavelmente se aplicarão a você. Muitas vezes, quantidades expressivas de títulos são vendidas por meio da opção "venda privada", descrita no terceiro parágrafo do parecer. Se as regras se tornarem mais claras ou mais simples no futuro, esteja certo de que eu o informarei.

Quando chegar o momento de distribuir as participações da DRC e da BH, o aconselharei sobre os valores aplicáveis a tais cotas no fim de 1969. Você receberá nossa auditoria e o informe tributário mais ou menos no fim de janeiro. Atualmente, parece que a venda de nossas cotas da Blue Chip e um aumento substancial nos valores da DRC e da BH farão com que nosso ganho total do ano fique um pouco acima de 6%.

---

26 de dezembro de 1969

Várias perguntas foram feitas na sequência da última carta. (...)

Se não estamos obtendo um bom retorno no negócio têxtil da Berkshire Hathaway Inc., por que continuamos a operá-lo?

Praticamente pelas mesmas razões descritas na carta. Não é minha intenção liquidar uma empresa que emprega 1.100 pessoas, depois de a gerência ter trabalhado arduamente para melhorar sua posição relativa na indústria, com resultados razoáveis, e desde que a empresa não exija significativos investimentos adicionais de capital. Não tenho nenhum desejo de negociar um grave sofrimento humano em nome de um retorno extra de alguns pontos percentuais por ano. Obviamente, se nós estivéssemos enfrentando um investimento adicional compulsório em equipamentos ou contínuas perdas operacionais, a decisão poderia ser diferente, mas essas alternativas não estão no meu horizonte.

26 de dezembro de 1969

Por que você não registrou nossas cotas da Berkshire Hathaway e da Diversified Retailing, de modo que as ações, quando recebidas pelos acionistas, pudessem ser livremente negociáveis?

Consideramos essa possibilidade, mas a rejeitamos tanto por considerações práticas quanto jurídicas. Discutirei apenas os aspectos práticos, uma vez que, de qualquer forma, eles determinariam a decisão que tomamos.

Atualmente, não existe nenhum mercado para a Diversified Retailing, e nossas participações acionárias na Berkshire Hathaway estão, provavelmente, quatro ou cinco vezes acima da atual oferta flutuante de tais ações. Qualquer tentativa de comprar ou vender rapidamente alguns milhares de cotas poderá provocar uma imediata oscilação de vários pontos nas ações da BH. Possuímos 691.441 cotas. Se fôssemos distribuir essas ações aos acionistas por meio de um registro sem subscrição, e com a possibilidade praticamente simultânea de que muitos vendedores colocassem à venda uma parcela substancial em operações individuais, haveria uma probabilidade real, em particular no ambiente do mercado de ações tal como o temos visto ultimamente, de que o mercado para essas duas ações ficasse um tanto caótico. Não me pareceu que esse seria o tipo de situação pela qual eu deveria abandoná-lo, tanto do ponto de vista do nível de preços que poderia prevalecer quanto pelo fato de que diferentes acionistas poderiam ter de liquidar a níveis de preço bastante díspares. Os acionistas mais sofisticados poderiam adquirir uma vantagem importante sobre os menos sofisticados, e creio que muitos talvez não tivessem nenhuma chance de alcançar os preços que antecipei na avaliação do fim do ano. Isso certamente pareceria ainda mais injusto com você, uma vez que eu teria recebido alguma alocação dos lucros da BPL em 1969 com base nessas avaliações anuais. Se os mercados se descontrolassem, provavelmente eu seria alvo de críticas, quer estivesse comprando pessoalmente a preços mais baixos ou, mais ainda, se estivesse evitando a compra.

Se tentássemos defender a subscrição e seu respectivo registro para os acionistas interessados em vender, haveria, na minha opinião, a probabilidade de que o resultado não fosse nem um pouco satisfatório.

Acabamos de passar por essa situação com nossas participações acionárias na Blue Chip Stamps, onde vimos o preço de nossas ações cair de US$24 para US$16,50 após o anúncio da subscrição, na qual, originalmente, teríamos apenas uma parte. Eu não queria esse tipo de resultado para os acionistas no tocante às suas participações acionárias na Berkshire e na Diversified.

Estou convicto de que, ao limitar as vendas aos investimentos privados, os acionistas que desejarem vender suas ações lucrarão mais do que seria possível lucrar neste momento com uma subscrição (e os acionistas sofisticados não terão nenhuma vantagem comercial em relação aos menos informados). Além disso, é mais provável que as ações sigam seu caminho até as mãos dos investidores com mentalidade de longo prazo, o que deveria significar mercados menos voláteis no futuro. Recebemos vários telefonemas sugerindo que as pessoas estão interessadas em fazer vendas privadas — prevemos que não haverá dificuldade em efetivar essas vendas pelos preços sugeridos em nossas avaliações anuais.

26 de dezembro de 1969

"Devo manter minhas ações na BH e na DRC?" Não sei responder a essa pergunta. Tudo o que posso dizer é que vou fazer isso e que pretendo comprar mais. Estou muito feliz por ter uma parte substancial de meu patrimônio líquido investido a longo prazo nessas empresas. Obviamente, acho que elas valerão muito mais daqui a cinco ou dez anos. Em comparação com a maioria das ações, acredito que o risco de perda seja ínfimo. Espero que os padrões de preços dessas ações variem moderadamente em relação aos resultados dos negócios, em vez de se comportarem de forma volátil diante do entusiasmo ou do desânimo resultantes da especulação.

Obviamente, sou incapaz de controlar o último fenômeno, mas não tenho nenhuma intenção de "promover" as ações nos moldes da desagradável atividade geral observada nos mercados financeiros nos últimos anos.

---

18 de fevereiro de 1970

Minha atividade não se deixou afetar por adivinhações, discussões ilógicas ou palavras de conforto. Você me permitiu participar do jogo sem me dizer qual taco eu deveria usar, como segurá-lo ou quão bem os outros jogadores estavam se saindo. Fico agradecido por esse gesto, e os resultados que você alcançou refletiram significativamente suas atitudes e seu comportamento. Se você achar que não foi assim, estará subestimando a importância do estímulo pessoal e da empatia na maximização dos esforços e conquistas humanas.

ENSINAMENTOS COMPOSTOS

A maneira pela qual Buffett discorreu sobre a dissolução da sociedade nos oferece três valiosos ensinamentos. Primeiramente, a integridade e a genuína preocupação com seus acionistas transparecem de forma clara. Desde encontrar um gestor de investimentos adequado, passando pela compra de obrigações para aqueles que desejassem seguir seus conselhos sobre as obrigações municipais até a recomendação quase explícita de que os acionistas não se desfizessem de suas participações na Berkshire e na DRC, apesar de seu próprio desejo de adquirir mais ações, ele colocava os acionistas em primeiro lugar. Nossa profissão de prestadores de serviços financeiros seria muito melhor se todos agissem dessa forma.

Em segunda lugar, a partir de uma perspectiva prática, observamos qual era sua opinião sobre a escolha de gestores, e recebemos uma aula sobre o funcionamento interno do mercado de obrigações municipais.

Por último, ele nos aconselha a pensar em nosso portfólio de títulos como um conjunto de instrumentos selecionados em função de sua capacidade combinada de produzir o maior índice possível de composição isenta de impostos, sob a menor quantidade possível de risco. Nada ilustra isso melhor do que a comparação entre o que estava sendo oferecido naquela época em termos de ações e de obrigações municipais. Quando se trata de risco e recompensa, o convencionalismo e o conservadorismo se mostram, mais uma vez, independentes.

Epílogo
Em busca da excelência

"Ben diria que o que eu faço agora faz sentido, mas ele diria que a maioria das pessoas acha isso muito mais difícil."[1]

25 de junho de 2011

O fim da sociedade foi apenas o fim do começo para Buffett. Em 1970, ele assumiu o título de presidente e diretor-executivo da Berkshire. Ao fazer a transição de uma sociedade para uma corporação, ele estava evoluindo em direção à excelência. Nesse caminho, havia conquistado uma participação controladora em uma entidade com capital permanente e a capacidade de transferir esse capital de uma empresa operante para outra, sem a incidência de impostos. A mentalidade da sociedade, no entanto, não mudou nem um pouco. Na verdade, ficou ainda mais forte.

Uma sociedade corporativa

Na visão de Buffett, os acionistas, assim como os sócios da BPL, unem seu capital ao dele, e, juntos, eles detêm os ativos da corporação, da mesma forma como haviam detido os ativos na sociedade. O manual do proprietário da Berkshire, o equivalente corporativo das regras básicas da sociedade, diz explicitamente:

> Embora nossa forma seja corporativa, nossa atitude é de sociedade. Charlie Munger e eu pensamos em nossos acionistas como acionistas-proprietários, e em nós mesmos como acionistas-gerentes (devido ao tamanho de nossas participações, também somos, para o bem ou para o mal, os acionistas controladores). Não vemos a empresa como a proprietária final de nossos ativos, mas como um canal por meio do qual nossos acionistas detêm a titularidade de tais ativos.

Buffett não apenas manteve uma mentalidade de sociedade; ele se esforçou ainda mais para estreitar o alinhamento financeiro com os outros proprietários, pois não havia comissão pelo desempenho. Na BPL, ele ficava com uma bonificação de 25% sobre todos os lucros acima dos primeiros 6% pelos seus serviços prestados como alocador de capital. Desde que assumiu a presidência da Berkshire, ele recebe um salário modesto, mas não existe nenhuma comissão pelo desempenho nem qualquer outro benefício desproporcional à sua participação como acionista.

Fotos instantâneas *versus* rolos de filmes

Certa vez, Bill Ruane teria dito que, no mundo dos investimentos, Graham escreveu a Bíblia e Buffett escreveu o Novo Testamento.[2] Isso resume tudo lindamente. É como se Buffett tivesse começado como um grande estudioso do Antigo Testamento e, depois, forjado seu próprio e inconfundível caminho. Ele vem evoluindo constantemente, complementando e solidificando os "princípios fundamentais" estabelecidos por Graham. Uma boa parte dessa evolução ocorreu ao longo dos anos da sociedade, onde constatamos a disposição de concentrar cada vez mais seus investimentos, a consistente migração das guimbas de cigarro estatisticamente baratas para a composição da qualidade e o desenvolvimento de sua capacidade altamente singular de eliminar as diferenças entre ativos e capital, de modo a permitir sua fungibilidade e alcançar, assim, retornos mais elevados.

No início, o foco de Buffett estava em fazer instantâneos estatísticos dos balanços patrimoniais corporativos, onde ele pudesse encontrar líquidos-líquidos e guimbas de cigarro das empresas de pequeno e microcapital ao preço mais barato possível. Então, em sua primeira guinada em relação ao método de seu mentor, optou por buscar um grau máximo de concentração no portfólio. Enquanto Graham preferia uma ampla diversificação, sem nunca fazer grandes apostas, Buffett investia até um terço de seu capital em uma única ideia quando identificava algo tão certo quanto a Sanborn Map.

Com o tempo, Buffett passou a apreciar cada vez mais as medidas qualitativas de valor. Os métodos de Graham lhe permitiam enxergar os preços mais baixos das ações de uma empresa, como se estivesse tirando uma fotografia — produzia-se um instantâneo estatístico de uma empresa em um momento de excepcionalidade. O método qualitativo ao qual Buffett foi lentamente aderindo era mais parecido com uma filmagem.[3] Ele começou a ir além do valor atual e, cada vez mais, passou a considerar a direção que aquele valor assumiria. Ao longo do tempo, empresas de alta qualidade, como a Walt Disney Company ou a American Express, ganham em valor intrínseco, porque, de alguma forma, elas são privilegiadas. As ideias quantitativas das guimbas de cigarro de Graham são uma "coisa mais certa", mas normalmente oferecem uma única baforada gratuita. Pouco a pouco, Buffett foi admirando cada vez mais as empresas de alta qualidade que promovem a composição de seu valor ano após ano. Ele atribui a Charlie Munger, seu "filósofo da Costa Oeste", o crédito por lentamente fazê-lo se afastar das guimbas de cigarro e das exaustivas caçadas por suas respectivas baforadas gratuitas.

Vinte anos após o fim da sociedade, a porta para o "meramente barato" foi definitivamente fechada quando ele resumiu a evolução de sua visão com as seguintes palavras: "É melhor comprar uma empresa maravilhosa a um preço justo do que uma empresa justa a um preço maravilhoso. Charlie compreendeu isso desde cedo; eu aprendi aos poucos. Agora, porém, ao comprar empresas ou ações ordinárias, procuramos por empresas de primeira categoria, acompanhadas por gestores de primeira categoria."[4] O abandono da busca por baforadas gratuitas ao estilo de Graham e a vontade crescente de pagar um preço justo por um cigarro mais longo definiriam, em larga medida, as contribuições de Buffett para a evolução de sua abordagem.

Embora isso se diferenciasse claramente do que Graham costumava fazer, não era incompatível. Como afirmou Buffett:

Ben achava que o que eu faço agora faz sentido diante de minha situação. Os fundamentos ainda são os de Graham, mas existe, sim, uma dimensão mais qualitativa, porque, por um lado, gerenciamos somas tão grandes de recursos que não é mais possível sair por aí e encontrar essas discrepâncias relativamente pequenas entre preço e valor. Por outro, temos de fazer apostas mais altas, e isso envolve levar em conta critérios adicionais, nem todos eles quantitativos. No entanto, Ben diria que o que eu faço agora faz sentido, mas que a maioria das pessoas acha isso muito mais difícil.[5]

A transição do quantitativo para o qualitativo foi evolucionária, e não revolucionária. Nada do que Graham propôs ou do que Buffett fez inicialmente foi invalidado; houve, simplesmente, um aprimoramento.

OBSERVANDO A ÁREA

Graham sempre disse que o investimento é melhor realizado quando é feito da mesma forma que um negócio, e que os negócios são mais bem realizados quando são feitos da mesma forma que um investimento. Buffett não só exemplifica essa ideia, como também a leva adiante, acabando com a distinção entre os dois termos. Para ele, as participações acionárias são simplesmente o canal por meio do qual os acionistas literalmente detêm a titularidade de sua parcela de ativos dentro de uma corporação. Os ativos, em si mesmos, podem ser comprados ou vendidos, e, portanto, são fungíveis. Simplesmente, eles são uma forma de capital em determinado estado — é responsabilidade tanto da corporação quanto do investidor manter o estado de seu capital sob a melhor e mais produtiva forma possível.

Buffett converteu ativos corporativos de baixa qualidade em capital, e o capital, por sua vez, foi reconvertido em ativos mais produtivos. Na Dempster, isso significou converter um estoque improdutivo em títulos altamente produtivos. Na Berkshire, significou converter ativos de baixo retorno ligados aos produtos têxteis e realocá-los em ativos de seguros e ativos bancários altamente produtivos.

OS PRINCÍPIOS FUNDAMENTAIS LEVADOS À EXCELÊNCIA

O arco de evolução do processo de investimento de Warren Buffett continua a desbravar novos caminhos. Sua excelente reputação, juntamente com sua perspicácia como investidor, abriu um campo exclusivo de investimentos para a Berkshire ao longo das décadas. Recentemente, durante a crise financeira, ele recebeu acesso especial a títulos, como ações preferenciais de alto cupom do Bank of America, da Goldman Sachs e da General Electric. Não apenas contribuiu para concebê-las, como elas também foram disponibilizadas para que apenas a Berkshire as adquirisse.

Talvez o aspecto mais notável de tudo isso seja a coerência interna no decorrer de todas as suas cartas, em que pese a evolução de seus métodos. Nenhuma de suas ideias foi posteriormente invalidada nem precisou ser revista. De fato, não existe nada em uma carta de 1957, por exemplo, que tenha se tornado intelectualmente incoerente com qualquer outra carta enviada desde então. Ao contrário, as ideias foram complementadas, alimentadas, ou, simplesmente, permaneceram intactas. Com percepções mais aprofundadas e circunstâncias distintas (mais dinheiro, menos investimentos potenciais), as velhas ideias não foram substituídas;

elas apenas se tornaram menos úteis para *ele*. Significando, é claro, que elas ainda podem ser úteis para *nós*.

Buffett nos brinda com um roteiro cujo valor é inestimável para estudantes e investidores. É como se ele estivesse lançando um desafio para todos nós. É como se ele tivesse escrito as cartas, as tivesse divulgado, e dissesse: "Eis aqui como investir, eis aqui como eu fiz; esse foi o caminho que eu segui. Agora, vamos ver se vocês conseguem me acompanhar nesse caminho."

Agradecimentos

Minha família toda foi um alicerce de apoio e incentivo. Eunice, minha maravilhosa esposa, você fez com que uma tarefa que parecia impossível se tornasse possível. Você me presenteou ao assumir literalmente tudo em nossa casa — mesmo trabalhando em tempo integral — para que eu pudesse me afastar e mergulhar no trabalho. Olivia e David, meus dois filhos lindos, vocês abriram mão de passar um tempo com o papai em incontáveis noites e fins de semana, e eu sou especialmente grato a vocês também. Este livro é tanto meu quanto de vocês.

É difícil descrever o profundo sentido de responsabilidade que se abateu sobre mim no dia em que meu herói intelectual e professor favorito finalmente concordou com minha ideia de publicar suas cartas aos acionistas. Desde então, me senti ao mesmo tempo honrado e apavorado, de forma praticamente ininterrupta. Há poucas coisas que me deixariam mais feliz do que saber que o Sr. Buffett não se arrependeu de ter decidido confiar a mim uma tarefa importante relacionada ao seu legado.

Por essa razão, eu me vi, antes de mais nada, no papel de administrador ou gerente de projeto e absorvi o maior número de contribuições possível. Felizmente, pude me cercar de algumas pessoas realmente excepcionais que melhoraram o resultado deste livro de forma bastante significativa.

Steve Troha me convenceu a incluir as dissertações entre os trechos. Bruce Wexler aprimorou consideravelmente minha escrita e manteve o foco do projeto. Hollis Heimbouch me inspirou a manter os pés no chão e a escrever o livro que ela sabia que queríamos.

Houve, naturalmente, muitos outros amigos e colegas importantes que me ajudaram materialmente ao longo do caminho. Gostaria de agradecer em especial a Zach Haberman e Marc Lovci, por terem me apresentado ao mundo literário, no qual eu era um intruso; minha "equipe do Dr. Gonzo", de Dylan e Tanaya Mattes, por suas horas de leitura cuidadosa dos contratos e cartas; Shirish Apte, Chris Blake, Omar Kara, Tom Kolefas, Tom McManus e Daniel Roberts, por sua amizade e orientação profissional; Brian Konigsberg, pela leitura cuidadosa do primeiro manuscrito; Eric Wellmann, por me acolher entusiasticamente em suas tradicionais reuniões anuais; e todos os meus colegas da Vertical Research Partners, por seu apoio e encorajamento.

Apêndice A:

Os resultados das sociedades de Buffett

ANO	RESULTADOS GERAIS DO DOW (1)	RESULTADOS DA SOCIEDADE (2)	RESULTADOS DOS SÓCIOS LIMITADOS (3)
1957	−8,4%	10,4%	9,3%
1958	38,5%	40,9%	32,2%
1959	20,0%	25,9%	20,9%
1960	−6,2%	22,8%	18,6%
1961	22,4%	45,9%	35,9%
1962	−7,6%	13,9%	11,9%
1963	20,6%	38,7%	30,5%
1964	18,7%	27,8%	22,3%
1965	14,2%	47,2%	36,9%
1966	−15,6%	20,4%	16,8%
1967	19,0%	35,9%	28,4%
1968	7,7%	58,8%	45,6%
1969	−11,6%	6,8%	6,6%

ANO	RESULTADOS GERAIS DO DOW	RESULTADOS DA SOCIEDADE	RESULTADOS DOS SÓCIOS LIMITADOS
1957	−8,4%	10,4%	9,3%
1957–1958	26,9%	55,6%	44,5%
1957–1959	52,3%	95,9%	74,7%
1957–1960	42,9%	140,6%	107,2%
1957–1961	74,9%	251,0%	181,6%
1957–1962	61,6%	299,8%	215,1%
1957–1963	95,1%	454,5%	311,2%
1957–1964	131,3%	608,7%	402,9%
1957–1965	164,1%	943,2%	588,5%
1957–1966	122,9%	1.156,0%	704,2%
1957–1967	165,3%	1.606,9%	932,6%
1957–1968	185,7%	2.610,6%	1.403,5%
1957–1969	152,6%	2.794,9%	1.502,7%
TAXA ANUAL COMPOSTA	7,4%	29,5%	23,8%

(1) Com base nas alterações anuais no valor do Dow, mais os dividendos que teriam sido recebidos por meio das participações do índice durante aquele ano. A tabela inclui todos os anos de atividade completos da sociedade.

(2) Para 1957-1961, consiste nos resultados combinados de todas as sociedades limitadas anteriores operando durante todo o ano, após todas as despesas, mas antes das distribuições aos acionistas ou das alocações ao sócio-geral.

(3) Para 1957-1961, calculado com base na coluna anterior dos resultados da sociedade, permitindo a alocação ao sócio-geral, com base no presente regulamento da sociedade, mas antes das retiradas mensais dos acionistas.

Fonte: "Os superinvestidores de Graham & Doddsville, cartas aos acionistas.

Apêndice B:

Os resultados das sociedades de Buffett *versus* principais fundos fiduciários e fundos mútuos

ANO	INVEST. FUNDOS FIDUCIÁRIOS (1)	AÇÕES DE INVESTIDORES (1)	LEHMAN (2)	TRI-CONT (2)	DOW	SÓCIOS LIMITADOS
1957	–11,40%	–12,40%	–11,40%	–2,40%	–8,40%	9,30%
1958	42,70%	47,50%	40,80%	33,20%	38,50%	32,20%
1959	9,00%	10,30%	8,10%	8,40%	20,00%	20,90%
1960	–1,00%	–0,60%	2,50%	2,80%	–6,20%	18,60%
1961	25,60%	24,90%	23,60%	22,50%	22,40%	35,90%
1962	–9,80%	–13,40%	–14,40%	–10,00%	–7,60%	11,90%
1963	20,00%	16,50%	23,70%	18,30%	20,60%	30,50%
1964	15,90%	14,30%	13,60%	12,60%	18,70%	22,30%
1965	10,20%	9,80%	19,00%	10,70%	14,20%	36,90%
1966	–7,70%	–10,00%	–2,60%	–6,90%	–15,60%	16,80%
1967	20,00%	22,80%	28,00%	25,40%	19,00%	28,40%
1968	10,30%	8,10%	6,70%	6,80%	7,70%	45,60%
RESULTADOS CUMULATIVOS	189,30%	167,70%	225,60%	200,20%	185,70%	1.403,50%
TAXA ANUAL COMPOSTA	9,30%	8,60%	10,30%	9,60%	9,10%	25,30%

Fonte: Cartas aos acionistas.

Apêndice C:
Desempenho do Fundo Sequoia

A PRIMEIRA DÉCADA DO
FUNDO 1 SEQUOIA *VERSUS* O S&P 500

RESULTADOS ANUAIS

	S&P 500	SEQUIX	DIFERENÇA
1970	20,6%	12,1%	−8,5%
1971	14,3%	13,6%	−0,7%
1972	19,0%	3,6%	−15,4%
1973	−14,7%	−24,8%	−10,1%
1974	−26,5%	−15,5%	11,0%
1975	37,3%	61,8%	24,5%
1976	24,0%	72,4%	48,4%
1977	−7,2%	19,9%	27,1%
1978	6,5%	23,9%	17,4%
1979	18,6%	12,1%	−6,6%

RESULTADOS CUMULATIVOS (CAGR)

	S&P 500	SEQUIX
1970	20,6%	12,1%
1970–71	37,8%	27,4%
1970–72	64,0%	32,0%
1970–73	39,9%	−0,7%
1970–74	2,8%	−16,1%
1970–75	41,1%	35,8%
1970–76	74,9%	134,0%
1970–77	62,3%	180,6%
1970–78	72,9%	247,7%
1970–79	105,1%	289,6%
COMPOSIÇÃO	8,8%	17,4%

Fonte: Fundo Sequoia, Bloomberg.

Apêndice D: Dempster Mill

ATIVOS	Avaliação @	1961 Valor Contábil	1961 Corrigido	1962 Valor Contábil	1962 Corrigido	1963 Valor Contábil	1963 Corrigido
Caixa	100%	166	166	60	60	144	144
Títulos negociáveis	Mercado			758	834	1.722	2.029
Contas a receber	85%	1.040	884	796	677	1.262	1.073
Estoque	60%	4.203	2.522	1.634	980	977	586
Valor em dinheiro do seguro de vida	100%	45	45	41	41	–	0
Despesas antecipadas e outros	25%	82	21	14	4	12	3

ATIVOS	Avaliação 100%	1961 Valor contábil	1961 Corrigido	1962 Valor contábil	1962 Corrigido	1963 Valor contábil	1963 Corrigido
Restituição do Imposto de Renda	100%			170	170	–	0
Total de ativos	66%	5.536	3.637	3.473	2.766	4.167	3.835
Investimentos diversos				5	5	62	62
Ativos imobilizados líquidos	Valores estimados de leilão	1.383	800	945	700	872	650
Total de ativos		6.919	4.437	4.423	3.471	5.101	4.547
OBRIGAÇÕES & CAPITAL DOS ACIONISTAS							
Títulos a pagar		1.230	1.230	–	–	125	125
Outras obrigações		1.088	1.088	346	346	394	394
Total de obrigações		2.318	2.318	346	346	519	519
CAPITAL DOS ACIONISTAS		4.601	2.119	4.077	3.125	4.582	4.028
TOTAL OBRIGAÇÕES & CAPITAL DOS ACIONISTAS		6.919	4.437	4.423	3.471	5.101	4.547
Ações em circulação		60	60	62	62	945	62
VALOR PATRIMONIAL POR AÇÃO		US$76,50		US$65,60		US$73,73	
VALOR CORRIGIDO POR AÇÃO			US$35,24		US$51,24		US$64,81

Fonte: Cartas aos acionistas, relatórios anuais da Dempster.

Apêndice E:

A última carta de Buffett: a mecânica das obrigações municipais isentas de impostos

25 de fevereiro de 1970

Aos meus acionistas:

Esta carta tentará proporcionar instruções muito elementares sobre obrigações isentas de impostos, com ênfase nos tipos e prazos de vencimento daquelas obrigações que esperamos poder ajudar os acionistas a comprar no próximo mês. Se você pretende contar com nosso auxílio para a compra de obrigações, é importante ler com atenção (e, se necessário, reler) esta carta, uma vez que ela servirá de base para as compras específicas que eu sugiro. Se discordar de mim quanto às conclusões sobre os tipos de obrigações ou prazos de vencimento (e você estaria certo e eu errado se você tivesse discordado de mim quanto a este último ponto um ou dois anos atrás), talvez você tenha razão, mas não poderemos ajudá-lo na compra de obrigações que fogem à nossa área. Nos concentraremos, simplesmente, em nossa área recomendada, de modo que seremos incapazes de ajudar ou aconselhar na compra de obrigações convertíveis, obrigações corporativas ou emissões de curto prazo.

Tentei esmiuçar esta carta tanto quanto possível. Algumas de suas partes serão um pouco complexas — outras, demasiadamente simplificadas. Peço desculpas antecipadamente pelas falhas. Tenho a sensação de que estou tentando colocar todo o conteúdo de um livro de cem páginas em dez — e fazer com que ele pareça um artigo cômico.

Estou certo de que você entenderá que nossa ajuda na compra de obrigações não implicará a futura assistência sobre quaisquer dessas obrigações específicas ou sobre as decisões gerais de investimento. Gostaria de estar disponível para ajudá-lo neste momento, em função da quantidade incomum de crédito em caixa que você recebeu de uma distribuição nossa. Não tenho nenhum desejo de me dedicar, direta ou indiretamente, ao negócio de consultoria de investimentos, e não estarei disponível para discutir questões financeiras após 31 de março.

A MECÂNICA DAS OBRIGAÇÕES ISENTAS DE IMPOSTOS

Para aqueles que desejarem nossa ajuda, providenciaremos a compra de obrigações diretamente com os negociantes de obrigações municipais de todo o país, e pediremos que eles confirmem a venda das obrigações diretamente com vocês. A confirmação deve ser armazenada como documentação básica para efeitos tributários. Você não precisa enviar um cheque para o negociante de obrigações, uma vez que ele depositará as obrigações em seu banco, juntamente com uma ordem de pagamento que será quitada pelo banco por

AS REGRAS BÁSICAS DE WARREN BUFFETT | 417

meio da cobrança sobre as obrigações que estarão em sua conta corrente. No caso das obrigações compradas no mercado secundário (emissões já em circulação), normalmente essa data de liquidação estará fixada em torno de uma semana depois da data de confirmação. Por outro lado, nas novas emissões, a data de liquidação pode ser até um mês depois. A data de liquidação é exibida claramente na ficha de confirmação (no caso das novas emissões, ela virá na segunda e na última ficha, e não na ficha preliminar com "data de emissão"), e seria aconselhável ter saldo suficiente em seu banco para pagar as obrigações na data de liquidação. Se, no momento, você detiver Bilhetes do Tesouro, seu banco poderá, sob suas instruções, vendê-los com alguns dias de antecedência para que o dinheiro possa estar disponível a tempo e não lhe causar nenhum problema. Os juros começam a correr na data de liquidação, mesmo que o negociante de obrigações demore a entregá-las ao seu banco.

As obrigações serão entregues sob a forma negociável (a assim chamada forma "ao portador", o que faz com que elas se tornem equivalentes a moeda), com cupons anexados. Normalmente, as obrigações são emitidas em denominações de US$5 mil, e, muitas vezes, elas podem ser trocadas por obrigações nominativas (por vezes, a um custo considerável e, por vezes, gratuitamente — isso depende das condições). As obrigações nominativas não são negociáveis sem o seu endosso, uma vez que você é o proprietário registrado nos livros de contabilidade do Agente de Transferência. As obrigações são negociadas, quase que exclusivamente, sob a base ao portador, e é praticamente impossível vender obrigações nominativas sem convertê-las de volta à forma ao portador. Assim, a menos que você esteja planejando deter um grande volume de obrigações, eu recomendo manter as obrigações sob a forma ao portador. Isso significa guardá-las em um lugar muito seguro e eliminar os cupons a cada seis meses. Esses cupons, quando eliminados, podem ser depositados em sua conta bancária apenas como cheques. Se você tiver US$250 mil em obrigações, isso provavelmente significará cerca de cinquenta pedaços diferentes de papel (denominações de US$5 mil) e, talvez, seis ou oito idas por ano até o cofre para eliminar e depositar os cupons.

Também é possível abrir uma conta de custódia em um banco, que, por um custo quase simbólico, guardará as obrigações, recolherá os juros e preservará seus registros para você. Se, por exemplo, seu portfólio for de US$250 mil, o banco provavelmente executará o serviço de custódia por cerca de US$200 por ano. Se você estiver interessado em uma conta de custódia, deveria conversar com um gerente de confiança em seu banco comercial para esclarecer a natureza dos seus serviços e os custos. Caso contrário, seria melhor ter um cofre.

TRIBUTAÇÃO

Os rendimentos recebidos após o depósito dos cupons das obrigações isentas de impostos estão, naturalmente, livres de impostos federais. Isso significa que, se você estiver enquadrado na faixa tributária superior de 30% do imposto federal, um retorno de 6% sobre as obrigações isentas de impostos equivalerá a cerca de 8,5% de obrigações tributáveis. Assim, para a maioria dos nossos acionistas, excluindo os minoritários ou alguns aposentados, as obrigações isentas de impostos serão mais atraentes do que as obrigações tributáveis. Para pessoas com pouca ou nenhuma renda proveniente de salários ou dividendos, mas com um capital substancial, é possível que uma combinação de obrigações tributáveis (de modo a elevar os rendimentos tributáveis até a faixa superior de 25% ou 30%) e obrigações isentas de impostos aumente a renda total após os impostos. Se necessário, o ajudaremos a alcançar esse equilíbrio.

A situação em relação às taxações das receitas estaduais é mais complicada. Em Nebraska, onde o imposto de renda estadual é calculado como um percentual do Imposto de Renda Federal, o efeito é a inexistência de imposto estadual sobre os rendimentos das obrigações isentas de impostos. Meu entendimento das legislações tributárias de Nova York e da Califórnia é que as obrigações isentas de impostos de instituições com sede no estado de origem não estão sujeitas ao imposto de renda estadual, mas as obrigações isentas de impostos de outros estados estão sujeitas ao imposto de renda estadual local. Acredito, ainda, que o imposto de renda da cidade de Nova York dispensa as obrigações isentas de impostos de instituições sediadas no estado de Nova York, mas tributa aquelas oriundas de outros estados. Não sou especialista em impostos estaduais e não procuro me fixar nas mudanças que estejam ocorrendo dentro dos vários estados ou cidades. Portanto, delego essa questão para seu consultor sobre a legislação tributária local, mas apenas menciono essas breves impressões gerais para que você esteja atento à presença de um potencial problema. Em Nebraska, não é preciso levar em conta nenhuma consideração local para o cálculo após impostos. Em locais em que as emissões de outros estados estejam sujeitas à tributação local, o custo efetivo de seu imposto de renda estadual ou municipal será descontado do benefício recebido pela dedução em sua declaração de Imposto de Renda Federal. Isso, naturalmente, varia de indivíduo para indivíduo. Além disso, em alguns estados existem vários impostos sobre bens intangíveis que podem ser aplicados a todas as obrigações isentas de impostos ou apenas àquelas emitidas por instituições de outros estados. Não há nenhum caso como esse em Nebraska, mas não posso prestar consultoria sobre os demais estados.

Quando as obrigações são compradas com um desconto sobre o valor nominal e, depois, são vendidas ou expiram (vencem e são pagas), a diferença entre a arrecadação e o custo estará sujeita ao tratamento dado ao ganho de capital ou à perda (existem pequenas exceções a essa afirmação, do mesmo modo que, infelizmente, existem exceções à maioria das afirmações gerais sobre investimentos e impostos, mas elas lhes serão apontadas caso afetem quaisquer títulos que recomendemos). Isso reduz o rendimento líquido após impostos, em um coeficiente do índice geral de impostos sobre ganhos futuros de capital e da futura posição tributária específica de cada indivíduo. Mais tarde, discutiremos o impacto de tais impostos sobre os ganhos de capital no cálculo da atratividade relativa das obrigações com desconto, em comparação com as obrigações com "cupons integrais".

Finalmente, um ponto muito importante. Embora a lei não seja totalmente clara, você não deveria cogitar a titularidade de obrigações isentas de impostos caso tenha, ou espere ter, financiamentos bancários para fins gerais ou outras dívidas. A lei exclui a dedutibilidade dos rendimentos em empréstimos contratados ou que continuem a ser contraídos, bem como em obrigações isentas de impostos transferíveis, e a interpretação desse estatuto provavelmente tenderá a ser ampliada com o passar dos anos. Tenho a impressão, por exemplo, de que você não terá nenhum problema, caso tenha uma hipoteca sobre um bem imóvel (a menos que tenha incorrido na dívida para adquirir obrigações municipais), para deduzir os rendimentos da hipoteca de sua declaração de imposto federal, mesmo que possua obrigações isentas de impostos simultaneamente. No entanto, acredito que, caso tenha um financiamento bancário genérico, mesmo que a arrecadação tenha sido utilizada diretamente para comprar ações, uma quadra de handebol etc. e as obrigações isentas de impostos não tenham sido utilizadas como garantia do empréstimo, você estará atraindo problemas se deduzir os rendimentos e, ao mesmo tempo, possuir obrigações isentas de impostos. Portanto, eu quitaria esses financiamentos bancários antes de obter obrigações isentas de impostos, mas deixo a análise detalhada dessa questão para você e seu consultor tributário. Apenas a menciono para chamar a atenção para um potencial problema.

NEGOCIABILIDADE

As obrigações isentas de impostos são materialmente diferentes das ações ordinárias ou das obrigações corporativas, já que existem, literalmente, centenas de milhares de emissões, e a grande maioria delas está nas mãos de pouquíssimos titulares. Isso inibe, substancialmente, o desenvolvimento de mercados fechados e ativos. Sempre que as cidades de Nova York ou da Filadélfia querem levantar dinheiro, elas vendem talvez vinte, trinta ou quarenta títulos diferentes, pois isso possibilitará uma emissão com prazos de vencimentos igualmente diferentes. Uma obrigação de 6% de Nova York com vencimento em 1980 é diferente de uma obrigação de 6% de Nova York com vencimento em 1981. Uma não pode ser trocada pela outra, e um vendedor precisa encontrar um comprador adequado ao item específico que ele detém. Quando se considera que Nova York é capaz de oferecer obrigações várias vezes por ano, é fácil perceber por que essa cidade, sozinha, tem aproximadamente mil emissões em circulação. Grand Island, em Nebraska, talvez tenha 75 emissões em circulação. A quantidade média de cada emissão pode ser de US$100 mil, e o número médio de titulares pode ser de seis ou oito por emissão. Assim, é absolutamente impossível ter mercados de cotas em todos os momentos para todas as emissões, e a margem de lucro bruto entre a oferta e a procura pode ser muito ampla. Não se pode estipular como meta a compra, à sua livre escolha, de uma emissão específica de Grand Island em uma determinada manhã. Talvez ela não esteja sendo oferecida a qualquer preço e em qualquer lugar, e se você encontrar um vendedor, não há nenhuma razão pela qual ele tenha de ser pragmático, em comparação com outras ofertas de qualidade semelhante. Por outro lado, há emissões únicas, tais como as da Ohio Turnpike, da Illinois Turnpike etc., que chegam a US$200 milhões ou mais, com milhares de titulares detendo uma única emissão, totalmente homogênea e intercambiável. Obviamente, temos aqui um alto grau de negociabilidade.

Tenho a impressão de que, de modo geral, a negociabilidade é uma função dos três itens seguintes, em ordem decrescente de importância: 1) o tamanho daquela emissão específica; 2) o tamanho do emitente (uma emissão de US$100 mil do estado de Ohio será mais negociável do que uma emissão de US$100 mil de uma minúscula cidade de Ohio); e 3) a qualidade do emitente. Sem dúvida, o maior esforço de vendas recairá sobre a venda de novas emissões de obrigações. Uma média de mais de US$200 milhões de novas emissões é colocada à venda por semana, e a engenharia de distribuição das obrigações será acionada para que as vendas sejam efetivadas, em maior ou menor grau. Em minha opinião, o diferencial de rendimentos no momento da emissão costuma ser insuficiente em comparação com as diferenças de negociabilidade que passarão a existir assim que o impulso inicial de vendas estiver concluído. Muitas vezes, deparamo-nos com mercados de obrigações em que a margem de lucro bruto entre a oferta e os preços solicitados pode chegar a 15%. Não há necessidade de comprar obrigações com potencial para desfigurar o mercado a esse ponto (embora a margem de lucro para o primeiro negociante a oferecê-las seja, frequentemente, maior do que nas obrigações com mais negociabilidade), e não iremos comprá-las para você. De modo geral, as obrigações que esperamos comprar tenderão a ter uma margem de lucro bruto (refletindo a diferença entre o valor líquido a ser pago por essas obrigações na compra e o valor líquido recebido na venda, simultaneamente) variando de 2% a 5%. Tal margem de lucro bruto seria devastadora se você tentasse negociar essas obrigações, mas acredito que isso não deva ser impedimento para o investidor de longo prazo. A real necessidade é ficar longe das obrigações com negociabilidade muito limitada — que, muitas vezes, são o tipo de obrigações que os negociantes locais se sentem mais estimulados a oferecer, já que é aí que eles obterão o maior incentivo monetário.

ÁREAS ESPECÍFICAS DE COMPRA

Provavelmente, concentraremos nossas compras nas seguintes áreas gerais:

1. Grandes entidades públicas geradoras de receita, tais como rodovias que cobram pedágios, departamentos de energia elétrica, departamentos hídricos etc. Muitas dessas emissões possuem alta negociabilidade, estão sujeitas à análise quantitativa, e, algumas vezes, têm fundo de amortização favorável ou outros fatores que não costumam receber uma avaliação completa do mercado.
2. Obrigações da Secretaria de Desenvolvimento Industrial, que surgem quando uma entidade pública tem o título de propriedade arrendado a uma empresa privada. Lorain, em Ohio, por exemplo, arrendou o título de um projeto de US$80 milhões à U.S. Steel Corp. O comitê da Secretaria de Desenvolvimento Industrial emitiu obrigações para pagar o projeto e executou um arrendamento líquido e pleno à U.S. Steel para cobrir os pagamentos das obrigações. O crédito da cidade ou do estado não é o que sustenta as obrigações, e sua qualidade dependerá, antes, da empresa que estiver envolvida no contrato de arrendamento. Muitas empresas de alto nível estão por trás de agregados de vários bilhões de dólares dessas obrigações, embora novas obrigações estejam sendo emitidas apenas em

pequenas quantidades (US$5 milhões por projeto, ou menos), por causa das mudanças nas legislações tributárias. Durante certo período, houve um preconceito muito grande contra tais emissões, levando as entidades a vendê-las com rendimentos consideravelmente mais elevados do que aqueles proporcionais à sua qualidade de crédito intrínseca. A tendência é que esse preconceito diminua, reduzindo os excepcionais rendimentos disponíveis, mas eu ainda considero esse campo bastante atraente. A maioria das obrigações de nossa companhia de seguros está nessa categoria.

3. Emissões Públicas da Secretaria de Habitação, para aqueles que desejam o mais elevado grau de obrigações isentas de impostos. Na verdade, essas obrigações têm a garantia do governo dos Estados Unidos, de modo que todas elas são classificadas como AAA. Nos estados cujos impostos privilegiam a compra de emissões locais e eu não consiga atender às suas necessidades em (1) e (2), a tendência é que eu o encaminhe para as emissões da Secretaria de Habitação, em vez de tentar selecionar créditos que não compreendo. Se você me pedir para comprar obrigações de seu estado de origem, espere por grandes quantidades de emissões da Secretaria de Habitação. Não há necessidade de promover a diversificação entre tais emissões, já que todas elas representam o mais alto crédito disponível.

4. Obrigações estatais de natureza direta ou indireta.

5. Você notará que não estou comprando emissões de cidades grandes. Não tenho a menor ideia de

como analisar Nova York, Chicago, Filadélfia etc. (um dia desses, quando Newark estava tentando vender obrigações a um valor extravagante, um amigo comentou que a máfia estava ficando muito chateada, porque Newark estava manchando sua reputação). Sua análise sobre uma emissão da cidade de Nova York — e eu admito que é difícil imaginá-la inadimplente por um período de tempo prolongado — seria tão boa quanto a que eu faço. Minha abordagem das obrigações é muito parecida com minha abordagem das ações. Se eu não conseguir entender algo, tenderei a esquecê-lo. Desistir de uma oportunidade que eu não compreendo — mesmo que alguém seja perspicaz o suficiente para analisá-la, e seja bem remunerado por isso — não me incomoda. Só quero me certificar de ser bem remunerado pelas coisas com as quais eu me sinto capaz de lidar — e de estar certo quando tomo decisões positivas.

6. Provavelmente, tenderemos a comprar entre cinco e dez emissões para quase todos vocês. No entanto, se você quiser que eu me limite ao seu estado de origem, talvez existam menos emissões disponíveis — e talvez sejam apenas emissões da Secretaria de Habitação. Tentaremos não comprar parcelas menores do que US$25 mil, e, quando for o caso, preferiremos quantidades maiores. De modo geral, os lotes menores de obrigações são penalizados na revenda, às vezes de forma substancial. O vendedor de obrigações não costuma lhe explicar isso quando você compra dele US$10 mil em obrigações; isso só é explicado posteriormente, quando você tenta lhe vender os US$10 mil. Poderemos abrir exceções às

parcelas menores quando estivermos comprando emissões do mercado secundário, mas apenas se estivermos obtendo um preço especialmente bom na compra, por causa do tamanho diminuto na venda.

OBRIGAÇÕES RESGATÁVEIS

Não compraremos obrigações nas quais o emitente tenha o direito de resgatar (recolher) as obrigações, sob condições que façam o contrato pesar substancialmente em seu favor. Para mim, é surpreendente ver as pessoas comprando obrigações que vencem em quarenta anos, mas cujo emitente tem o direito de resgatar as obrigações em cinco ou dez anos, por uma pequena bonificação. Esse contrato significa, essencialmente, que você fez um acordo de quarenta anos se ele for vantajoso para o emitente (e desvantajoso para você), e um contrato de cinco anos se o contrato inicial acabar sendo vantajoso para você (e desvantajoso para o emitente). Tais contratos são realmente ultrajantes, e existem porque os investidores em obrigações são incapazes de refletir sobre as implicações desse modelo contratual e porque os negociantes de obrigações não se esforçam para estabelecer termos mais favoráveis aos seus clientes. Um fato extremamente interessante é que as vendas das obrigações com características de resgate muito pouco atraentes obtêm praticamente o mesmo rendimento do que as obrigações idênticas não resgatáveis.

Deve-se salientar que a maioria das obrigações de Nebraska inclui provisões de resgate altamente abusivas. Apesar dessa grave desvantagem contratual, elas não oferecem rendimentos mais elevados do que as obrigações com condições mais equitativas. Uma maneira de evitar esse problema é comprar obrigações que sejam inteiramente não resgatáveis. Outra é comprar obrigações com desconto, em que o direito do emitente de resgatar a obrigação esteja a um preço tão acima de seu custo que o possível resgate não acarretará maiores consequências. Se você comprar um título a US$60 que seja resgatável a US$103, seu custo efetivo de conceder ao emitente o direito de rescisão prematura do contrato (um direito que você nunca tem) será insignificante. Porém, comprar uma obrigação do Departamento de Água e Energia de Los Angeles a US$100 com vencimento a US$100 em 1999, ou a US$104 em 1974, dependendo de qual for a vantagem para o emitente e de qual for a desvantagem para você, é o cúmulo da tolice, quando rendimentos comparáveis estão disponíveis em créditos semelhantes, sem esse tipo de contrato injusto. No entanto, uma obrigação exatamente igual a essa foi emitida em outubro de 1969, e obrigações semelhantes continuam a ser emitidas todos os dias. Apenas me alongo escrevendo sobre essa questão tão óbvia porque fica evidente, a partir da venda ininterrupta de tais obrigações, que muitos investidores não têm a mínima noção do quanto esse é um jogo de dados viciados, e que muitos vendedores de obrigações não estão interessados em lhes revelar isso.

OS PRAZOS DE VENCIMENTO E A MATEMÁTICA DAS OBRIGAÇÕES

Ao comprar obrigações, muitas pessoas selecionam prazos de vencimentos baseando-se em quanto tempo elas acreditam que desejarão deter as obrigações, quanto tempo elas viverão etc. Embora essa não seja uma abordagem insensata, não é necessariamente a mais lógica. Provavelmente, os principais fatores determinantes na seleção dos prazos de vencimento deveriam ser 1) o formato da curva de rendimentos; 2) suas expectativas em relação aos níveis futuros dos índices de rendimento; e 3) o grau que você estiver disposto a suportar na flutuação das cotações, ou a esperança de, eventualmente, lucrar com essa flutuação. Evidentemente, (2) é a coisa mais importante, mas, sem dúvida, é mais difícil fazer comentários inteligentes sobre isso.

Vamos abordar, primeiramente, a curva de rendimentos. Quando outros aspectos da qualidade permanecerem inalterados, haverá uma diferença nos índices de rendimentos obtidos, com base na duração da obrigação que estiver sendo oferecida. Por exemplo, uma obrigação de alto nível que esteja sendo oferecida agora pode ter um rendimento de 4,75% se vencer em seis ou nove meses, 5% em dois anos, 5,25% em cinco anos, 5,5% em dez anos e 6,25% em vinte anos. Quando os índices a longo prazo forem substancialmente mais elevados do que os índices a curto prazo, diz-se que a curva é fortemente positiva. Recentemente, no mercado de obrigações do governo dos Estados Unidos, os índices tenderam a apresentar uma curva de rendimento negativo; ou seja, nos últimos anos, uma obrigação de longo prazo do governo rendeu consistentemente menos do que uma obrigação de curto prazo. Às vezes, a curva de rendimentos permanece bastante estável, e às vezes ela é positiva até determinado ponto, digamos, um intervalo de dez anos, até que se estabilize. O que é preciso entender é que ela varia, muitas vezes de forma muito substancial, e que, por razões históricas, a atual inclinação tende a estar no espectro altamente positivo. Isso não significa que as obrigações de longo prazo valerão mais, mas significa, sim, que hoje, mais do que em muitos períodos anteriores, você está sendo melhor remunerado ao estender o prazo de vencimento. Se os rendimentos se mantivessem constantes por vários anos, você se sairia melhor com obrigações mais longas do que com obrigações mais curtas, independentemente de quanto tempo você pretendesse detê-las.

O segundo fator na determinação da seleção do prazo de vencimento são as expectativas em relação aos níveis dos índices futuros. Qualquer pessoa que tenha feito algum trabalho de previsão nessa área tenderá a parecer extremamente tola, e com muita rapidez. Há um ano, os índices me pareciam atraentes, e, quase que imediatamente, provou-se que eu estava redondamente enganado. Acredito que os índices atuais têm a sua importância, e talvez eu esteja sendo ingênuo novamente. No entanto, alguma decisão precisa ser tomada, e você poderá cometer um erro tão grande quanto esse se comprar títulos de curto prazo agora e os índices disponíveis para o reinvestimento daqui a alguns anos estiverem muito mais baixos.

O último fator envolve sua tolerância à flutuação das cotações. Isso está relacionado à matemática do investimento em obrigações, e talvez seja um pouco difícil de entender. No entanto, é importante que você tenha uma compreensão geral dos princípios. Vamos supor, neste momento, uma curva de rendimentos perfeitamente estável e uma obrigação não resgatável. Além disso, vamos supor que os índices atuais são de 5%, e que você comprará duas obrigações, uma com vencimento em dois anos e outra com vencimento em vinte anos. Agora, vamos imaginar que, um ano depois, os rendimentos sobre as novas obrigações tenham passado para 3%, e que você pretenda vender suas obrigações. Deixando de lado as margens de lucro bruto do mercado, comissões etc., você receberá US$1.019,60 pela obrigação original de US$1 mil, com prazo de dois anos (faltando, agora, apenas um ano para vencer) e US$1.288,10 pela obrigação de 19 anos (originalmente, vinte anos). Com esses preços, um comprador obterá exatamente 3% sobre seu dinheiro depois de amortizar o prêmio pelo qual pagou e creditar o fluxo de cupons a 5% vinculados a cada obrigação. Para ele, não faz diferença comprar a obrigação de US$1.288,10 a 5% que lhe é oferecida, com prazo de 19 anos, ou uma obrigação nova de US$1 mil a 3% (que supomos ser o índice atual — um ano mais tarde). Por outro lado, vamos imaginar que os índices tenham passado para 7%. Mais uma vez, vamos ignorar comissões, ganhos de capital descontados os impostos etc. Agora, o comprador pagará somente US$981 pela obrigação com um ano restante até o vencimento e US$791,60 pela obrigação com 19 anos restantes. Considerando-se que ele pode obter 7% em novas emissões, ele só estará disposto a comprar sua obrigação com o cupom a 5% se puder obter um desconto suficiente, para que o acúmulo desse desconto lhe propicie os mesmos benefícios econômicos que um cupom de US$1 mil a 7% lhe daria.

O princípio é simples. Quanto maiores as oscilações nos índices de rendimento e quanto mais longo for o prazo da obrigação, maior será a chance de o valor de uma obrigação subir ou descer provisoriamente antes do vencimento. Deve ser salientado que, no primeiro exemplo, quando os índices passaram para 3%, nossa obrigação de longo prazo, caso tivesse sido resgatada ao seu valor nominal em cinco anos, só teria se valorizado até cerca de US$1.070, embora pudesse ter caído na mesma proporção se os índices de 7% tivessem incidido sobre ela. Isso apenas ilustra a injustiça inerente às provisões de resgate.

Há mais de duas décadas, os índices de rendimento das obrigações isentas de impostos vêm subindo quase intermitentemente, e os compradores de obrigações de longo prazo vêm sofrendo continuamente. Isso não significa que seja ruim comprar obrigações de longo prazo neste momento — significa, simplesmente, que o exemplo do parágrafo recém-mencionado funcionou em uma única direção por um longo período de tempo, e que as pessoas estão muito mais conscientes dos riscos de perda com os índices mais elevados do que do potencial de ganho com os índices mais baixos.

Se houver uma chance de 50% de que, no futuro, o nível geral dos índices e da curva de rendimentos seja substancialmente positivo, então as perspectivas para a compra de obrigações não resgatáveis de longo prazo serão melhores do que aquelas com prazos mais curtos. Isso reflete minha conclusão atual e, portanto, pretendo comprar obrigações dentro da faixa de dez a 25 anos. Se você tiver alguma preferência dentro dessa faixa, vamos tentar selecionar obrigações que reflitam essas preferências, mas se estiver interessado em obrigações de prazo mais curto, não seremos capazes de ajudá-lo, pois não estamos em busca de obrigações nessa área.

Antes de decidir comprar uma obrigação de vinte anos, volte e leia o parágrafo que mostra como os preços variam com base nas mudanças nos índices de rendimento. Logicamente, se você mantiver indefinidamente a obrigação, obterá o índice de rendimento contratado, mas se vender antes do prazo, estará sujeito às forças matemáticas descritas naquele parágrafo, para o bem ou para o mal. Os preços das obrigações também variam em função de mudanças na qualidade ao longo dos anos, mas, na área de isenção de impostos, esse vem sendo um fator — e, provavelmente, continuará sendo — relativamente menos importante, em comparação com o impacto das mudanças na estrutura geral dos índices de rendimento.

OBRIGAÇÕES COM DESCONTO VERSUS OBRIGAÇÕES COM CUPOM INTEGRAL

Pelo que foi discutido anteriormente, você deve ter notado que, se quisesse garantir agora um retorno de 7% sobre uma obrigação de 19 anos, teria a possibilidade de escolher entre comprar uma obrigação nova de 19 anos, com um cupom com um índice a 7%, ou comprar uma obrigação de US$791,60, com um cupom a 5%, o que lhe renderia US$1 mil em 19 anos. Ambas as compras teriam lhe rendido o mesmo índice de composição semestral a 7%. Em termos matemáticos, elas são a mesma coisa. No caso das obrigações isentas de impostos, porém, a equação é mais complexa, pelo fato de que o cupom de US$70 é inteiramente isento de impostos para você, ao passo que a obrigação comprada com um desconto lhe propicia rendimentos isentos de impostos de US$50 por ano, mas um ganho de capital de US$208,40 no fim do 19° ano. Sob a atual legislação tributária, você não deveria nada em termos de imposto nominal, caso o ganho com a realização do desconto fosse seu único rendimento tributável no 19° ano, até a tributação sobre ganhos superiores a US$70, se isso fosse acompanhado por quantias muito expressivas de ganho de capital naquele período (a nova legislação tributária prevê alíquotas de 35% sobre ganhos de capital em 1972, e, inclusive, ganhos indiretos ligeiramente superiores, e após essa data para aqueles que realizarem ganhos muito elevados). Além disso, talvez você precisasse pagar alguns impostos estaduais sobre os ganhos de capital.

Obviamente, nessas circunstâncias, você não pagará os US$791,60 pelo cupom a 5%, achando que está em uma situação tão boa quanto o cupom de US$1 mil a 7%. Ninguém achará isso. Portanto, a venda de títulos com qualidade idêntica e com prazos de vencimentos idênticos produz rendimentos brutos consideravelmente mais elevados quando eles possuem cupons baixos e apresentam desconto sobre o preço, e não quando trazem consigo os atuais cupons altos.

Para a maioria dos contribuintes, curiosamente, tais rendimentos brutos mais elevados compensam largamente o provável imposto a ser pago. Isso se deve a vários fatores. Em primeiro lugar, ninguém sabe como a legislação tributária estará se comportando quando as obrigações vencerem, e é natural e provavelmente correto assumir que a alíquota tributária será mais rigorosa naquele momento do que agora. Em segundo lugar, embora um cupom a 5% sobre uma obrigação de US$1 mil comprada a US$791,60 com vencimento em 19 anos seja equivalente a um cupom a 7% sobre uma obrigação de US$1 mil comprada ao valor nominal com o mesmo prazo de vencimento, as pessoas preferem garantir o maior retorno atual. O titular da obrigação do cupom a 5% está obtendo apenas cerca de 6,3% de rendimento atual sobre seus US$791,60, com o saldo necessário para fazê-lo alcançar os 7% proveniente dos US$208,40 adicionais recolhidos no fim. Finalmente, o fator mais importante que vem afetando atualmente os preços das obrigações com desconto (e que continuará afetando) é que as mudanças implementadas no tratamento tributário das operações bancárias pela Lei da Reforma Fiscal de 1969 excluíram do mercado os bancos que atuavam comprando com desconto obrigações isentas de impostos. Historicamente, os bancos têm sido os maiores compradores e detentores de obrigações isentas de impostos, e qualquer coisa que os exclua de um segmento do mercado causa efeitos dramáticos na situação de oferta e procura nesse segmento. Talvez isso possa trazer alguma vantagem para os indivíduos que operam no mercado de descontos isentos de impostos, particularmente aqueles que não correm o risco de estar em uma faixa tributária elevada quando as obrigações vencerem ou forem vendidas.

Se eu puder obter um rendimento após impostos significativamente maior e efetivo (que permita estimativas precisas e particularizadas sobre suas possibilidades futuras de alíquotas tributárias), pretendo comprar obrigações com desconto para você. Embora seu rendimento efetivo seja menor, sei que alguns acionistas preferem obrigações com cupom integral, já que o intuito é maximizar os atuais rendimentos financeiros; se você desejar essa opção, me informe, pois iremos nos ater a emissões de cupons integrais (ou muito próximo a isso) no seu caso.

PROCEDIMENTOS

Pretendo estar no escritório predominantemente até março (incluindo todos os sábados, exceto em 7 de março), e ficarei contente em me encontrar pessoalmente com qualquer acionista ou conversar por telefone. Para facilitar o agendamento, por favor, marque um horário com Gladys (ou comigo).

O único pedido que faço é que você assimile o máximo possível desta carta antes de conversarmos. Como pode perceber, seria um enorme problema se eu tivesse de explicar cada um desses itens para todos vocês.

Se chegar à conclusão de que gostaria de nossa ajuda para a compra de obrigações, você precisará nos informar:

1. Se deseja restringir as compras ao seu estado de origem por razões tributárias locais;
2. Se deseja que nos limitemos a emissões de cupons integrais, ou se nos permitirá avaliar onde poderemos obter o melhor valor;
3. Sua preferência quanto aos prazos de vencimento, dentro da faixa de dez a 25 anos, ou se prefere que avaliemos essa área;
4. Quanto deseja investir — talvez possamos diminuir vários pontos percentuais do valor que você sugerir, mas nunca o extrapolaremos;
5. Para qual banco as ordens de pagamento das obrigações devem ser enviadas.

Vamos informá-lo por telefone ou carta à medida que comprarmos as obrigações. Bill e John farão uma boa parte desse trabalho mecânico. Não é necessário dizer que nenhum de nós terá o menor interesse financeiro em qualquer transação. Se você tiver alguma dúvida sobre essa mecânica, por favor a encaminhe para John ou Bill, já que eu, provavelmente, estarei assoberbado, e eles estarão mais familiarizados com as transações específicas. Depois de 31 de março, estarei ausente do escritório por vários meses. Portanto, se você quiser conversar sobre esses assuntos, apareça antes disso. A conclusão de todas as compras pode avançar até abril, mas Bill cuidará disso, e a mecânica estará totalmente estabelecida.

Você deve estar ciente de que, devido à enorme diversidade de emissões mencionadas anteriormente, é impossível dizer exatamente qual delas será comprada. Às vezes, o mercado de obrigações isentas de impostos tem mais semelhanças com o mercado imobiliário do que com o mercado de ações. Há centenas de milhares de itens com diferentes graus de comparabilidade, alguns sem vendedores, alguns com vendedores relutantes e alguns com vendedores ansiosos. A definição da melhor compra dependerá da qualidade do que está sendo oferecido, de como isso se adapta às suas necessidades e da ânsia do vendedor. O padrão de comparação sempre será o de novas emissões, em que uma média de várias centenas de milhões de dólares precise ser vendida a cada semana — no entanto, oportunidades específicas em mercados secundários (emissões já em circulação) podem ser mais atraentes do que as novas emissões, e só poderemos descobrir o quão atraentes elas são quando estivermos prontos para apresentar uma oferta.

Embora os mercados possam mudar, parece que não teremos dificuldade em chegar à zona dos 6,5% após impostos (exceto quanto às emissões da Secretaria de Habitação) nas obrigações com prazo de vencimento de vinte anos.

Cordialmente,
Warren E. Buffett

Notas

1. Lawrence Cunningham, *The Essays of Warren Buffett: Lessons for Corporate America* (Boston: Lawrence A. Cunningham, 2001), 25.

Introdução

1. Anthony Bianco, "Homespun Wisdom from the 'Oracle of Omaha'", *BusinessWeek*, 5 de julho de 1999.
2. Alice Schroeder, *A bola de neve: Warren Buffett e o negócio da vida* (Rio de Janeiro: Sextante, 2008).
3. Warren Buffett, "Warren Buffett's $50 Billion Decision", *Forbes*, 26 de março de 2012.
4. Carta de Warren Buffett aos acionistas, 18 de janeiro de 1963.

1. Orientações

1. Carta de Warren Buffett aos acionistas, 12 de julho de 1966.
2. Alice Schroeder, *A bola de neve: Warren Buffett e o negócio da vida* (Rio de Janeiro: Sextante, 2008).
3. Warren Buffett, "The Superinvestors of Graham-and-Doddsville", *Hermes*, revista da Columbia Business School, 1984.
4. Joe Carlen, *The Einstein of Money: The Life and Timeless Financial Wisdom of Benjamin Graham* (Nova York: Prometheus Books, 2012), 231.
5. "Warren Buffett's $50 Billion Decision", *Forbes*, 26 de março de 2012.
6. Carta de Warren Buffett aos acionistas, 12 de julho de 1966.

7. Ibid.
8. Carta de Warren Buffett aos acionistas, 24 de janeiro de 1968.
9. Myles Udland, "Fidelity Reviewed Which Investors Did Best and What They Found Was Hilarious", *Business Insider*, 4 de setembro de 2014. Disponível em: http://www.businessinsider.com/forgetful-investors-performed-best-2014-9.
10. Benjamin Graham and David L. Dodd, *Security Analysis: The Classic 1951 Edition* (Nova York: McGraw-Hill, 2005), capítulo 8.
11. Na mais recente edição de *O investidor inteligente* (Rio de Janeiro: Harper Collins, 2015), isso corresponde, agora, ao capítulo 8.

2. Composições

1. Warren Buffett, "Warren Buffett's $50 Billion Decision", *Forbes*, 26 de março de 2012.
2. Embora essa citação seja geralmente atribuída a Einstein, existe alguma controvérsia a respeito do fato de ele ter realmente feito tal afirmação.
3. Carta de Warren Buffett aos acionistas, 18 de janeiro de 1964.
4. Alice Schroeder, *A bola de neve: Warren Buffett e o negócio da vida* (Rio de Janeiro: Sextante, 2008).
5. Michelle Fox, "Here's How a Janitor Amassed an $8M Fortune", CNBC, 9 de fevereiro de 2015. Disponível em: http://www.cnbc.com/2015/02/09/heres-how-a-janitor-amassed-an-8m-fortune.html.
6. Carta de Warren Buffett aos acionistas, 18 de janeiro de 1963.
7. Carta de Warren Buffett aos acionistas, 18 de janeiro de 1964.
8. Ibid.
9. Carta de Warren Buffett aos acionistas, 9 de outubro de 1969.
10. Carta de Warren Buffett aos acionistas, 18 de janeiro de 1965.
11. Sam Ro, "CHART OF THE DAY: The Average Person Is Absolutely Horrible at Investing", *Business Insider*, 4 de dezembro de 2012. Disponível em: http://www.businessinsider.com/chart-average-investor-returns-2021-12.

AS REGRAS BÁSICAS DE WARREN BUFFETT | 441

12. Carta de Warren Buffett aos acionistas, 18 de janeiro de 1965.
13. Carta de Warren Buffett aos acionistas, 10 de julho de 1963.

3. Indexação de mercado: a lógica de não fazer nada

1. Carta de Warren Buffett aos acionistas, 24 de janeiro de 1962.
2. Carta de Warren Buffett aos acionistas, 6 de julho de 1962.
3. Carta de Warren Buffett aos acionistas, 18 de janeiro de 1964.
4. Warren Buffett, carta do presidente aos acionistas da Berkshire Hathaway Inc., 2013.
5. Carta de Warren Buffett aos acionistas, 8 de julho de 1964.
6. Carta de Warren Buffett aos acionistas, 18 de janeiro de 1965.

4. Medindo os resultados: não fazer nada *versus* fazer algumas coisas

1. Carta de Warren Buffett aos acionistas, 9 de julho de 1965.
2. Carta de Warren Buffett aos acionistas, 24 de janeiro de 1962.
3. Carta de Warren Buffett aos acionistas, 1º de novembro de 1962.
4. Ibid.
5. Warren Buffett, Manual do Proprietário aos Acionistas da Berkshire Hathaway Inc., 1996.
6. Carta de Warren Buffett aos acionistas, 30 de janeiro de 1961.
7. Carta de Warren Buffett aos acionistas, 20 de janeiro de 1966.
8. Carta de Warren Buffett aos acionistas, 6 de julho de 1962.

5. A sociedade: uma estrutura elegante

1. Carta de Warren Buffett aos acionistas, 2 de julho de 1961.
2. Charlie Munger, "Charlie Munger on the Psychology of Human Misjudgment", palestra realizada na Universidade de Harvard, Cambridge, Mass., junho de 1995.
3. Ibid.

4. Warren Buffett, "Warren Buffett's $50 Billion Decision", *Forbes*, 26 de março de 2012.
5. Carta de Warren Buffett aos acionistas, 30 de janeiro de 1961.

6. Ações gerais

1. Carta de Warren Buffett aos acionistas, 18 de janeiro de 1964.
2. Carta de Warren Buffett aos acionistas, 24 de janeiro de 1962.
3. Entrevista do autor com Thomas Graham Kahn e Andrew Kahn, Nova York, julho de 2015.
4. Carta de Warren Buffett aos acionistas, 24 de janeiro de 1962.
5. Ibid.
6. Carta de Warren Buffett aos acionistas, 25 de janeiro de 1967.
7. Ben Graham, carta aos acionistas da Graham-Newman 1945, 28 de fevereiro de 1946.
8. Carta de Warren Buffett aos acionistas, 18 de janeiro de 1965.
9. Alon Brav et al., "Hedge Fund Activism, Corporate Governance, and Firm Performance", *Journal of Finance* 63, N° 4 (agosto de 2008).
10. O autor agradece a Kahn Brothers por destacar essa ideia.
11. Carta de Warren Buffett aos acionistas, 9 de outubro de 1967.
12. Ibid.
13. "A Lesson on Elementary, Worldly Wisdom as It Relates to Investment Management and Business", 14 de abril de 1994.
14. Roger Lowenstein, *Buffett: The Making of an American Capitalist* (Nova York: Random House, 2008), n° 92.
15. Tobias Carlisle, *Deep Value: Why Activist Investors and Other Contrarians Battle for Control of Losing Corporations* (Hoboken, Nova Jersey: John Wiley & Sons, 2014), 191.
16. Entrevista do autor por telefone com Tom Gayner, 24 de julho de 2015.
17. Sham Gad, "Permanent Value: The Teachings of Warren Buffett", buffettspeaks (blog), 28 de janeiro, 2007, http://gurufocus.com/news/4434
18. Ibid.

AS REGRAS BÁSICAS DE WARREN BUFFETT | 443

7. Arbitragens cambiais

1. Warren Buffett, carta do presidente aos acionistas da Berkshire Hathaway Inc., 1988.
2. Carta anual de 1967, 24 de janeiro de 1968.
3. Carta de Warren Buffett aos acionistas, 18 de janeiro de 1965.
4. Warren Buffett, carta do presidente aos acionistas da Berkshire Hathaway Inc., 1988.

8. Participações de controle

1. Carta de Warren Buffett aos acionistas, 20 de janeiro de 1966.
2. Alice Schroeder, *A bola de neve: Warren Buffett e o negócio da vida* (Rio de Janeiro: Sextante, 2008).
3. Ibid.
4. Carta de Warren Buffett aos acionistas, 20 de janeiro de 1966.
5. Carta de Warren Buffett aos acionistas, 9 de julho de 1965.
6. Carta de Warren Buffett aos acionistas, 24 de janeiro de 1962.
7. Carta de Warren Buffett aos acionistas, 1º de novembro de 1966.
8. Benjamin Graham & David L. Dodd, *Security Analysis: The Classic 1951 Edition* (Nova York: McGraw-Hill, 2005), 560.
9. Aula de Joel Greenblatt sobre investimentos em situações especiais, na Columbia Business School, 7 de setembro de 2005.
10. Observações do autor na reunião anual de 2015.
11. Benjamin Graham & David L. Dodd, *Security Analysis: The Classic 1951 Edition* (Nova York: McGraw-Hill, 2005), 581.
12. 24 de janeiro de 1968.

9. Mergulho na Dempster: o jogo da conversão de ativos

1. Carta de Warren Buffett aos acionistas, 18 de janeiro de 1964.
2. Carta de Warren Buffett aos acionistas, 24 de janeiro de 1962.

3. Alice Schroeder, *A bola de neve: Warren Buffett e o negócio da vida* (Rio de Janeiro: Sextante, 2008).
4. Andrew Kilpatrick, *Of Permanent Value: The Story of Warren Buffett* (Birmingham, AL: AKPE, 2014), 92.
5. Andrew Kilpatrick, *Of Permanent Value: The Story of Warren Buffett* (Birmingham, AL: AKPE, 2014), 91.
6. Alice Schroeder, *A bola de neve: Warren Buffett e o negócio da vida (Rio de Janeiro: Sextante, 2008).*
7. Carta de Warren Buffett aos acionistas, 18 de janeiro de 1963.
8. Carta de Warren Buffett aos acionistas, 26 de dezembro de 1969.
9. Tobias Carlisle, *Deep Value: Why Activist Investors and Other Contrarians Battle for Control of Losing Corporations* (Hoboken, NJ: John Wiley & Sons, 2014), 189.
10. Ibid.
11. Carta de Warren Buffett aos acionistas, 18 de janeiro de 1964.
12. Warren Buffett, "To the Stockholders of Dempster Mill Mfg. Co.", 20 de julho de 1963.
13. Andrew Kilpatrick, *Of Permanent Value: The Story of Warren Buffett* (Birmingham, AL: AKPE, XXXX), 92.

10. Conservadorismo *versus* convencionalismo

1. Howard Marks, "Dare to Be Great II", Memorando aos Clientes da Oaktree, 8 de abril de 2014. Disponível em: https://www.oaktreecapital.com/docs/default-source/memos/2014-04--08-dare-to-be-great-ii.pdf?sfvrsn=2
2. Warren Buffett, palestra na University of Florida Business School, 15 de outubro de 1998.
3. Stanley Druckenmiller, palestra no Lost Tree Club, North Palm Beach, Fla., 18 de janeiro de 2015.

11. Impostos

1. Carta de Warren Buffett aos acionistas, 18 de janeiro de 1965.

2. Carta de Warren Buffett aos acionistas, 10 de julho de 1963.
3. Carta de Warren Buffett aos acionistas, 18 de janeiro de 1965.
4. Carta de Warren Buffett aos acionistas, 10 de julho de 1963.
5. Carta de Warren Buffett aos acionistas, 18 de janeiro de 1965.
6. Ibid.
7. Whitney Tilson, "Notes from 2004 Annual Meeting". Disponível em: http://www.tilsonfunds.com/motley_berkshire_wescomeetings.php
8. Carta de Warren Buffett aos acionistas, 18 de janeiro de 1965.

12. Tamanho *versus* desempenho

1. Carta de Warren Buffett aos acionistas, 18 de janeiro de 1964.
2. Anthony Bianco, "Homespun Wisdom from the 'Oracle of Omaha'", *BusinessWeek*, 5 de julho de 1999.
3. Carta de Warren Buffett aos acionistas, 24 de janeiro de 1962.
4. Carta de Warren Buffett aos acionistas, 24 de janeiro de 1962.
5. Carta de Warren Buffett aos acionistas, 20 de janeiro de 1966.

13. Tudo ou nada

1. Carta de Warren Buffett aos acionistas, 20 de fevereiro de 1960.
2. John Brooks, *The Go-Go Years: The Drama and Crashing Finale of Wall Street's Bullish 60s* (Nova York: Allworth Press, 1998), 135.
3. Ibid.
4. "Fidelity timeline". Disponível em: https://www.fidelity.com/static/dcle/welcome/documents/Timeline_fid_092709fla.swf, acessado em 11 de junho de 2015.
5. Carta de Warren Buffett aos acionistas, 27 de dezembro de 1956.
6. Carta de Warren Buffett aos acionistas, 11 de julho de 1968.
7. John Brooks, *The Go-Go Years: The Drama and Crashing Finale of Wall Street's Bullish 60s* (Nova York: Allworth Press, 1998), 160.
8. John Brooks, *The Go-Go Years: The Drama and Crashing Finale of Wall Street's Bullish 60s* (Nova York: Allworth Press, 1998), 154.

9. Carta de Warren Buffett aos acionistas, 11 de julho de 1968.
10. Carta de Warren Buffett aos acionistas, 29 de maio de 1969.
11. John Brooks, *The Go-Go Years: The Drama and Crashing Finale of Wall Street's Bullish 60s* (Nova York: Allworth Press, 1998), 131.
12. Carta de Warren Buffett aos acionistas, 6 de julho de 1962.
13. John Brooks, *The Go-Go Years: The Drama and Crashing Finale of Wall Street's Bullish 60s* (Nova York: Allworth Press, 1998), 136.
14. John Brooks, *The Go-Go Years: The Drama and Crashing Finale of Wall Street's Bullish 60s* (Nova York: Allworth Press, 1998), 145.
15. John Brooks, *The Go-Go Years: The Drama and Crashing Finale of Wall Street's Bullish 60s* (Nova York: Allworth Press, 1998), 24.
16. Carrie Coolidge, "Jerry Tsai's Smart Timing", *Forbes*, 10 de janeiro de 2000.
17. Carta de Warren Buffett aos acionistas, 11 de julho de 1968.
18. Alice Schroeder, *A bola de neve: Warren Buffett e o negócio da vida* (Rio de Janeiro: Sextante, 2008).
19. Carta de Warren Buffett aos acionistas, 25 de janeiro de 1967.

14. Compartilhando sabedoria

1. Carta de Warren Buffett aos acionistas, 8 de julho de 1968.
2. Alice Schroeder, *A bola de neve: Warren Buffett e o negócio da vida* (Rio de Janeiro: Sextante, 2008).
3. Observações de Tilson na reunião anual da BRK 2003 (Buffett FAQ).
4. Reunião anual da BRK, 1999.
5. Dr. Zen, "William J. Ruane, The Making of a Superinvestor", gurufocus, 19 de maio de 2011. Disponível em: http://www.gurufocus.com/news/133912/william-j-ruane-the-making-of-a-superinvestor.
6. Joe Carlen, *The Einstein of Money: The Life and Timeless Financial Wisdom of Benjamin Graham* (Nova York: Prometheus Books, 2012), 285.

7. Whitney Tilson, "Notes from 2005 Annual Meeting". Disponível em: http://www.tilsonfunds.com/brkmtg05notes.pdf, acessado em 11 de junho de 2015.
8. Steve Forbes, "Steve Forbes Interview: Author Joel Greenblatt", *Forbes*, 5 de julho, 2011. Disponível em: http://www.forbes.com/sites/steveforbes/2011/07/05/joel-greenblatt-interview-transcript/

Epílogo: Em busca da excelência

1. Joe Carlen, *The Einstein of Money: The Life and Timeless Financial Wisdom of Benjamin Graham* (Nova York: Prometheus Books, 2012), 244.
2. Dr. Zen, "William J. Ruane, The Making of a Superinvestor", gurufocus, 19 de maio de 2011. Disponível em: http://www.gurufocus.com/news/133912/william-j-ruane-the-making-of-a-superinvestor.
3. Entrevista do autor por telefone com Tom Gayner, 24 de julho de 2015.
4. Warren Buffett, carta do presidente aos acionistas da Berkshire Hathaway Inc., 1988.
5. Joe Carlen, *The Einstein of Money*: The Life and Timeless Financial Wisdom of Benjamin Graham (Nova York: Prometheus Books, 2012), 244.

best.
business

Este livro foi composto na tipografia Palatino LT Std,
em corpo 10,5/15, e impresso em papel off-white no Sistema
Cameron da Divisão Gráfica da Distribuidora Record.